AI 跨境电子商务系列教材

跨境电商 B2B 平台运营

主　编　李浩妍　黄军明　杨　凡　金　毓
副主编　翟佳佳　屈宁华　周春翔

电子工业出版社
Publishing House of Electronics Industry
北京·BEIJING

内容简介

《跨境电商 B2B 平台运营》是基于跨境电商 B2B 行业岗位需求与职业技能标准开发的理实一体化教材,紧扣阿里巴巴国际站运营全流程,聚焦市场调研与店铺定位、店铺开通与运营、视觉营销与设计、商机管理与交易管理、跨境新媒体营销及店铺运营中 AI 的应用六大项目,通过采用任务驱动、项目实战的方式,培养具备全球化视野和数字化运营能力的复合型人才。

本教材采用"理论+实训"双轨模式,在每个项目中均设置了实战任务,并与广州大洋教育科技股份有限公司合作,提供配套的企业真实案例、微课视频及动态更新的行业数据包。通过模拟阿里巴巴国际站运营全流程,学生不仅可以掌握操作技能,还可以形成"市场洞察—策略制定—执行优化"的系统思维,为从事跨境电商运营、海外数字营销等工作奠定坚实基础。

本教材以行业需求为导向,深度融合平台规则与创新工具,助力学生从新手成长为具备全局视野的跨境运营专家,为中国企业跨境"出海"人才的培养提供智力支撑。

未经许可,不得以任何方式复制或抄袭本书之部分或全部内容。
版权所有,侵权必究。

图书在版编目(CIP)数据

跨境电商B2B平台运营 / 李浩妍等主编. -- 北京:电子工业出版社, 2025. 7. -- ISBN 978-7-121-50951-3

Ⅰ. F713.365.1

中国国家版本馆CIP数据核字第2025UZ5030号

责任编辑:张云怡
印　　刷:北京市大天乐投资管理有限公司
装　　订:北京市大天乐投资管理有限公司
出版发行:电子工业出版社
　　　　　北京市海淀区万寿路173信箱　　邮编:100036
开　　本:787×1092　1/16　印张:18.75　字数:487千字
版　　次:2025年7月第1版
印　　次:2025年7月第1次印刷
定　　价:65.00元

凡所购买电子工业出版社图书有缺损问题,请向购买书店调换。若书店售缺,请与本社发行部联系,联系及邮购电话:(010)88254888,88258888。
质量投诉请发邮件至 zlts@phei.com.cn,盗版侵权举报请发邮件至 dbqq@phei.com.cn。
本书咨询联系方式:(010)88254573,zyy@phei.com.cn。

前言
Foreword

跨境电商是外贸的一种新形势，是外贸行业发展的新增长点。跨境电商批发模式又被称为"B2B 模式"，跨境电商 B2B 平台以阿里巴巴国际站为典型代表，因为它是目前中国国内流量最大的 B2B 平台。高质量发展是全面建设社会主义现代化国家的首要任务，因此，增强国内大循环内生动力和可靠性，提升国际循环质量和水平，加快建设现代化经济体系，着力提高全要素生产率，着力提升产业链、供应链的韧性和安全水平，推动经济实现质的有效提升和量的合理增长，是目前我国行之有效的发展路径。在加快构建以国内大循环为主体、国内国际双循环相互促进的新发展格局下，发展跨境电商是做好"六稳"工作、落实"六保"任务的重要举措。同时，需求端与供给端双轮驱动传统外贸企业加速向跨境电商转型。从供给端来看，在"双循环"发展新格局下，国家将加大政策支持力度，助力传统外贸企业通过跨境电商渠道加大对国外市场的开拓力度，以拓宽中国经济的安全边界，这是我国当前发展战略的必然要求。

同时我们应看到，随着跨境电商的迅猛发展，人才瓶颈也日益凸显。据国家服务外包人力资源研究院在沿海城市的调研，超过 71% 的跨境电商企业认为最大的发展瓶颈是"专业人才缺乏"。据估计，我国每年跨境电商人才缺口超过 30 万人。专业人才的不足，极大地制约了跨境电商的发展。

"硬实力、软实力，归根到底要靠人才实力。"当前，培养既掌握新信息技术、又通晓国际贸易规则和技能的复合型国际经贸人才（跨境电商人才）已是重中之重，对于传统外贸企业发展有着非常紧迫和现实的意义。本教材立意于此并具有以下特色。

第一，本教材从学生的实际特点出发，基于跨境电商 B2B 数据运营工作流程，以跨境电商大 B 类交易平台最具代表性的阿里巴巴国际站为例，在内容方面主要包括市场调研与店铺定位、店铺开通与运营、视觉营销与设计、商机管理与交易管理、跨境新媒体营销、店铺运营中 AI 的应用六个项目。每个项目都包括项目学习目标、情境导入、操作步骤、知识链接、小贴士、理论知识巩固与实操技能训练等内容。此外，本教材将教学案例、教学视频、拓展资料、操作技巧、经验分享等内容通过二维码嵌入其中，教师或学生只要使用移动设备扫描二维码就可将"线上"与"线下"的学习资料衔接起来。

第二，本教材属于真正意义上的"新形态"教材，不但提供配套的 PPT，而且提供为期三个月的线上免费教学资源及实操训练平台。该平台融合了教学视频、教学课件、实操训练、课后理论与实操训练测试题等教学资源，完全能够帮助学生自主学习，辅助教师顺利完成教学任务，提升教学效果。

第三，本教材的内容还包含如何将 AI 融入跨境电商 B2B 平台的运营实操，讲解了如何利用 AI 的文生图、文生视频、数据搜索、软文写作等功能，赋能店铺运营中相应的海报制作、视觉营销、数据分析、海外社媒营销及客户服务等环节。

本教材共有六个项目：项目一、项目二由李浩妍（宁波城市职业技术学院）、屈宁华（宁波城市职业技术学院）、周春翔（广州大洋教育科技股份有限公司）编写；项目三、项目四由杨凡（广东女子职业技术学院）、翟佳佳（宁波城市职业技术学院）编写；项目五、项目六由黄军明（广东岭南职业技术学院）、金毓（浙江工商职业技术学院）编写。本教材所有的 PPT、教学视频，以及课后理论与实操训练测试题均由广州大洋教育科技股份有限公司免费提供，在此对本教材的所有编写者及广州大洋教育科技股份有限公司一并表示感谢！

由于跨境电商行业发展迅速，编写者的水平和经验有限，书中难免存在疏漏与不足之处，敬请广大读者予以批评指正并给予谅解！

李浩妍

2025 年 3 月

目录 Contents

项目一　市场调研与店铺定位 1

任务一　国际市场调研 2
任务二　行业调研分析 15
任务三　竞争优势分析 20

项目二　店铺开通与运营 26

任务一　国际站基础设置 27
任务二　产品发布 45
任务三　营销推广 52
任务四　数据优化 65

项目三　视觉营销与设计 70

任务一　进行图片视觉营销 71
任务二　掌握摄影基础理论 84
任务三　打造爆款产品主图 92

任务四	打造优质产品详情页	103
任务五	手动"炮制"爆款产品详情页	107
任务六	打造视频营销的"视听盛宴"	112
任务七	全面进阶旺铺装修2.0	124

项目四　商机管理与交易管理　　139

任务一	外贸邮开通及其使用	140
任务二	询盘处理	145
任务三	客户管理与营销	158
任务四	交易履约	169

项目五　跨境新媒体营销　　176

| 任务一 | 掌握社交媒体基础知识 | 177 |
| 任务二 | 选择常用即时通信软件 | 259 |

项目六　店铺运营中 AI 的应用　　264

任务一	将AI应用于海报制作	265
任务二	将AI应用于视频制作	268
任务三	将AI应用于海外社媒营销	271
任务四	利用AI进行数据分析与应用	280

参考文献　　294

项目一

市场调研与店铺定位

📖 【项目学习目标】

【1.1】知识目标

    1. 掌握国际市场调研的方法；

    2. 掌握行业调研分析的技巧；

    3. 掌握竞争优势分析的方法。

【1.2】能力目标

    1. 能够准确定位公司和产品；

    2. 能够根据既定目标进行市场调研和行业调研；

    3. 会搜集市场与产品的相关信息。

【1.3】职业素养目标

    1. 具有良好的经济风险防范意识和底线思维能力；

    2. 遵守"爱国守法、知礼诚信、爱岗敬业、团结友善"等职业基本道德；

    3. 具有与市场经济发展和市场要素国际化流动相适应的开拓精神、创新精神，以及良好的服务意识和团队合作精神；

    4. 具有刻苦钻研业务、一丝不苟的工作作风，团结拼搏的精神风貌，以及勇于开拓创新的意志；

    5. 具有积极乐观、充满自信、守正创新的工作态度；

    6. 具备虚心求教的品质。

情境导入

Lily 就职于宁波诚通国际贸易有限公司，该公司的主打产品是卫衣、T 恤衫和连衣裙，去年外贸部的销售额为 3000 万元，主要为欧美市场订单创造的销售额，今年的目标为 5000 万元。随着国家"一带一路"倡议的实施，东南亚市场与中国的联系越来越紧密，印尼作为东南亚人口大国，有着巨大的潜在消费者群体。公司希望 Lily 带领团队开拓印尼这个新市场，带来更多机会和订单。对于一个全新的市场，Lily 明白只有进行市场调研、收集市场信息，才能帮助公司做有效的市场营销决策。接下来她应该从哪些方面进行市场调研呢？

任务一　国际市场调研

【学习目标】

1. 了解国际市场调研的必要性；
2. 掌握国际市场调研的范围；
3. 掌握目标市场调研的方法。

【操作步骤】

【步骤一】做好国际市场调研前的准备 → 【步骤二】运用国际市场调研工具

【步骤一】做好国际市场调研前的准备

在进行国际市场调研之前，Lily 需要掌握国际市场调研的一些知识，包括国际市场调研的必要性和国际市场调研的范畴。

【知识链接】——国际市场调研

一、国际市场调研的必要性

国际市场调研是指运用科学的调研方法与手段，系统地搜集、整理、分析国际市场的基本状况及其影响因素，以帮助企业做出行之有效的市场营销决策。在现代营销观念的指导下，国际市场调研以满足消费者的需求为中心，研究产品从生产领域拓展到消费领域的全过程，从而助力企业实现经营目标。

外贸企业有必要对自己产品的海外市场做一个全面的调研，这是出口产品前了解国际市场的必要程序。

国际市场调研的必要性包括：①帮助企业管理者识别并制定正确的国际经营战略；②有利于企业制订正确的商业计划，确定市场进入、渗透和扩张的各种必要条件；③为企业后续进一步细化和优化商业活动提供必要的参考依据；④帮助企业管理者正确预测未来可能发生的各种事件,并对即将发生的全球性变化做好充分的准备。

二、国际市场调研的范畴

我们可以从宏观和微观两个层面来认识国际市场调研的范畴。国际市场调研的范畴在宏观层面上包括政治与法律环境调研、经济环境调研和社会文化环境调研。政治与法律环境调研主要包括国内外贸易进出口政策、法律等方面。在现代国际贸易中,各国政府都会制定不同程度的贸易保护政策来确保贸易高效、安全地进行。维护市场的经济秩序一般通过政治与法律手段实现。了解国内外的政治与法律环境,可以帮助我们更顺利地开展国际贸易,规避不必要的法律风险。经济环境调研主要包括人口、收入、消费、自然条件和经济基础设施等方面的调研。社会文化环境调研主要包括价值观、文化传统、教育程度、风俗习惯、宗教信仰等方面的调研。社会文化环境能够极大地影响消费者对产品的需求和消费,我们需要对出口目标国家的社会文化环境进行深入了解。国际市场调研的基础要点如图1.1所示。

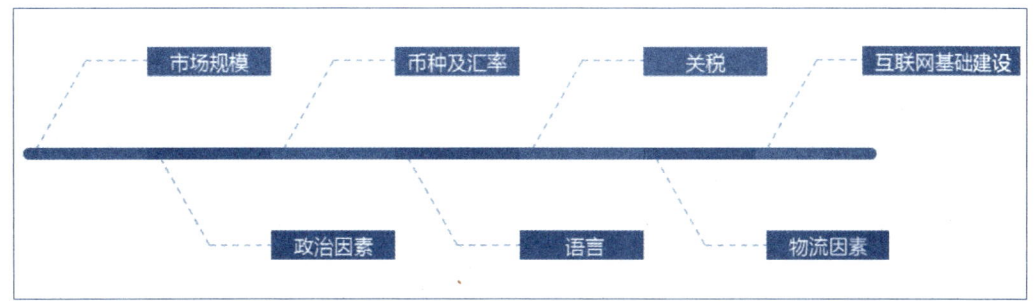

图 1.1　国际市场调研的基础要点

结合情境导入中的案例,我们需要解决以下几个问题:第一,需要了解印尼的市场规模有多大;第二,需要了解印尼在政治方面的相关政策,因为政府的相关政策会影响到一个行业的发展;第三,需要了解印尼这个国家使用的币种及汇率是否稳定;第四,需要了解印尼这个国家使用何种语言;第五,需要了解印尼如果要从中国进口商品,进口关税是如何征收的,以及税率是多少;第六,需要了解从中国到印尼的物流如何;第七,因为是基于互联网进行交易的,所以需要了解印尼的互联网基础建设如何,以及互联网覆盖率如何。这些都是我们需要调研的内容。我们不在印尼当地生活,如何开展国际市场调研?现在是互联网时代,对外贸企业来讲,可以利用互联网工具来完成国际市场调研。

(1)市场规模。市场规模主要反映该国的人口与经济因素。人口众多的市场拥有较大的消费潜力,潜在消费者比较多。经济因素直接关系到一个市场的规模和发展趋势,是国际市场调研的主要内容。经济因素包括经济形势的好与坏、经济结构的变化、居民收入水平、市场竞争等。这对正确判断市场形势和供需状况、制定适当的交易价格来说是十分重要的参考资料。通过 GDP 量化可以评估一个市场的规模,根据人均 GDP 可以评估消费者的购买力水平。

(2)政治因素。政治因素就是不同国家或地区影响贸易开展的有关政治情况、条件及变化因素等。例如,某些政策措施的变化、政局是否稳定等,这些因素可能会影响某些外贸业务活动是否能顺利开展。

（3）币种及汇率。对目标市场国家的币种及汇率的调研也是非常重要的，汇率的稳定性是外贸从业人员最应关注的信息之一。不同国家主要货币币种及汇率的不同也是外贸从业人员最应关注的信息之一。外汇的稳定性与当地国家政策、经济环境等息息相关。例如，在非洲第二大石油输出国安哥拉，从2014年到2016年，受到油价下跌的影响，安哥拉当地货币（安哥拉宽扎）不断贬值。安哥拉宽扎兑换人民币汇率从1CNY≈15.8AOA跌至1CNY≈23.9AOA，企业收益大幅缩减。

（4）语言。语言在一定程度上决定着市场开发难度，要想了解一个市场，需要了解当地的语言，这更有利于做市场开发准备。全球将近60%的客户来自非英语国家，掌握当地基础语言会使拓展市场更为容易。

【小贴士】一些特殊国家的语言

有些特殊国家的语言与众不同。例如，巴西的官方语言是葡萄牙语。值得注意的是，巴西是南美洲唯一一个主要语言和文化来自葡萄牙的国家。印度宪法认可的地区性官方语言有22种，2011年人口普查121种语言被列为主要语言，其中使用人口超过百万人的语言约有33种。所以对于印度的不同地区，我们需要对语言进行更具体的细分。

（5）关税。关税是指在进出口商品经过一国关境时，由政府设置的海关向进出口商所征收的税收。一些国家为了保护国内的产业和市场，对进口商品征收关税。对出口国来说，进口国征收进口税，会使出口商品的数量减少和价格下跌，进而使出口国遭受损失。

（6）物流因素。贸易商品的物流成本和关税占据成本相当大的比重。当地的海运港数量、运输时长、运输的便利性、运输成本、当地国际快递送达情况等因素都会影响客户最终的成交。

（7）互联网基础建设。随着互联网技术的快速发展，传统贸易中存在的时间和空间上的限制已经被打破，跨境电商作为新领域逐渐显现其优势。跨境电商即贸易网络化，其以互联网为基础，当地的网络普及情况（包括网速、费用、政策等）直接影响跨境触达。

【小贴士】经济环境调研的因素

①人口与收入。人口不仅是市场的基本要素，还是确定市场容量的重要依据。一般来说，需要结合人口和收入两个要素来分析市场。②消费。消费是影响市场的一个重要因素，如果不存在消费需求，市场也就不复存在。③自然条件。一个国家或地区的自然条件一般包括自然资源、地理结构和气候三个方面，市场特点的形成受自然条件的影响较大。④经济基础设施。经济基础设施包括能源供应、交通运输、通信设备、金融机构和广告公司等方面。在一般情况下，一个国家或地区拥有的经济基础设施数量多、质量好，其国际贸易的开展就会相对稳定。

【步骤二】运用国际市场调研工具

Lily需要学会运用一些重要的国际市场调研工具，这些工具主要包括市场规模调研工具、政治因素调研工具、币种及汇率调研工具、语言查询工具、关税查询工具、物流费用查询工具、互联网基础建设查询工具等。

📖【知识链接】——国际市场调研工具

1. 市场规模调研工具

（1）百度百科如图 1.2 所示。

（2）维基百科如图 1.3 所示。

图 1.2　百度百科

图 1.3　维基百科

2. 政治因素调研工具

各国政策新闻网：中国贸易新闻网如图 1.4 所示。

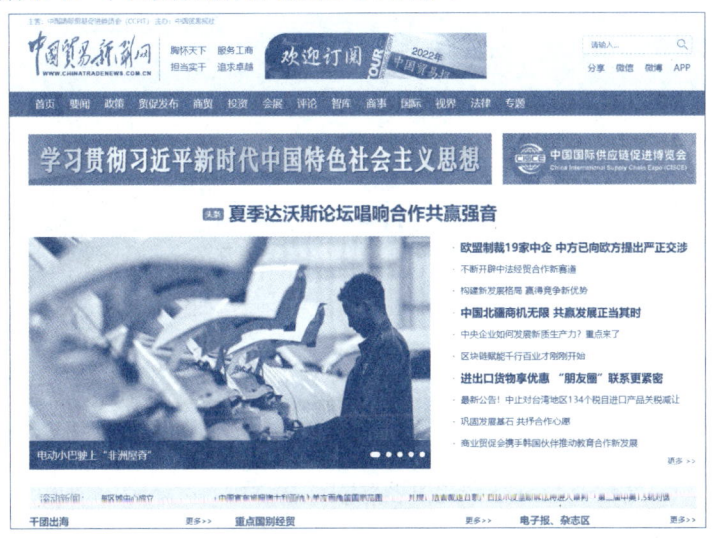

图 1.4　中国贸易新闻网

3. 币种及汇率调研工具

货币转换器如图1.5所示。美元和人民币的汇率走势图如图1.6所示。

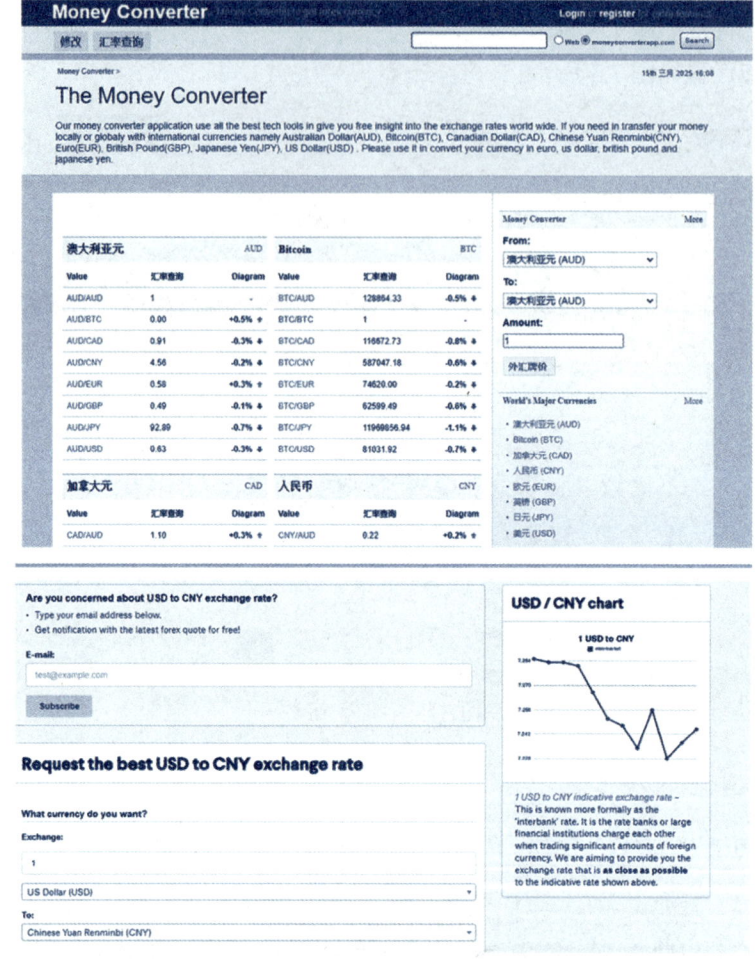

图1.5　货币转换器

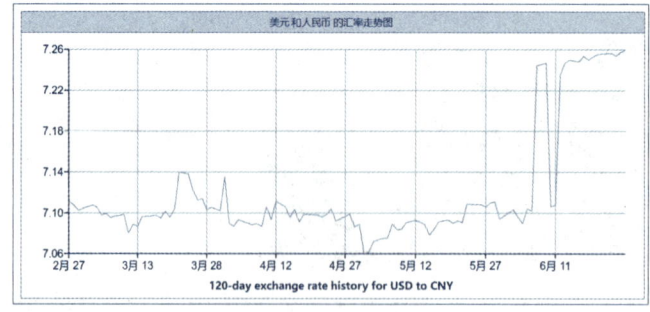

图1.6　美元和人民币的汇率走势图

注：截图时间为2024年6月27日。

4. 语言查询工具

（1）有道翻译如图1.7所示。

（2）世界各国语言一览如图1.8所示。

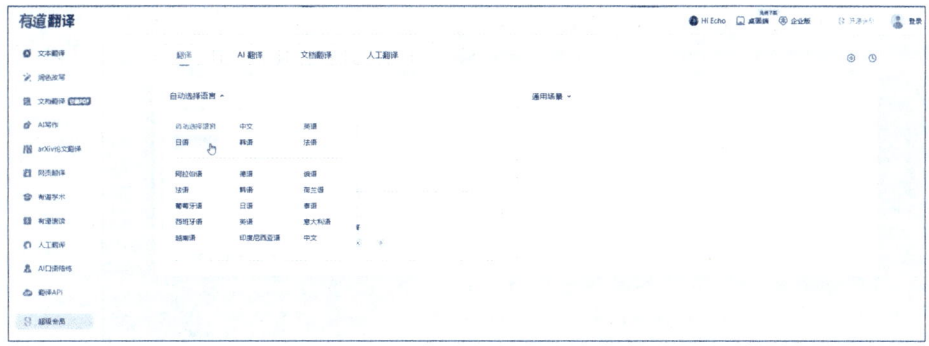

图1.7　有道翻译

图1.8　世界各国语言一览

5. 关税查询工具

（1）HS编码查询网。

与HS编码查询网相关的操作如图1.9、图1.10和图1.11所示。

（2）关税查询网。

项目一　市场调研与店铺定位

与关税查询网相关的图片如图1.12和图1.13所示。例如，要查询从中国出口肯尼亚的婴儿纸尿裤的关税，首先应在百度中输入"HS code"，打开HS编码查询网，然后找到HS编码查询工具，通过输入婴儿纸尿裤的中文名称找到纸尿裤对应的HS编码，最后到关税查询网通过HS编码查找从中国出口到肯尼亚的婴儿纸尿裤的关税。

图1.9　搜索HS编码查询网

图1.10　输入商品名称查找对应HS编码

图 1.11　选择未过期 HS 编码

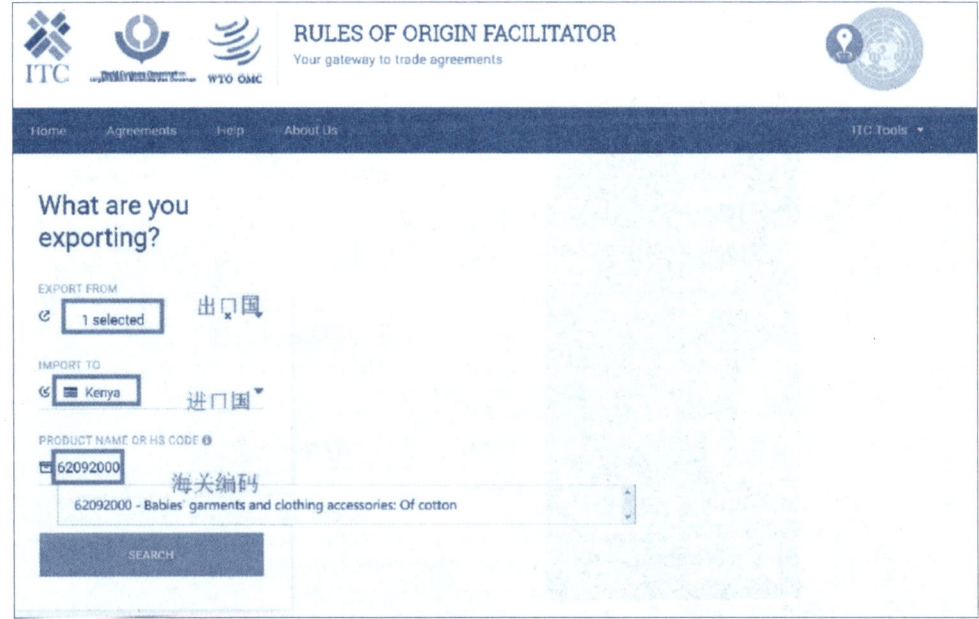

图 1.12　关税查询网

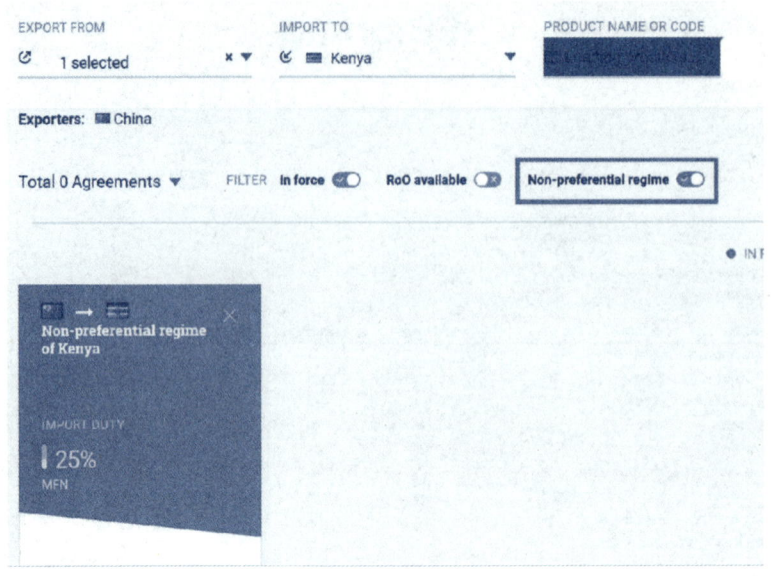

图1.13 查询关税时需勾选功能键

6. 物流费用查询工具

阿里巴巴国际站物流查询：MA后台—物流服务—查询报价并下单。

从中国通过国际快递运送一件130cm长×17cm宽×10cm高、重2kg的货物到澳大利亚，运费是多少？预计运输时效是多久？查询操作如图1.14～图1.19所示。

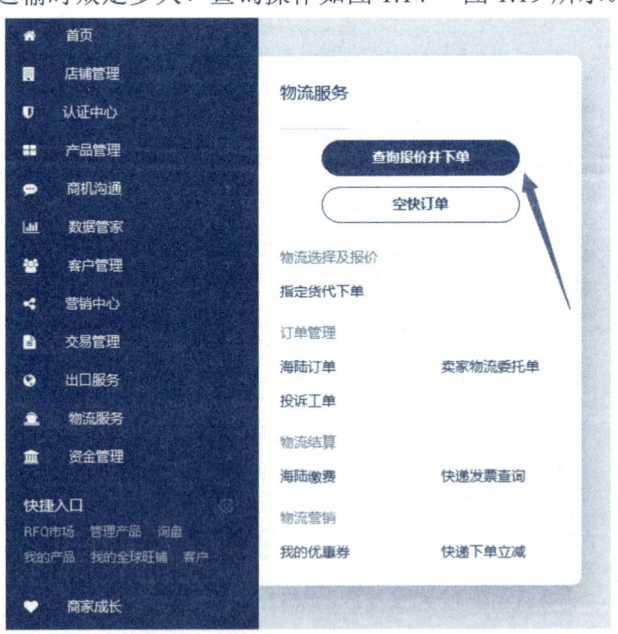

图1.14 MA后台的物流查询功能

图 1.15　国际快递录入包裹信息

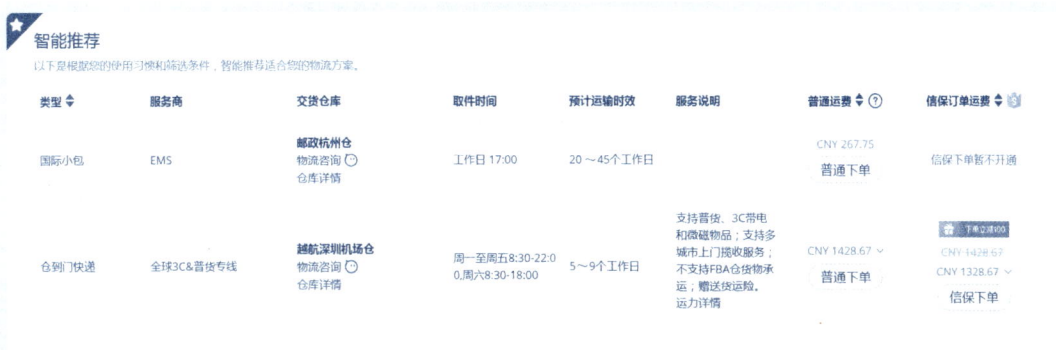

图 1.16　智能推荐物流

图 1.17　优选物流

项目一　市场调研与店铺定位

标准物流

高性价比的国际物流服务，主要国家和地区6~10个工作日送达

类型	服务商	交货仓库	取件时间	预计运输时效	服务说明	普通运费	信保订单运费
仓到门快递	UPS Expedited	佰首上海仓 物流咨询 仓库详情 博丰上海仓、佰首杭州仓等仓库	周一至周六9:00-18:00	5~10个工作日	支持普货；不支持FDA货物（眼镜、太阳镜、牙刷等）承运；不支持FBA仓货物承运，赠送货运险。运力详情	CNY 350.18 普通下单	CNY 350.18 信保下单
仓到门快递	DPEX 香港（可接带电产品）	中外运深圳仓 物流咨询 仓库详情	周一至周六9:00-18:00	8~15个工作日	支持普货、带电产品（需用独立纸箱包装），不支持FBA仓货物承运；赠送货运险	CNY 398.67 普通下单	CNY 398.67 信保下单
仓到门快递	UPS Expedited香港(可接带电产品)	博丰深圳仓 物流咨询 仓库详情 八达通深圳仓等仓库	周一至周六9:00-18:00	5~10个工作日	支持普货、带电产品（单个电池不能超过100W，一票锂电池总重量不能超过5Kg，需用独立纸箱包装，包裹不小于12cm×21cm×18cm），不支持FBA仓货物承运，赠送货运险	CNY 409.78 普通下单	CNY 409.78 信保下单

图 1.18　标准物流

门到门快递	UPS Expedited		周一至周五 16:00	4~9个工作日	支持普货；不支持FDA货物（眼镜、太阳镜、牙刷等）承运；不支持FBA仓货物承运，赠送货运险。运力详情	CNY 441.52 普通下单	CNY 441.52 信保下单

下拉显示运力无法承运原因

经济物流

经济实惠的国际物流服务，主要国家和地区9~25个工作日送达

类型	服务商	交货仓库	取件时间	预计运输时效	服务说明	普通运费	信保订单运费
国际小包	E特快	邮政杭州仓 物流咨询 仓库详情	工作日 17:00	20~25个工作日		CNY 376.8 普通下单	信保下单暂不开通

下拉显示运力无法承运原因

图 1.19　经济物流

7. 互联网基础建设查询工具

互联网数据调研工具如图 1.20 所示。

12 跨境电商 B2B 平台运营

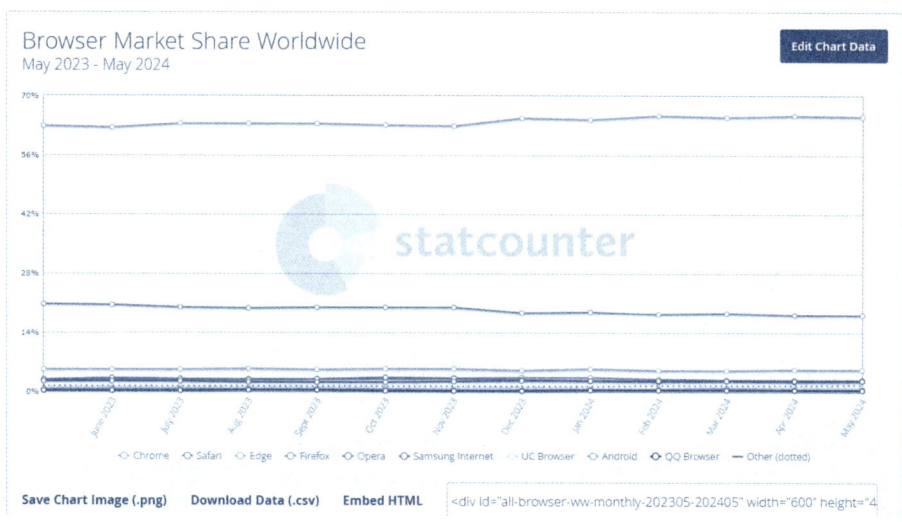

图 1.20 互联网数据调研工具

【理论知识巩固】

1．【单选题】国际市场调研主要侧重于（　　）分析，如果我们需要进一步了解市场的竞争环境，则要对（　　）进行深入的分析。
   A．微观角度、大致行业
   B．宏观角度、具体行业
   C．微观角度、具体行业
   D．宏观角度、大致行业

2．【单选题】阿里巴巴对（　　）、搜索分布进行了统计，为选择目标市场提供依据，使得自己处在更有利的位置，减少（　　），创造更好的营销效果。
   A．全球买家询盘、跟风性
   B．全球买家 TM、盲目性
   C．全球买家询盘、盲目性
   D．全球买家 TM、跟风性

3．【单选题】通过 GDP 量化可以评估一个（　　），通过人均 GDP 可以评估（　　）。
   A．市场的规模、购买力水平

B．市场的规模、工资水平
　　　C．市场的规模、消费水平
　　　D．市场的规模、发展水平
4．【单选题】店铺定位的目的是避免后期因产品不符合市场需求而出现（　　）不足的问题。
　　　A．店铺资金
　　　B．店铺货源
　　　C．店铺流量
　　　D．店铺转化
5．【单选题】关税政策调研：关税是指在（　　）经过一国关境时，由政府设置的海关向（　　）所征收的税收。
　　　A．进出口商品、进出口国
　　　B．进口商品、出口国
　　　C．出口商品、进口国
　　　D．全球、全球
6．【单选题】跨境电商以（　　）为基础进行交易，当地的网络普及情况直接影响到跨境贸易。
　　　A．互联网　　　　　　　　　B．客户需求
　　　C．国家政策　　　　　　　　D．政治需求
7．【判断题】市场规模调研：人口因素与经济因素直接影响着市场的规模与发展。
　　　　　　　　　　　　　　　　　　　　　　　　　　　　　　　　（　　）
8．【判断题】政治因素调研工具包括中国贸易新闻网。　　　　　　　（　　）
9．【判断题】国际市场调研主要是对政治与法律环境、经济环境和社会文化环境三个方面进行调研分析。　　　　　　　　　　　　　　　　　　　　（　　）
10．【判断题】政治与法律环境调研主要包括国内外贸易进出口政策、法律、风俗习惯等方面。　　　　　　　　　　　　　　　　　　　　　　　　　（　　）
11．【多选题】国际市场调研的基础要点包括（　　）。
　　　A．市场规模　　　　　　　　B．政治因素
　　　C．语言　　　　　　　　　　D．关税
12．【多选题】市场规模调研工具有（　　）。
　　　A．百度百科　　　　　　　　B．维基百科
　　　C．中国贸易新闻网　　　　　D．关税查询网

【实操技能训练】

　　选择一个感兴趣的产品类目进行国际市场调研、行业调研分析和用户调研分析，撰写店铺定位方案。要求：以 Word 文件形式进行提交，店铺定位方案需要包含以下内容。
　　1．国际市场调研结果及行业调研分析结果总结（市场需求、竞争对手、用户群体）（30分）

2. 公司/网店名称（10分）
3. 经营模式及平台选择（10分）
4. 主营产品的类型及特点（10分）
5. 用户定位（10分）
6. 产品价格定位（10分）
7. 店铺定位及营销策略（20分）

任务二　行业调研分析

【学习目标】

1. 了解行业调研分析的必要性；
2. 掌握行业调研分析的范畴；
3. 掌握行业调研分析的方法。

【操作步骤】

【步骤一】目标市场调研→【步骤二】市场需求总量调研→【步骤三】受众偏好调研→【步骤四】竞争对手调研→【步骤五】市场准入证书调研

【步骤一】目标市场调研

目标市场调研通常采用阿里巴巴国际站的"买家参谋"工具（见图1.21）。

图1.21　阿里巴巴国际站"买家参谋"工具

【步骤二】市场需求总量调研

了解目标市场对某产品的出口情况，确定该市场的市场规模及近年来的采购趋势，是判断是否进入该市场的重要依据。每年中华人民共和国海关总署都会统计并公布某产品的进出口数据，我们可以直接对海关统计数据在线查询平台上数据中真实的双方交易记录进行查询（见图1.22），产品的出口额越大，其市场需求越乐观。

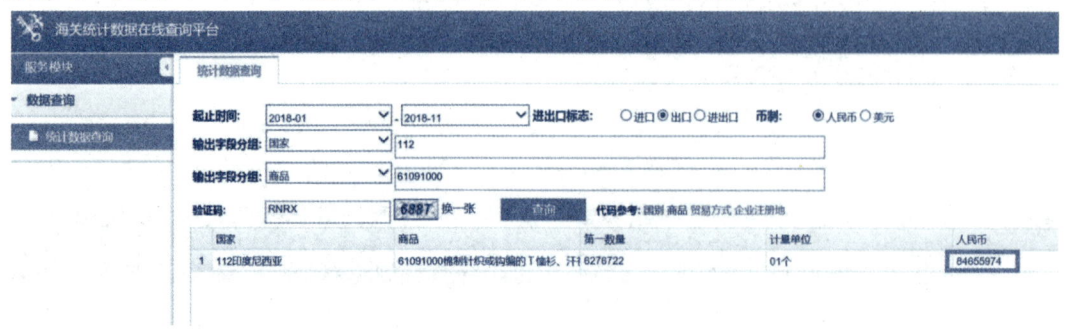

图1.22　海关统计数据在线查询平台

【步骤三】受众偏好调研

　　由于世界各国存在着很多差异，不同的市场对同一款产品有不同的偏好，因此有必要对不同国家的产品情况进行研究，了解和分析不同市场的特点。受众偏好调研的内容包括受众普遍所能接受的价格区间、对不同款式的喜好、材质要求、所能接受的售后服务，以及产品所处生命周期的不同阶段等。对目标市场的某产品进行受众偏好调研，能够为营销推广提供参考和依据，能够使我们根据市场需求选择产品，制定目标市场的产品营销组合，在不同的跨境市场选择不同的重点推广产品。例如，欧美发达国家的中高端市场对产品质量要求高，而印度、俄罗斯等国家则较为注重产品的综合性价比。

　　以Hoddies（卫衣）产品为例，如何快速了解Hoddies产品在不同市场上的终端零售价及受众对其款式的喜好？可通过当地购物网站进行分析了解。当地购物网站包括英国argos购物网站、德国kelkoo购物网站、俄罗斯yandex购物网站、法国rakuten购物网站、日本kakaku购物网站、新加坡gmarket购物网站、马来西亚lelong购物网站、印度flipkart购物网站、菲律宾galleon购物网站、澳大利亚woolworths购物网站。

【步骤四】竞争对手调研

　　某些产品的市场需求很大，但这些产品的供应商也很多，竞争十分激烈。企业需要充分了解竞争对手的市场状况，做到"知己知彼，百战不殆"。竞争对手调研包括国内竞争对手调研和国外竞争对手调研。

　　登录阿里巴巴国际站，输入关键词，点击"Suppliers"，屏幕上会呈现销售T-shirt的供应商的数量为2374家（见图1.23），数量越多就代表竞争对手越多，彼此的竞争就越激烈。我们要想让竞争非常激烈的产品在市场份额上更胜一筹，除了要了解市场，还要对竞争对手的网站进行详细分析，找出双方的差异及自身产品的特殊性，最终凝练出自身产品的竞争优势。

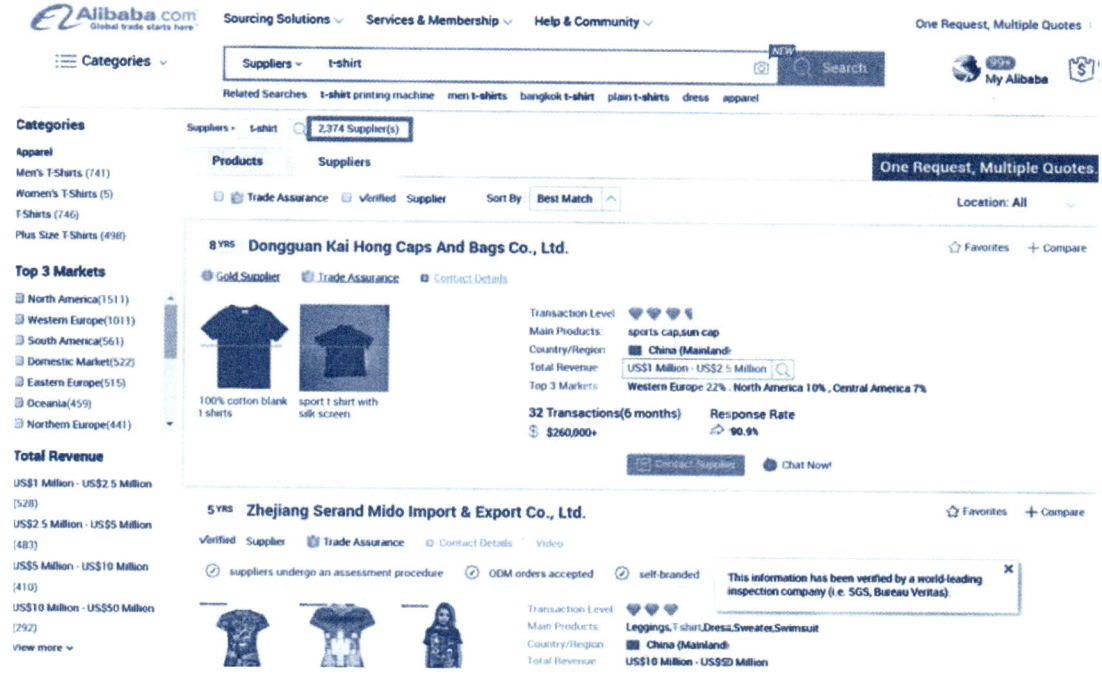

图 1.23 阿里巴巴国际站销售"T-shirt"的供应商的数量

【步骤五】市场准入认证调研

要将中国制造的产品出口到全球其他国家，需要保证产品符合当地的安全认证标准，即出口的产品要拥有当地的市场准入证书，这样才可以在当地销售。不同国家（或地区）要求进口产品符合的安全认证标准有所不同，这些安全认证标准一般包括 CE 认证、RoHS 认证、UL 认证等国际公认的权威产品检测认证（见图 1.24）。

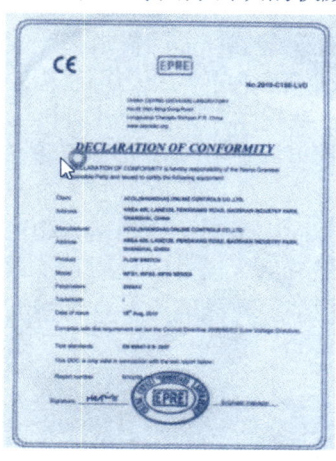  

图 1.24 国际公认的权威产品检测认证

📖 【知识链接】——行业调研分析

一、行业调研分析的必要性

  国际市场调研侧重于宏观分析，要想进一步了解市场竞争环境，就要对具体行业进行深入的分析。如果不做调查研究，外贸企业就容易在经营过程中做出错误的决策。比如，看到印度的市场规模不错，决定生产某种产品，花很多钱去生产，但在销售时并没有多少人购买，或者因为情况不明、销售渠道没选择好、定价不实际、缺乏有力的广告宣传等而使产品滞销。因此，外贸企业必须认真进行调查研究，弄清楚该产品在目标市场上的市场需求、市场容量、发展趋势、预期价格变化等，这样才能顺利地解决出口产品的销售问题，找到最有发展前途的销售市场，建立最优化的出口产品结构。

  行业调研分析属于中观分析，就是针对产品所属的行业进行调研分析。行业调研分析该从哪些维度进行？比如，Lily在做了宏观调研分析后，觉得印尼市场的发展潜力不错，但是她对印尼服装行业的情况不太了解：每年印尼从中国进口服装的量大吗？什么款式的服装在印尼市场最受欢迎？印尼消费者喜欢的服装款式与中国消费者喜欢的服装款式一样吗？于是她想做一个更深入的分析。

二、行业调研分析的基础维度

  行业调研分析的基础维度包括：目标市场分析、市场需求总量、受众偏好、竞争情况和市场准入认证。以印尼服装市场为例。针对印尼服装市场，可以分析其对服装的需求总量是多少。受众偏好即印尼消费者喜欢什么服装款式。印尼服装市场的竞争情况即当地是否开设了很多服装厂；当地服装的价格是否有优势；从中国进口服装是否会比进口商在当地采购更有利润空间，如果是的话，就可以考虑进入这个市场。印尼服装行业是否有市场准入认证，也就是说，印尼的进口商在进口服装的时候，是否需要做一些认证。以上这些维度都是外贸企业在进入一个新的目标市场时首先需要了解的。

  比如，如果想了解某T恤产品在阿里巴巴国际站上的价位，而且得知该T恤产品是通过阿里巴巴国际站进行销售的，那么需要调研哪些国家对该T恤产品的需求会比较大，在阿里巴巴国际站上搜索该T恤产品的都是哪些国家的企业或者人群。我们可以借助一些调研小工具来解决以上问题。具体来说，我们可以通过"行业视角"来查看针对该T恤产品，哪些国家的搜索量是最高的；至于市场需求总量，我们可以通过中华人民共和国海关总署的官网去查看这类产品的进出口数据，了解中国总共出口了多少件该T恤、每年出口到印尼的总量是多少；关于受众偏好，我们可以通过浏览不同国家的购物网站（印尼消费者最喜爱的购物网站）进行查询。这些购物网站都是（印尼）当地消费者使用频率最高的购物网站，所以我们可以先通过销量分析来调研（印尼）当地消费者的偏好，再根据当地消费者的偏好进行选品和供货。

三、国际上权威的市场准入认证

1. CE 认证

  CE 标志是一种安全认证标志，被视为制造商打开并进入欧洲市场的"护照"。CE 代表欧洲统一。凡是贴有"CE"标志的产品都可在欧盟各成员国内销售，无须符合每个成员国的要求，从而实现了产品在欧盟成员国范围内的自由流通。

2. RoHS 认证

RoHS 是《关于限制在电气电子设备中使用某些有害成分的指令》的英文缩写。RoHS 一共列出六种有害物质，包括铅（Pb）、镉（Cd）、汞（Hg）、六价铬（Cr6+）、多溴二苯醚（PBDEs）和多溴联苯（PBBs）。欧盟在 2006 年 7 月 1 日开始实施 RoHS 认证，规定使用或含有重金属，以及多溴二苯醚、多溴联苯等阻燃剂的电气电子产品都不允许进入欧盟市场。RoHS 认证针对所有生产过程中及原材料中可能含有上述六种有害物质的电气电子产品，主要包括：白家电，如电冰箱、洗衣机、微波炉、空调、吸尘器、热水器等；黑家电，如音频、视频产品，IT 产品，数码产品，通信产品等；电动工具、电动电子玩具、医疗电气设备。

3. UL 认证

UL 是美国保险商试验所（Underwriter Laboratories Inc.）的简写。UL 是美国最有权威的，也是世界上从事安全试验和鉴定的较大的民间机构。该机构是一个独立的、非营利的、为公共安全做试验的专业机构。它采用科学的测试方法来研究各种材料、装置、产品、设备、建筑等对生命和财产有无危害及危害的程度；确定、编写、发行相应的标准和有助于防止生命财产受到损失的资料，同时开展实情调研业务。总之，它主要从事产品的安全认证和经营安全证明业务，最终目的是让市场得到具有相当安全水准的产品，为人身健康和财产安全得到保证做出贡献。就将产品安全认证作为消除国际贸易技术壁垒的有效手段而言，UL 为促进国际贸易的发展发挥着积极的作用。

其他的市场准入认证机构及其标志和所属国如图 1.25 所示。

标志	N646	CSA	D	VDE	FI	意大利	CCC
国家	澳大利亚	加拿大	丹麦	德国	芬兰	意大利	中国
说明		加拿大标准协会（CSA）	丹麦电气材料检验所（DEMKO）	德国电气工程师协会（VDE）	FIMKO	意大利质量标志协会（IMQ）	中国国家质检总局
标志	N	ÖVE	BBJ	S	S	ESČ	CE
国家	挪威	奥地利	波兰	瑞典	瑞士	捷克共和国	欧洲
说明	挪威电气材料检验所（NEMKO）	奥地利电工协会（OVE）	Biuro Badawcze ds Jakości（BBJ）	瑞典电气材料检验所（SEMKO）	瑞士电工协会（SEV）	Elektrotechnicky Zkusebni Ustav（EZU）	欧洲电工标准化委员会（CENELEC）
标志	TÜV	♥	UL LISTED	UL	FC	PSE	PSE
国家	德国	英国	美国	美国	美国	日本	日本
说明	德国莱茵TUV集团（第三方认证机构）	英国标准协会（BSI）	美国安全实验室公司（列名章）	美国安全实验室公司（认可章）	联邦通讯委员会（FCC）	电气用品安全法（DENAN）（非指定产品）	电气用品安全法（DENAN）（指定产品）

图 1.25 其他的市场准入认证机构及其标志和所属国

【小贴士】

　　你知道你的产品在其他国家需要通过哪些安全认证吗？这些安全认证的标志都是什么含义？

【实操技能训练】

　　请根据学号尾号的单双数来完成如下训练。

　　1. 学号尾号单数小组任务。你所在的行业是美发业，你所在的企业主要生产各种类型的人造假发。你通过数据报告了解到俄罗斯近几年电商发展迅猛，已经成为欧洲第四大电子商务市场。请对该行业进行宏观与微观的国际市场调研，并形成市场调研报告。

　　要求：宏观的国际市场调研必须包含4点内容，微观的国际市场调研必须包含3点内容。

　　作业提交方式：图片/Word文档/Excel表格均可。

　　2. 学号尾号双数小组任务：你所在的行业是餐具业，你所在的企业主要生产各种类型的餐具套装，今年对产品进行了品质升级，希望进驻欧美市场。请你调研餐具在英国市场的数据，并进行宏观与微观的国际市场调研，形成市场调研报告。

　　要求：宏观的国际市场调研必须包含4点内容，微观的国际市场调研必须包含3点内容。

　　作业提交方式：图片/Word文档/Excel表格均可。

任务三　竞争优势分析

【学习目标】

　　1. 了解熟悉产品的途径；
　　2. 梳理产品学习表；
　　3. 学会提炼产品的竞争优势；
　　4. 通过市场调研与竞争优势分析，掌握品牌定位要素。

【操作步骤】

　　【步骤一】熟悉产品→【步骤二】熟悉产品相关资料→【步骤三】提炼竞争优势

情境导入

　　今年Lily带领一支新团队开发印尼市场，Mark作为团队里刚入职的成员，被Lily安排熟悉产品一周，并且被要求在结束后与团队里的其他成员分享学习成果。因为平时同事们都有自己的业务需要跟进，所以Mark只能自己规划和安排此任务。现在令他困惑的是，作为一个新人，如何快速熟悉产品呢？可以通过什么途径来熟悉产品呢？

【步骤一】熟悉产品

熟悉产品的途径包括阿里巴巴国际站官网、产品画册、产品报价单、向老员工请教和工厂实地考察。

1. 阿里巴巴国际站官网

阿里巴巴国际站官网是企业对外进行产品展示的窗口，初学者可以在该平台上对产品分类、企业主推产品、产品关键词、产品卖点、产品销售价格、最小起订量等信息进行了解与学习。

2. 产品画册

很多企业在发布产品后会提供相应的产品画册（Catalogue 或 Brochure，又称产品手册），产品画册样本如图1.26所示。产品画册可以是产品的说明书，也可以是产品的延伸知识点。越是知名的品牌商，他们制作的产品画册越精美，而且大多都彰显了企业的形象。

图1.26 产品画册样本

产品画册还非常重视设计的效果和客户阅读后的体验，这也是能够让产品画册赢得客户关注的重点。产品画册要呈现给客户一个完整的感知框架，无论是图像符号、文字构成、色彩象征，还是信息传递、阅读方式、材质工艺等，所有的元素均得到合理的分配，并在这个框架下进行设计，产品画册中所有文字都需要围绕这个论点进行阐述。

产品画册所包含的内容是比较多的，其中最不可少的就是包含产品重要信息的说明书，其准确地描述了产品的各种规格、性能、特色、优势等，有的甚至包括产品的使用方法及其他注意事项，有的还会介绍一下企业的发展历程和经营范围，以及其他信息，如地址、联系方式、官方网站等。

3. 产品报价单

产品报价单（或称报价表）是对产品价格进行汇总的表格。一般在客户对产品提出具体需求后，我们会为客户制作产品报价单（见图1.27）。客户可以通过产品价格单了解产品批发价格、产品编号、参数规格、最小起订量等信息。这里需要注意一点，针对所有客户的询价，我们不能发同一份产品报价单，而应根据客户的不同需求，在其可接受的价格范围内向客户推荐合适的产品。产品报价单反映了产品的重要信息，因此，Mark可以通过研读产品报价单的方式来熟悉产品，挖掘产品的特色与优势。

4. 向老员工请教

老员工基于多年的市场实战积累了很多经验，新员工应多向他们请教与市场相关的信息，包括产品目标市场、年销售总量、不同市场对产品的喜好和关注点、价格定位、经销商人群定位、终端消费人群定位、品牌合作商和竞争对手等，向其讨教产品的优势、开发潜在客户的途径、磋商谈判的技巧等。新员工通过这些信息可加深对市场的了解，从而掌握销售技巧。

图1.27　产品报价单样本

5．工厂实地考察

商品就是生产出来用以销售的产品，所以新员工必须到一线工厂去了解产品完整的生产过程，向生产厂长、车间工人、质检员了解从原材料、产品构成、生产流程、产量到包装方式等方面的相关信息。比如，原材料有高端、中端、低端之分，成分和特性的不同会导致产品的最终价格不同，了解原材料的构成可以深入掌握产品的不同性能。产品在不同市场上的包装规格和方式有所不同。了解了这些信息，在与客户磋商时就更有信心，也会让对方觉得你很专业。

【步骤二】熟悉产品相关资料

新员工应边学习边做产品知识梳理，形成个性化的产品学习表（见图1.28，以服装为例），总结出产品的核心优势，这样才能塑造出与众不同、有差异化优势的产品形象。

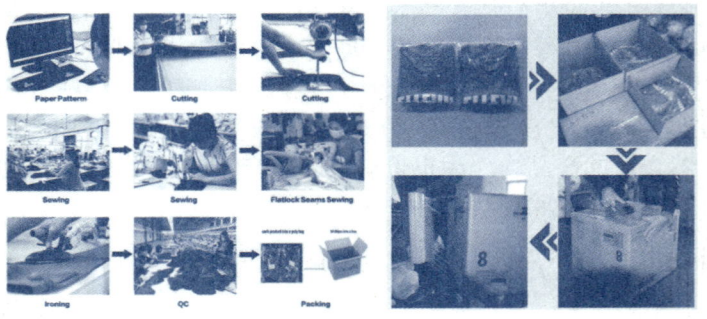

图1.28　产品学习表

产品分类	卫衣、夹克、牛仔裤
产品关键词	Hoodies、Jacket、Jeans
产品品质定位	高质量
经销商人群定位	网络零售批发商、线下服装店品牌商
价格定位	中等
终端消费人群定位	白领男士
品牌合作商	H&N、L&A、Lily
外贸年销售额	7000万元
主要竞争对手	杭州万盛、浙江恩美、东莞丽丽
主要市场区域	美国、澳大利亚
买家采购关注点	面料、是否接受定制、最小起订量、染料稳定性
产品更新周期	每月推出新款
产品生产流程	设计—打样—面料采购—裁剪—缝制—熨烫—成品
材质	纯棉、麻布、尼龙、混纺、牛仔
产量	30000万件
最小起订量	100件

图1.28 产品学习表（续）

【步骤三】提炼竞争优势

根据不同客户的特性和他们关注的信息，可以从以下方面进行竞争优势提炼。

1. 自有工厂优势

在平台上有贸易商和工厂两种不同类型的供应商，贸易商通过与工厂合作进货。如果供应商是工厂，对买家来说在成本上相对有优势，而且可以灵活把控生产质量、生产周期，所以如果供应商是工厂，那么一定要展示生产技术、制造工艺、生产流程、车间环境等，以图片加文字描述的方式将信息传达给客户，让客户相信我们有能力保质保量地完成订单。

2. 技术、专利型产品优势

专利有一个众所周知的好处，即可以保护权利人的核心知识和技术成果。在没有得到专利持有人许可或授权的情况下，任何单位或个人都不能销售或生产该产品。企业针对产品申请了专利，对企业的销售来说是一种优势。

3. 认证证书

很多国家在进口一些产品的时候明确要求产品必须具备某些认证证书。向客户提供认证机构颁发的证书是对产品质量最好的权威性证明。

4. 服务优势

在售前提供优质的服务，让客户充分了解产品的功能属性，可使产品获得客户的青睐；在售中，产品生产、包装物流的服务水平保证企业的效率，提升客户的体验；在售后，在客户提出问题后及时响应，对后续的评价和回购非常重要。服务人员的数量、专业的服务态度、服务人员的素养、售前与售后服务等都体现了企业的软实力，是客户放心把产品交给企业生产的重要条件。企业可以通过团队合照、客户来访合照、展会服务、邮件12小时内回复、旺旺在线 1 小时内回复、信保交易保障、1 年保修等来体现企业文化与服务人员的素养。

📖【知识链接】——产品分析

一、产品分析的重要性

目前大部分行业的竞争都非常激烈，企业要如何做才能在竞争中脱颖而出？在这个任务中，我们将学习如何提炼产品的竞争优势，通过对产品竞争优势的提炼，告诉客户购买该产品能获得怎样的利益。边学习边做产品知识梳理，形成自己的产品学习表，有助于总结企业的核心优势，塑造出与众不同、差异化优势突出的产品。此外，一名优秀的业务员首先要对自身的产品有所了解，能灵活应对客户的各种问题，给出最佳的解决方案，这样才能成为一名值得客户信任的行业专家。了解产品还有助于对产品的属性、关键词、详情说明等方面进行合理的展示，因此熟悉产品是新员工的必修课。

产品分析的最终目的是提升产品销量，首先要了解客户的需求，知道客户要什么、哪些产品受欢迎，进而根据这些数据指导产品优化和活动推广，这也是要做产品分析的原因。

要做产品分析，首先需要了解网站产品的基础数据，包括产品的浏览量、点击量、订单、入篮量、购买客户数等信息。企业可通过这些数据判定客户对产品的关注度。其次，需要了解产品的生命周期变化。根据对产品及品类的热度分析、观察浏览、购买等相关数据，可以了解产品的生命周期变化，如某产品的热卖时长、新品选品的最佳时机等。最后，需要更深层次地了解客户喜好、客户的购买力、产品关注度等信息。由于不同的数据指标反映不同的情况，因此我们可以根据数据指标的变化发现产品生产中存在的问题。

二、跨境电商客户采购行为分析

平台上的竞争对手众多，企业应该怎样突出自身的优点，快速让客户对自身产生信任呢？

跨境电商 B2B 不同于 B2C，客户在这两种模式下的采购关注点不同。B2C 平台上的买家属于终端消费者，看到喜欢的就会购买，购买行为属于感性冲动型；而阿里巴巴国际站属于 B2B 批发平台，供应商大多数是企业或者工厂，从采购的角度来讲，买家需要考虑的因素会更多，需要对比不同供应商之间的优劣势，订单的成交周期相对也比较长，购买行为较理性，如表 1.1 所示。

表 1.1 B2B 与 B2C 采购特点对比

项目	B2B	B2C
客户群体	中间商、代理商	终端消费者
购买用途	销售	直接使用
成交周期	较长	短
订单金额	较大	小
客户关注点	企业的实力、价格、质量、交期	价格、质量
详情页展示内容	企业的实力、产品优势	款式、好评、细节图

综上所述，通过国际市场调研、对产品的学习、对产品核心竞争力的分析、确定企业

的产品定位，我们可以确定目标市场，分析目标市场热销平台的选品情况，确定企业的主推产品，制定合理的价格。根据市场对产品的销售需求，我们需要对产品的类别、档次、构成、功能、外形及包装等进行分析，明确产品的竞争优势。通过对产品竞争优势的提炼，确定线上展示文案，最终形成有效的营销组合策略。

【实操技能训练】

【简答题】请登录阿里巴巴官网首页，找到任意一家店铺，学习其发布的产品信息并完成以下任务。

1．梳理产品学习表；
2．列出3个你认为该企业的产品具备的竞争优势。

作业提交方式：Word文档或Excel表格。

项目二

店铺开通与运营

【项目学习目标】

【2.1】知识目标

1. 掌握阿里巴巴国际站前台功能的使用；
2. 掌握店铺账户的种类、特点及区别；
3. 掌握阿里巴巴国际站后台设置的主要功能板块；
4. 掌握 P4P 操作方法；
5. 掌握投放顶展的流程与方法；
6. 掌握平台数据分析方法；
7. 掌握产品发布的流程。

【2.2】能力目标

1. 会开通阿里巴巴国际站店铺；
2. 会使用阿里巴巴国际站后台；
3. 会运用 P4P 进行营销推广；
4. 会投放顶展；
5. 会数据优化；
6. 会设置子账号。

【2.3】职业素养目标

1. 遵守平台规则，严守企业的商业秘密，弘扬社会主义法治精神，传承中华优秀传统法律文化；
2. 具有与市场经济发展和市场要素国际化流动相适应的开拓精神、创新精神，以及良好的服务意识和团队合作精神；
3. 具有知识产权保护的法律意识；
4. 具有刻苦钻研业务、一丝不苟的工作作风，团结拼搏的精神风貌，以及勇于开拓创新的意志；

5. 具有积极乐观、充满自信、守正创新的工作态度。

情境导入

宁波诚通国际贸易有限公司是一家以出口纺织服装品、日杂用品、家用小电器为主的外贸企业，致力于为全球采购商供应中国好产品，为中国供应商提供全球批发外销渠道。该公司为了进一步拓展业务，新招聘了三名外贸业务员，要求其在阿里巴巴国际站注册店铺，销售公司经营的各类产品。他们的主要任务是：①完成阿里巴巴国际站店铺的注册与开通；②完成产品发布；③对店铺与产品进行营销推广；④对店铺进行数据优化。

任务一 国际站基础设置

【学习目标】

1. 了解阿里巴巴国际站的前台和买家下单流程；
2. 学会开通店铺；
3. 认识阿里巴巴国际站的后台；
4. 掌握后台账户设置。

【操作步骤】

【步骤一】做好注册前的准备→【步骤二】准备好注册资料→【步骤三】提交相关信息→【步骤四】发布一个产品→【步骤五】参加规则考试→【步骤六】设置子账号

【步骤一】做好注册前的准备

在注册阿里巴巴国际站店铺前，应做好一系列的准备，包括了解前台与后台的区别、买家下单的流程。

【知识链接】——前台与后台的区别及买家下单流程

一、前台介绍及买家下单流程

前台指的是买家的浏览页面，后台指的是商家的操作界面。打个形象的比喻：我们去面包店买东西，放着"面包"的橱柜就是买家看到的"前台"，而"后厨"是商家工作人员制作面包的地方，就好比是阿里巴巴国际站的"后台"。

1. 前台介绍

国内主流的跨境电商 B2B 平台大部分都以阿里巴巴国际站为蓝本，因此本教材以阿里巴巴国际站为例，介绍 B2B 平台的实操与运营。阿里巴巴国际站前台的功能主要包括以下几种：（1）类目导航板块（见图 2.1）；（2）产品（供应商）搜索框（见图 2.2）；（3）首页焦点图（活动展播，见图 2.3）；（4）定制产品与现货产品（见图 2.4）；（5）精选行业（见图 2.5）；（6）采购直达（英文简称为 RFQ，见图 2.6）；（7）产品推荐（见图 2.7）；（8）海外市场卖家、贸易服务（见图 2.8）。

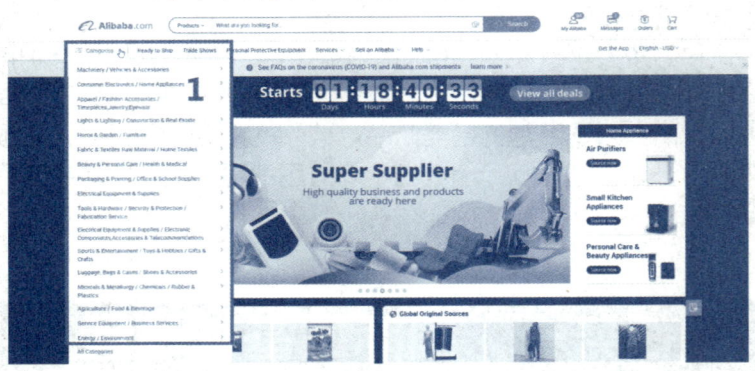

图 2.1　类目导航板块

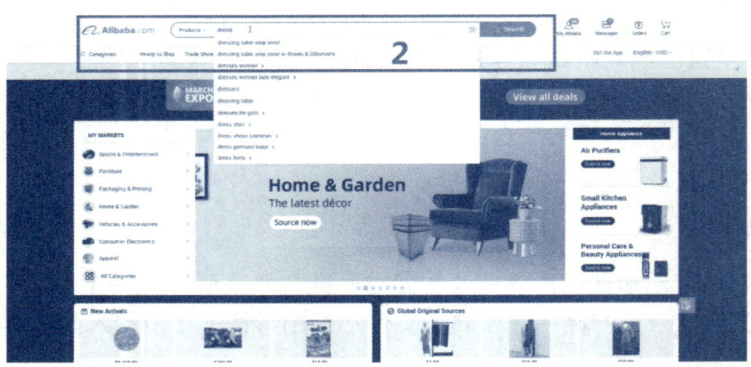

图 2.2　产品（供应商）搜索框

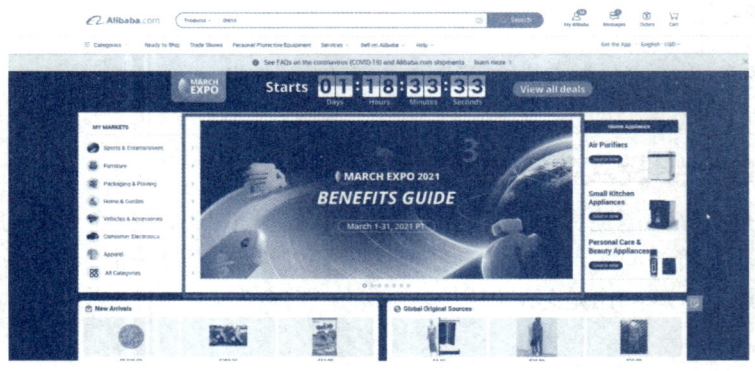

图 2.3　首页焦点图（活动展播）

图 2.4　定制产品与现货产品

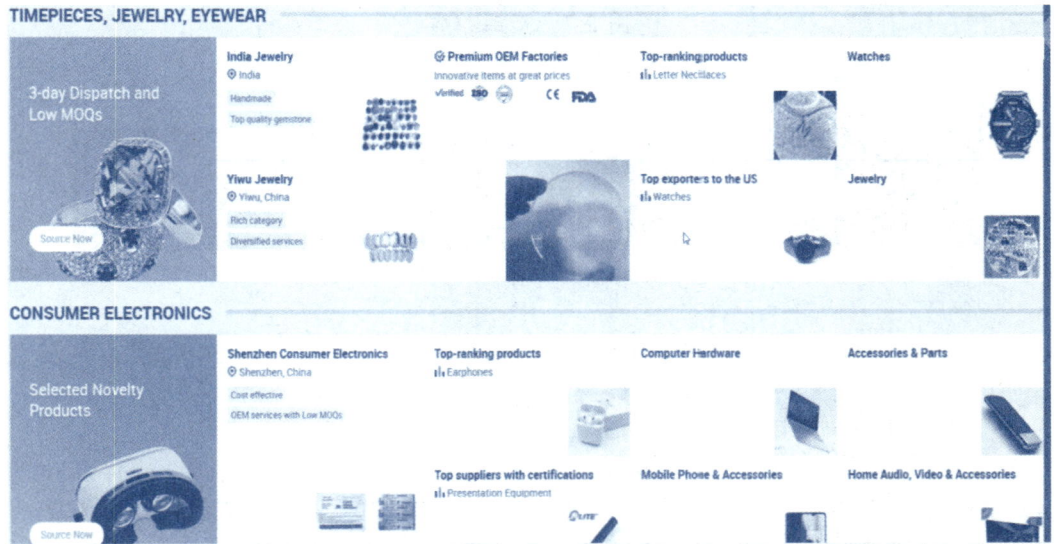

图 2.5　精选行业

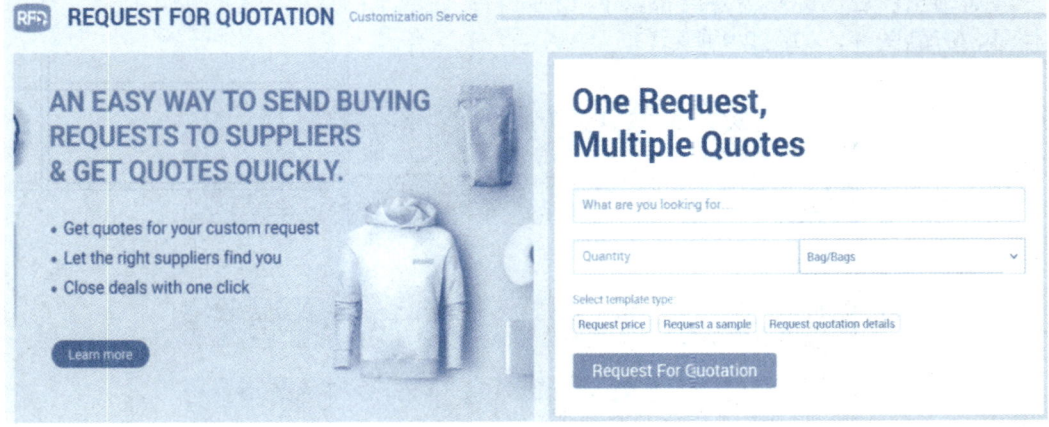

图 2.6　采购直达

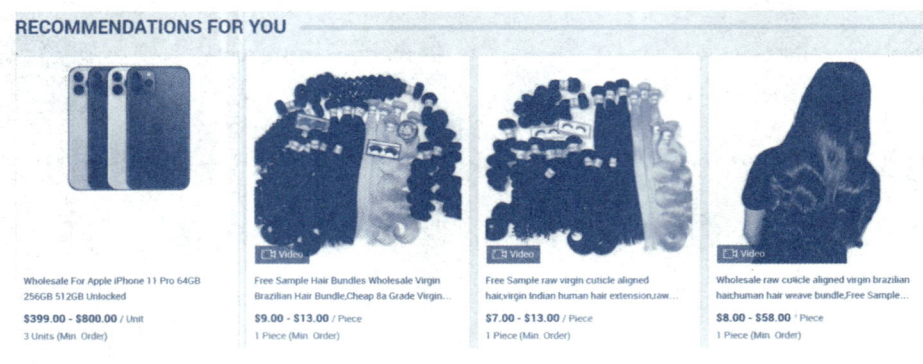

图 2.7　产品推荐

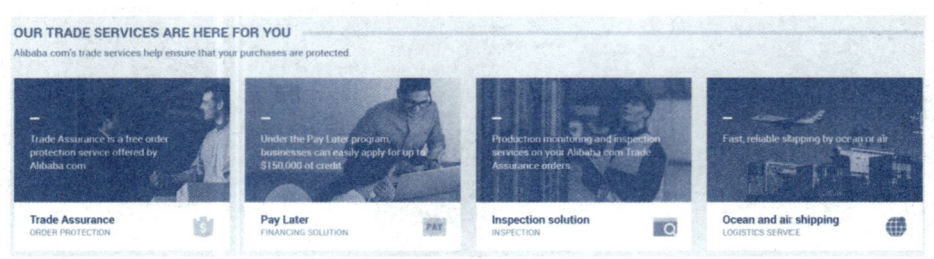

图 2.8　海外市场卖家、贸易服务

2. 买家下单流程

买家可以通过以下途径找到产品：（1）类目搜索；（2）产品搜索；（3）供应商搜索；（4）供应商店铺内搜索。然后买家可以通过旺旺、询盘联系商家，或者直接下单 RTS 产品（Ready to Ship 产品，即支持买家直接下单的产品）。

【步骤二】准备好注册资料

注册阿里巴巴国际站需要准备以下几种资料：企业工商认证信息、公司信息、产品基础信息、产品图片，如图 2.9 所示。

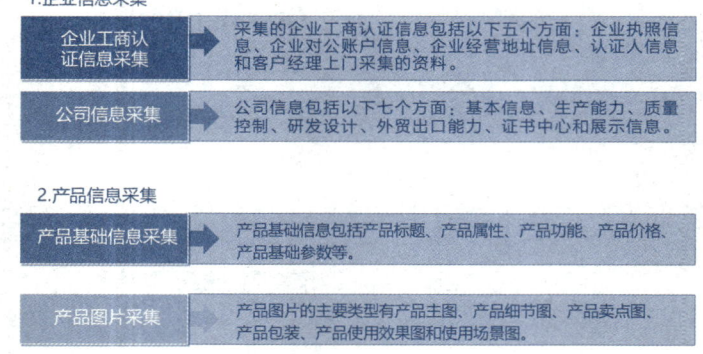

图 2.9　阿里巴巴国际站注册信息采集

【步骤三】提交相关信息

在准备好以上信息后，在阿里巴巴国际站的后台按照提示，提交相关信息，如图2.10所示。

图 2.10　提交相关信息

【知识链接1】——初识跨境电商

一、跨境电商的分类

跨境电商根据交易体量主要分为以下两种交易模式：跨境电商批发模式和跨境电商零售模式。

跨境电商批发模式又被称为B2B（Business to Business）模式，是指供应商与经销商、代理商、批发商等之间以企业名义进行的交易合作。

跨境电商零售模式又被称为B2C（Business to Customer）模式和C2C（Consumer to Consumer）模式，是指企业（或个人）与终端批发商、零售商、消费者等之间以个人名义进行的交易合作。

跨境电商经过二十余年的发展，衍生出多种类型的卖家。根据模式的不同，这些卖家可分为平台型卖家和大卖家两种类型；平台型卖家又可分为B2C卖家、B2B卖家、B2B2C卖家，如图2.11所示。不同模式的卖家各具特色，由此形成的竞争壁垒也不相同。从长期来看，以B2B2C为连接模式，同时具备外协同效应的开放性生态平台，具备更强的持续成长性。

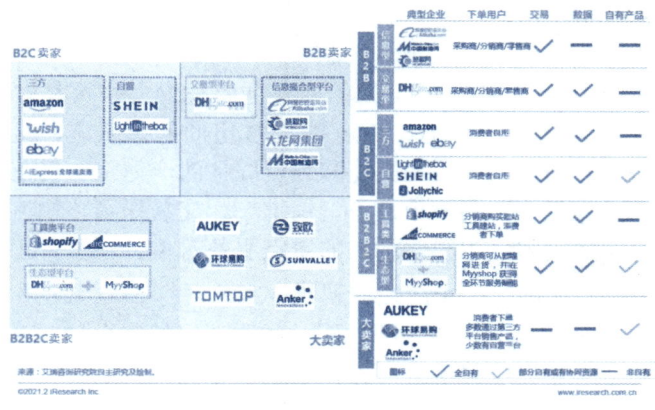

图 2.11　跨境电商的卖家

项目二　店铺开通与运营

跨境电商根据商业模式大致可以分为五种交易模式，包括在线商城、自营综合电商平台、在线商超、垂直电商、品牌独立站，如图2.12所示。

图2.12　跨境电商的五种交易模式

二、主流 B2B 平台

主流 B2B 平台包括阿里巴巴国际站、中国制造网和环球资源网，如图2.13所示。

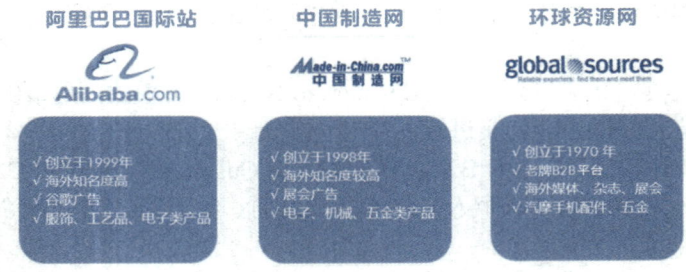

图2.13　主流 B2B 平台

1. 阿里巴巴国际站

阿里巴巴国际站是帮助中小企业拓展国际贸易的出口营销推广服务的 B2B 平台，它通过向海外买家展示、推广供应商的企业和产品，使供应商获得贸易商机和订单，是出口企业拓展国际贸易的首选网络平台之一。

阿里巴巴国际站成立于 1999 年，早期的业务主要是为大宗贸易做产品信息的展示。2010 年，阿里巴巴国际站收购一达通，逐步将 B2B 电商的供应链、支付、通关、物流、金融信贷等一系列服务打通，实现线上交易和外贸服务的一体化。目前阿里巴巴国际站提供的服务主要有以下几大板块：网站建设、营销推广、交易保障、物流服务、金融支付、增值服务等。中小企业成为阿里巴巴国际站的重点服务对象，该平台正在加快完善数字化新外贸赛道，将沉淀的数据转化为更成熟的解决方案。

作为全球最大的 B2B 平台，阿里巴巴国际站的物流已覆盖全球 200 多个国家和地区。阿里巴巴国际站将与生态合作伙伴融合共振，通过数字化重新定义全球货运标准。"门到门"服务能力是重点方向之一：货物从工厂被拉到境内港口、报关，遥过海陆空进入境外港口、清关、完税，最后完成末端配送。阿里巴巴国际站提供店铺装修、产品展示、营销推广、生意洽谈及店铺管理等全系列线上服务和工具，帮助企业降低成本、高效率地开拓外贸大市场。

阿里巴巴国际站的业务发展分为三个阶段：第一个阶段，阿里巴巴国际站的定位是"365天永不落幕的广交会"，为大宗贸易做产品信息的展示；第二个阶段，阿里巴巴国际站收购一达通，为商家提供通关等方面的便利化服务，并在这个过程中开始沉淀数据；第三个阶段，阿里巴巴国际站将此前沉淀的数据形成闭环，重构跨境贸易。

阿里巴巴国际站的核心价值：（1）买家可以搜索卖家所发布的企业信息及产品信息；（2）卖家可以搜索买家的采购信息；（3）为买家和卖家提供了沟通工具和账号管理工具。

阿里巴巴国际站不但提供线上服务，还提供线下服务。线下服务的内容包括：（1）客户经理上门服务，一对一专业辅导，助您操作无忧；（2）Call Center 服务专线，365天为客户服务；（3）360度客户培训，助力客户成为电子商务专家；（4）走近国际大买家，开拓贸易新商机；（5）全球商展推广，直面买家采购。

2. 中国制造网

中国制造网是一个中国产品信息荟萃的 B2B 平台，向国内外采购商提供丰富的电子商务服务，旨在利用互联网将中国供应商的产品介绍给国内外采购商，如图2.14所示。

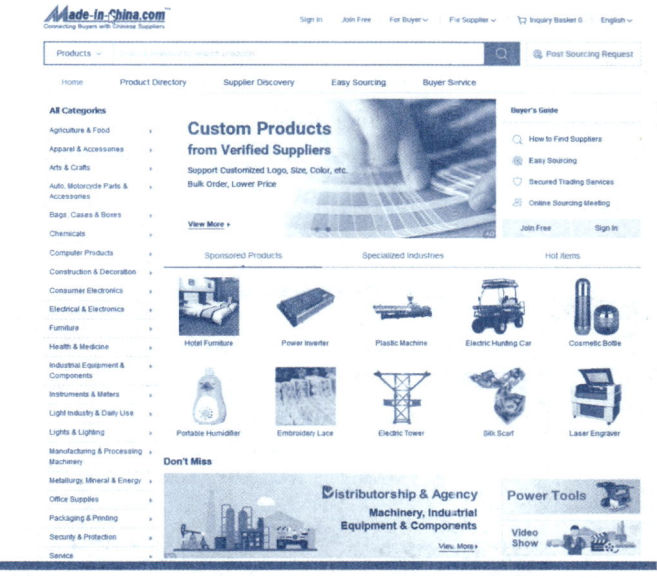

图2.14　中国制造网

中国制造网关注中国企业，特别是众多中小企业的发展，因为其创办企业焦点科技股份有限公司（简称焦点科技）深信，只有在中小企业发展的基础上，全球经济才能更健康地发展。凭借巨大而翔实的商业信息数据库，以及便捷而高效的功能和服务，中国制造网成功地帮助众多供应商和采购商建立了联系。

中国制造网面向全球，以推广中国企业为己任，努力营造良好的网络商业环境，搭建更为宽广的网上贸易平台，为国内贸易的繁荣开启了一扇方便的电子商务之门。中国制造网为中国中小企业提供了商业机会，创造了大量就业机会，并且为中小企业提供各类电子商务软件服务，以软件服务业带动了传统制造业信息化能力的提升。中国制造网分为国际站和内贸站。

该平台提供的服务包括：（1）为采购商提供服务。在中国制造网首页输入关键词搜索产品或通过中国产品目录查找产品，联系供应商；在商情板搜索销售商情并联系供应商；发布采购商情，将采购信息加入商情板；提供收费的贸易服务，有效开展同中国产品供应商的贸易往来。（2）为中国的制造商、供应商、出口商提供服务。将产品信息和公司信息加入中国产品目录；通过商情板，搜索全球买家及其采购信息；采用推广服务"名列前茅"，使产品脱颖而出，获取无限商机；采用"产品展台"，迅速提高产品的曝光率，直观、形象地引起目标买家的关注；采用"横幅"，将产品和企业品牌刊登于页面显眼位置，有效推广产品和企业品牌；采用高级会员服务——中国供应商，其拥有更高级的网站功能和服务，全面提升企业的形象。采用中国制造网英文版实地认证服务——认证供应商，获得更多买家的关注和信任。（3）为海外供应商提供服务。将产品信息和公司信息加入商情板；通过商情板搜索全球买家及其采购需求；有机会使用"横幅"，有效推广产品和企业品牌。

3. 环球资源网

环球资源是一家扎根香港、面向全球的专业展览主办机构。其旗下直属的环球资源网是深度行业化的专业 B2B 外贸平台，更是受到业界认可的全球高端买家的首选采购平台，如图 2.15 所示。

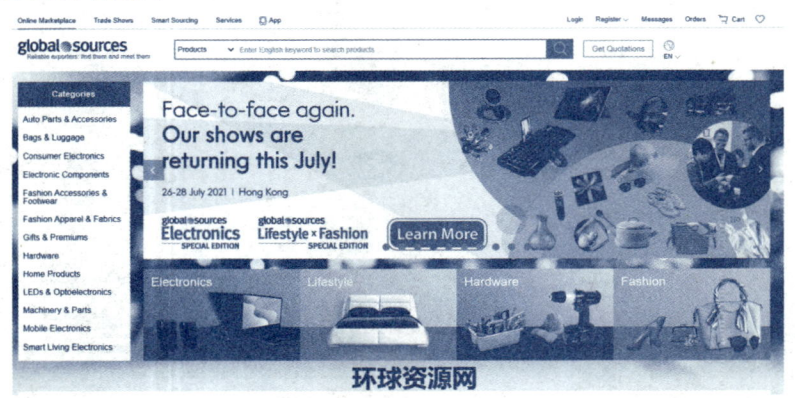

图 2.15　环球资源网

成立五十多年来，环球资源一直致力于促成国际贸易，并通过展会、数字化贸易平台及贸易杂志等多种渠道连接全球诚信买家及已核实供应商，为他们提供定制化的采购方案及值得信赖的市场资讯。环球资源于 1995 年率先推出全球首个 B2B 在线电子商务跨境贸易站点，公司目前拥有超过 1000 万个来自全球各地的注册买家和用户。

公司的核心业务是通过一系列英文媒体，包括环球资源网、印刷及电子杂志、采购资讯报告、买家专场采购会、贸易展览会等，促进亚洲各国的出口贸易发展。一方面，超过 100 万个国际买家（当中包括 95 个全球百强零售商）使用环球资源网提供的服务了解供应商及其产品的资料，实现在复杂的供应市场进行高效采购。另一方面，供应商借助环球资源网提供的整合出口推广服务，提升公司形象。获得销售查询，赢得来自逾 240 个国家和地区的买家的订单。

4．敦煌网

敦煌网创立于 2004 年，是中国领先的 B2B 跨境电商在线交易和服务平台。敦煌网致力于全链路赋能跨境中小企业，提供店铺运营、流量营销、仓储物流、支付金融、客服风控、关键汇兑、培训和标准化等痛点解决方案，是业内少有的将交易环节全部线上数字化的生态平台。

敦煌网与主流跨境电商平台的对比分析如图 2.16 所示。

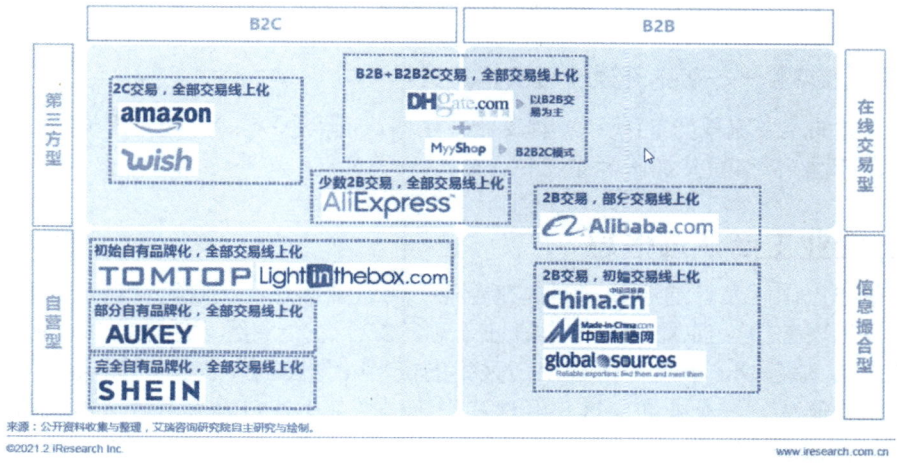

图 2.16　敦煌网与主流跨境电商平台的对比分析

一方面，敦煌网对供应链拥有强大的掌控优势，同时布局多个国家和地区，对主流市场进行本土化深耕。另一方面，敦煌网整合了物流、支付、金融、技术等领域的合作伙伴，打造集相关服务于一体的全平台、线上化、智能化的外贸生态圈。敦煌网对上下游与业务的多元化布局使其具备强大的资源整合优势与抗风险能力，受单一环境因素的影响较小。

敦煌网旗下的 MyyShop 是中国供应链与海外去中心化电商的连接者，展现了集"服务能力的中心化"和"销售场景的去中心化"于一体的典型模式。MyyShop 创新地构建了基于 SaaS 的快速建站与智能选品的综合服务平台，下游对接社交媒体、专业网店、线下门店等多类分销渠道，帮助拥有私域流量的个人搭建自身的商业体系。除建站工具外，MyyShop 还搭载了与交易配套的履约服务，提供快速建站、严选货源、智能选品、一件代发、全场景分销、无忧售后等一站式服务，围绕去中心化场景建立了共赢式经济外循环新通路。

MyyShop 构建的跨境 SaaS 新生态如图 2.17 所示。

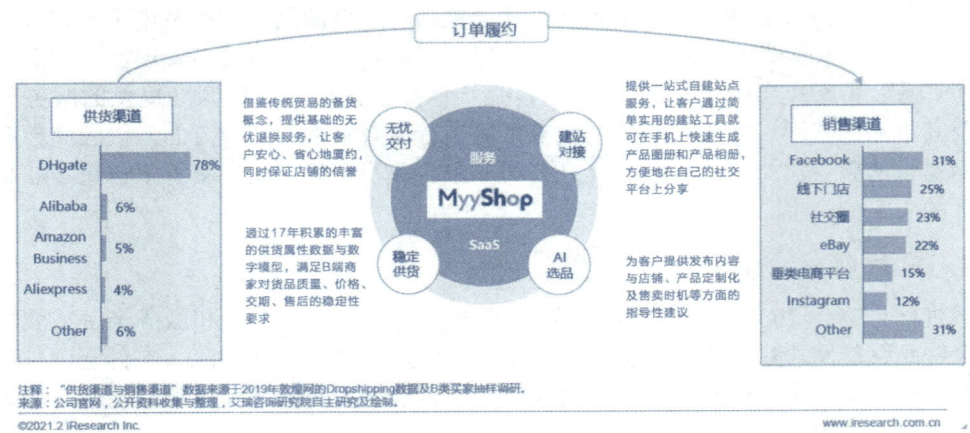

图 2.17　MyyShop 构建的跨境 SaaS 新生态

📖【知识链接 2】——店铺开通流程及相关资料

店铺开通的主要流程如下：（1）提交企业工商认证信息；（2）提交公司信息；（3）至少发布一个产品；（4）参加国际站考试。

一、企业工商认证信息

在阿里巴巴国际站开通店铺需要提交企业工商认证信息，企业工商认证信息包括企业执照信息（见表 2.1）、企业对公账户信息（见表 2.2）、企业经营地址信息（见表 2.3）、认证人信息（见表 2.4）和客户经理上门采集的资料（见表 2.5，客户经理会上门拍摄办公及生产环境的照片）。企业在向客户经理和平台提交各类资料时应本着诚信原则，如实提供，否则一旦被平台调查出任何不实及作假行为，将被列为资信不良客户，永久丧失入驻平台的权利。

表 2.1　企业执照信息

项目	内容
企业注册全称（中文）：	
企业注册全称（英文）：	
请上传企业英文名称凭证：	
营业执照照片：	
企业注册国家/地区：	
企业注册省份：	
企业注册地址（中文）	

表2.2　企业对公账户信息

项目	内容
企业对公账户开户行：	
企业对公账户开户名：	
企业对公账户账号：	

表2.3　企业经营地址信息

项目	内容
企业联系国家/地区：	
企业联系省份：	
企业经营地址（中文）：	
企业经营地址（英文）：	
经营场地证明类型：	
产权证明上的所有权人：	

表2.4　认证人信息

项目	内容
认证人姓名（中文）：	
认证人姓名（英文）：	
认证人性别：	
认证人身份证件类型：	
证件号码：	
认证人手机号码：	
认证人固定电话：	
认证人邮箱：	
认证人所在部门（中文）：	
认证人所在部门（英文）：	
认证人职位（中文）：	
认证人职位（英文）：	

表2.5　客户经理上门采集的资料

实地认证信息确认书照片：	

二、公司信息

提交的公司信息主要包括以下七项内容：基本信息、生产能力、质量控制、研发设计、外贸出口能力、证书中心和展示信息，如图 2.18 所示。公司信息包括的细节内容如表 2.6 所示。

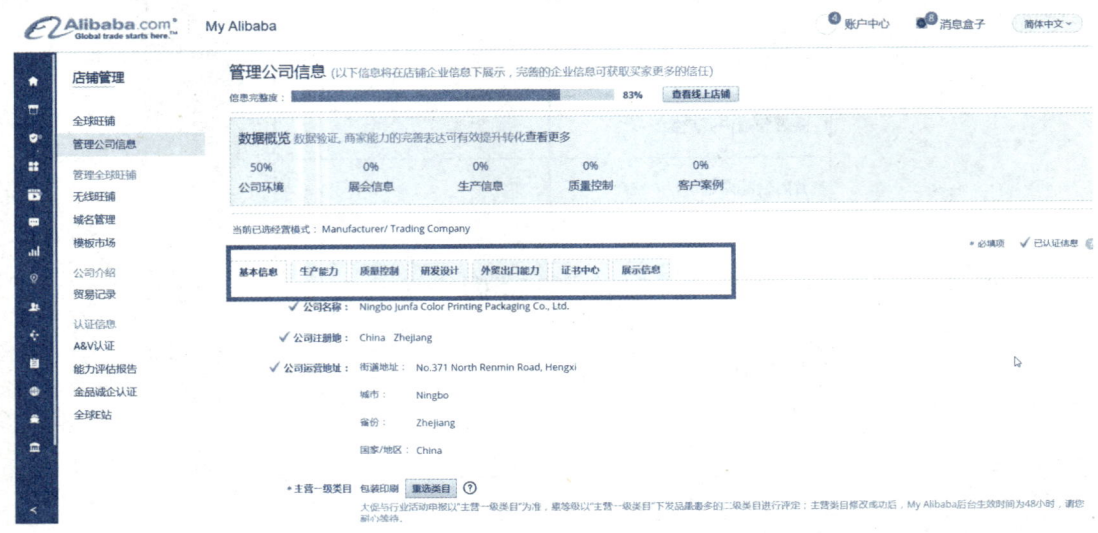

图 2.18　提交公司信息

表 2.6　公司信息包括的细节内容

基本信息	生产能力	质量控制	研发设计	外贸出口能力	证书中心	展示信息
主营业务：	是否展示生产流程：	是否展示质量控制流程：	是否展示研发流程：	上一年销售额：	认证/检测：	公司标志：
更多的经营产品：	是否展示生产设备：	是否展示检测设备：		出口比例：	荣誉证书：	公司详细信息：
公司员工总数：	是否展示生产线：			主要市场及占比：	专利：	公司形象展示图：
公司网址：	工厂地址：			公司出口年份：	商标：	公司视频：
办公面积：	工厂面积：			是否添加客户案例：		是否参加过展会或将要参加展会：
公司核心优势描述：	加工贸易：			外贸部门员工：		
	质检人员数量：			出口方式：		
	研发人员数量：			最近的出口港口：		
	生产线数量：			备货期：		
	年产值：			是否有海外办事处：		
	是否添加年产量信息：			贸易方式下的交货条款：		
				接受的支付货币：		
				接受的付款方式：		
				语言能力：		

【小贴士】表 2.6 中显示灰色字体的内容是必填项目，如果填写不全，系统就会默认无法保存所填写的信息。此外，公司信息中的七项内容必须使用英文填写，否则无法保存。

【步骤四】发布一个产品

　　企业在阿里巴巴国际站注册店铺时需要先发布一个产品，所以在注册店铺前要准备好产品的相关材料，包括基本信息、产品描述、交易信息、物流信息、特殊服务及其他（见图 2.19～图 2.26）。

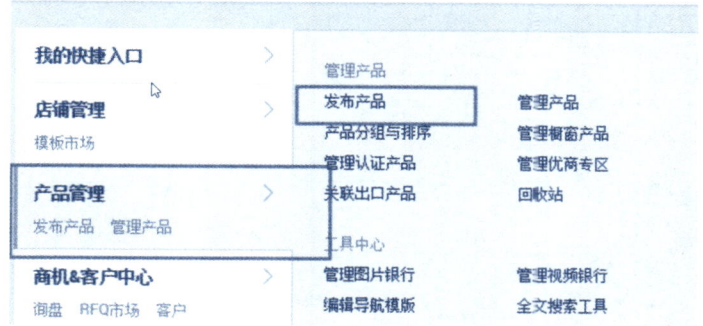

图 2.19　准备发布一个产品

图 2.20　发布产品之一

图 2.21　发布产品之二

项目二　店铺开通与运营

图 2.22　发布产品之三

图 2.23　发布产品之四

图 2.24　发布产品之五

图 2.25　发布产品之六

图 2.26　发布产品之七

【步骤五】参加规则考试

在阿里巴巴国际站注册店铺之前必须通过国际站规则考试（国际站规则考试说明见图 2.27），否则无法开通店铺。

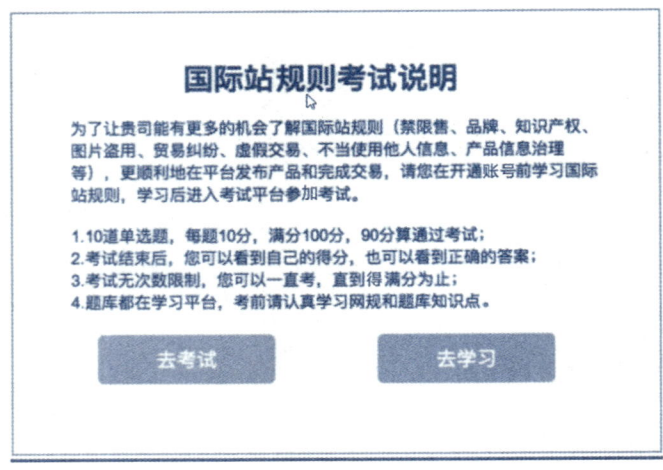

图 2.27　国际站规则考试说明

【小贴士】在发布一个产品后，接下来需要参加国际站规则考试，考分达到 90 分以上才能开通店铺。在考试过程中不允许跳转至其他页面，请考前详细了解国际站规则，本着诚实守信的原则，完成考试过程。

【步骤六】设置子账号

在开通店铺后就可以进入阿里巴巴国际站的后台（即 My Alibaba，以下简称为 MA）设置子账号了，如图 2.28 所示。

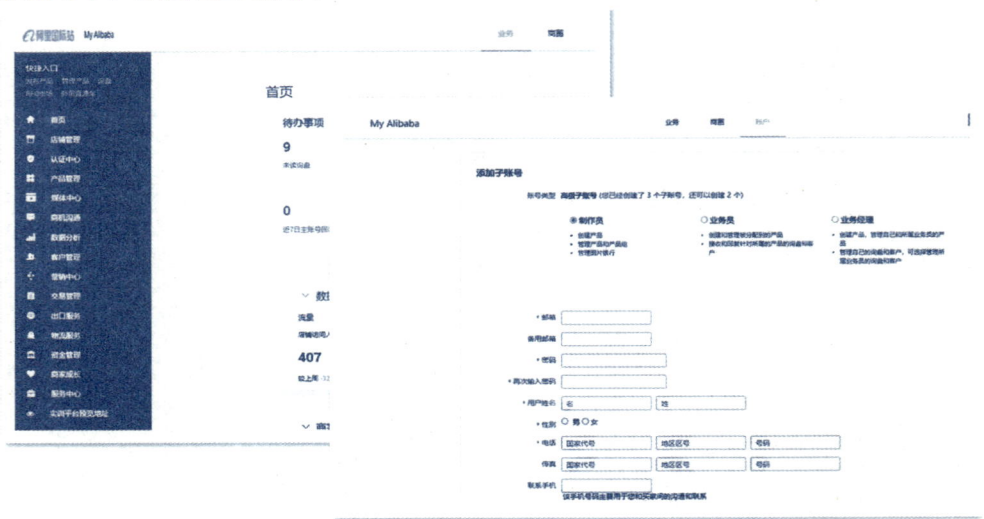

图 2.28　设置子账号

📖【知识链接】——账号设置

国际站的账号主要分为两大类：主账号和子账号，一个店铺只有一个主账号，不同级别的会员有不同数量的高级子账号。普通会员高级子账号的数量为 5 个，金品诚企高级子账号的数量为 10 个。

主账号又称管理员账号，权限最高，拥有所有的平台权限，如表 2.7 所示。子账号包括三类：业务经理账号、业务员账号和制作员账号。业务经理账号多用于协助管理，拥有的权限比业务员账号和制作员账号的多；业务员账号用于员工发布产品、跟进询盘、查看平台数据等；相对而言，制作员账号所拥有的权限比业务员账号的多一些，但是该账号类型没有"数据管家"板块，无法查看平台数据。

表 2.7 平台账号权限

功能		管理员账号	业务经理账号	业务员账号	制作员账号
产品管理	发布和管理产品，管理图片银行	√	√	√	√
	产品分组与排序，管理橱窗和认证产品	√	×	×	×
建站管理	管理公司信息、贸易记录、栏目	√	×	×	×
	管理全球旺铺	√	×	×	√
	域名管理，A&V认证	√	×	×	×
询盘	已分配待处理询盘	√	√	√	√
	待分配询盘	√	√	×	×
	询盘搜索	√	√	×	×
	设置询盘分配规则	√	×	×	×
客户	待分配客户	√	√	×	×
	搜索客户，新增客户，搜索联系人	√	√	√	√
数据管家	诊断总览，我的效果，我的产品	√	√	√	×
	我的全球旺铺，访客营销	√	√	√	×
我的账号	头像上传，管理个人信息，邮件订阅中心	√	√	√	√
	修改注册邮箱	√	×	×	×
	修改密码，设置安全问题	√	√	√	√
	管理安全手机	√	×	×	×
	同步询盘回复数据，信用保障资金账户	√	×	×	×
	添加子账号，管理子账号，子账号登录摘要	√	×	×	×

【理论知识巩固】

1. 【单选题】企业工商认证信息包括（   ）个方面的信息。
   A．四　　　　B．三　　　　C．二　　　　D．五

2. 【单选题】公司信息包括（   ）个方面的信息。
   A．四　　　　B．三　　　　C．七　　　　D．五

3. 【单选题】（   ）能力是客户判断工厂实力的重要依据。
   A．工厂人数　　　　　　　B．加工制造
   C．产品认证证书　　　　　D．市场需求

4. 【单选题】在开通国际站店铺时，第一步是（   ），第二步是（   ），第三步是至少发布一个产品，第四步是参加国际站规则考试。
   A．提交企业工商认证信息，提交公司信息

项目二　店铺开通与运营

  B．提交公司信息，提交企业工商认证信息
  C．提交营业执照，提交企业工商认证信息
  D．提交产品认证，提交营业执照

5．【多选题】核心店铺的产品应具备以下（　　）条件。
  A．产品具有独特优势／卖点； B．和同品类的产品对比具有竞争力
  C．符合目标客户群体所需 D．产品风格规划

6．【多选题】企业工商认证信息包括五个方面的信息，它们是（　　）。
  A．企业执照信息 B．企业经营地址信息
  C．企业对公账户信息 D．认证人信息
  E．客户经理上门采集的资料

7．【多选题】公司信息包括七个方面的信息：（　　）、（　　）、生产能力、质量控制、证书中心、（　　）、（　　）。
  A．基本信息 B．研发设计
  C．外贸出口能力 D．展示信息

8．【判断题】产品信息采集指的是确定产品风格，整理产品基本信息。（　　）

9．【判断题】产品图片采集指的是了解公司的主营产品有哪些，产品适合的人群和目标市场，以确定产品图片。（　　）

【实操技能训练】

一、国际站店铺开通体验

  1．请在阿里巴巴国际站后台完成店铺开通，行业和主营产品自选，提交企业工商认证信息及公司信息，在完成前两步后同步进行作业提交，要求：企业工商认证信息、公司信息填写准确无误。
  备注：请登录酷校平台，同时扫描右方微信二维码联系客服人员，申请试用账号。
  2．在完成题目1后，请在酷校平台继续完成简单的产品发布（素材内容自拟）和参加国际站规则考试，完成后同步进行作业提交。要求：完成产品发布，考试结果为90分以上。

二、设置子账号

  1．天天开心公司新招聘了一名外贸业务员，名为Zhao Lisa，请为她创建一个国际站业务员账号。
  ① 用户名：Zhao Lisa（女）。
  ② 邮箱：Lisazhao@gmail.com。
  ③ 密码：123456。
  ④ 电话：0086-020-8836030。

⑤ 安全手机：13478983726。
⑥ 联系地址：China Guangdong Guangzhou。
⑦ 街道地址：No.381 Wushan Road。
⑧ 邮编：510000。

2．酷校科技公司新招聘了一名运营专员，名叫 Li Hao，请为他创建一个国际站制作员账号。

① 用户名：Li Hao（男）。
② 邮箱：LiHao@qq.com。
③ 密码：123456。
④ 电话：0086-020-8836233。
⑤ 安全手机：13478947638。
⑥ 联系地址：China Guangdong Guangzhou。
⑦ 街道地址：No.34 Xinhua Road。
⑧ 邮编：510000。

任务二　产品发布

📖 【学习目标】

1．掌握产品发布的步骤；
2．学会上下架产品；
3．学会设置橱窗产品；
4．学会用多语言发布产品。

📖 【操作步骤】

【步骤一】准备好素材→【步骤二】发布产品→【步骤三】管理产品→【步骤四】设置橱窗产品→【步骤五】多语言发布产品

【步骤一】准备好素材

素材的准备包括店铺素材的准备和产品素材的准备。

📖 【知识链接】——店铺素材与产品素材

一、店铺素材

店铺素材包括三大类：产品素材、公司素材、工厂素材。具体包括：（1）产品详细资料；（2）公司商标；（3）工厂图片；（4）办公室环境；（5）公司简介和核心竞争力（中英文对照）；（6）团队合照；（7）展会图片；（8）客户来访合照或合作企业；（9）公司认证及产品认证；（10）公司视频；（11）旺旺头像照片；（12）店铺首页及内页设计图；

(13)账号及密码。

二、产品素材

产品素材包括：关键词表、标题表、主图6张、产品视频、参数表（包括产品的细节参数和价格）、产品详情页视频、产品详情页描述图。

在准备产品素材时需要注意，存在以下缺陷的产品将不被展示：(1)重复铺货的产品；(2)类目错放的产品；(3)图片质量不佳的产品；(4)标题拼写错误的产品；(5)标题堆砌的产品；(6)标题缺少核心产品词的产品；(7)信息冲突的产品；(8)价格不合理的产品；(9)信息不完整的产品。

【步骤二】发布产品

发布一款产品，必经的步骤有八个：第一步是选择类目；第二步是填写标题；第三步是填写产品关键词；第四步是上传产品主图；第五步是填写产品属性；第六步是填写产品交易信息；第七步是描述产品详情；第八步是将产品进行分组。

【步骤三】管理产品

打开阿里巴巴国际站的后台，找到【产品管理】→【管理产品】，可以看到店铺的产品列表。

1. 产品分配

勾选产品并点击上方的【分配给】，可以把产品分配给不同的业务员，这就是产品分配功能（见图2.29）。

图2.29 产品分配功能

2. 产品分组

选中产品，点击上方的【移动到】，可以把产品移动到不同的产品组里，如图2.30所示。

图 2.30　把产品移动到不同的产品组里

3. 修改产品状态

刷新：重新编辑过产品，点击刷新可以使产品更新到最新状态。

上架：产品处于上架状态，客户可以在前台看到产品。

下架：如果产品暂时缺货或者停售，可以下架产品，后期再上架销售。当产品处于下架状态时，客户无法在前台看到产品。

删除：删除产品，可在回收站里找回。

以上操作如图 2.31 所示。

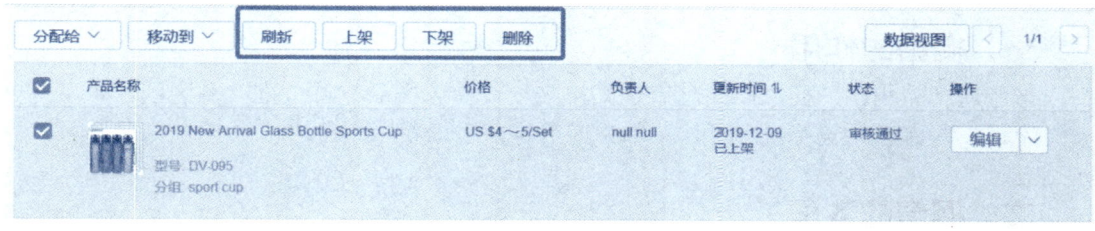

图 2.31　修改产品状态

【步骤四】设置橱窗产品

橱窗是阿里巴巴国际站商家进行产品推广运营最常用的手段，商家可以将主打产品设置为橱窗产品，在旺铺首页优先展示。

设置橱窗产品的方法如下。

（1）打开阿里巴巴国际站的后台，找到【产品管理】→【管理橱窗产品】。

（2）添加产品：从店铺现有产品中选择几款产品，并将其设置为橱窗产品，如图 2.32 所示。

（3）修改排序：可以调整橱窗产品的排序。

（4）移除：从橱窗产品中移除产品。

（5）替换：选择另外一款产品替换当前的橱窗产品。

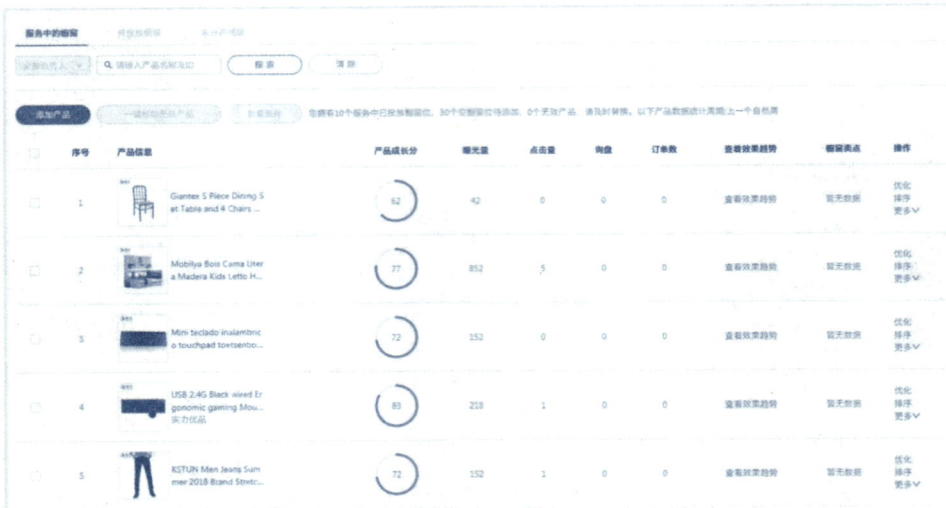

图 2.32 添加产品

【知识链接】——橱窗展示

什么是橱窗？橱窗就是产品展示位，是阿里巴巴国际站的免费推广资源之一。

一、橱窗的作用

与普通产品相比，橱窗产品享有优先排名权；橱窗产品在首页推广专区展示，享有更大的流量；橱窗产品支持自主更换，掌握产品推广主动权。

二、橱窗的数量

阿里巴巴国际站橱窗的数量按照账号的类别而有所区别。普通会员拥有 10 组橱窗，金品诚企拥有 40 组橱窗。

三、橱窗产品的选择

选择橱窗产品的标准：（1）符合目标市场应季需求的产品；（2）符合自身的主推方向的产品；（3）盈利空间大的产品；（4）询盘较多或历史成交好的产品。注意避免选择重复的产品，浪费橱窗资源。

【步骤五】多语言市场发布产品

多语言市场发布产品的方法如下：打开阿里巴巴国际站的后台，找到【产品管理】→【发布产品】→【选择语言市场】（见图2.33）。接下来的操作与发布普通产品的操作相同，但是需要注意的是，产品的标题、关键词、描述都需要用小语种输入。

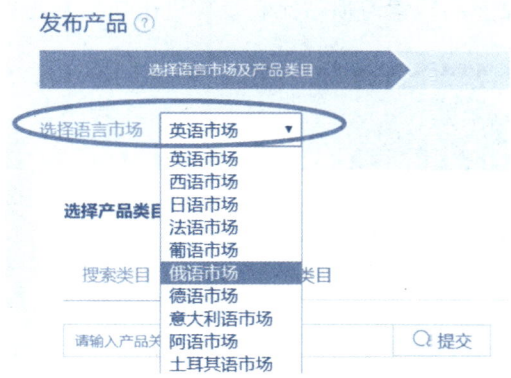

图2.33　多语言市场发布产品

📖【知识链接】——多语言市场发布产品

每个行业及产品都有其特别受欢迎的市场，具有针对性的推广就应运而生了，那就是多语言市场发布产品。

语言市场包括西班牙语市场（西语市场）、法语市场、日语市场、葡萄牙语市场（葡语市场）、德语市场、阿拉伯语市场（阿语市场）等（见表2.8），而且小语种的数量从以前的100个提升为600个。多语言市场的优点是竞争小、市场大、询盘精准、质量高，缺点是对业务员的语言能力要求高。

表2.8　语言市场和国家对应表

语言市场	网址	主要对应国家
西班牙语市场	http://spanish.alibaba.com	墨西哥、西班牙、阿根廷、秘鲁、智利、哥伦比亚、委内瑞拉等
俄语市场	http://russian.alibaba.com	俄罗斯、哈萨克斯坦、乌克兰等
葡萄牙语市场	http://portuguese.alibaba.com	巴西、葡萄牙、安哥拉等
法语市场	http://french.alibaba.com	法国、比利时、多哥、贝宁等
日语市场	http://japanese.alibaba.com	日本
德语市场	http://german.alibaba.com	德国、瑞士、奥地利、卢森堡等
意大利语市场	http://italian.alibaba.com	意大利
韩语市场	http://korean.alibaba.com	韩国
阿拉伯语市场	http://arabic.alibaba.com	阿联酋、沙特阿拉伯、埃及等
土耳其语市场	http://turkish.alibaba.com	土耳其
越南语市场	http://vietnamese.alibaba.com	越南
泰语市场	http://thai.alibaba.com	泰国
荷兰语市场	http://dutch.alibaba.com/	荷兰、比利时、南非、苏里南等
希伯来语市场	http://hebrew.alibaba.com	以色列
印尼语市场	http://indonesian.alibaba.com/	印尼

阿里巴巴国际站买家产品搜索习惯占比和全球进出口贸易占比如图 2.34 所示。

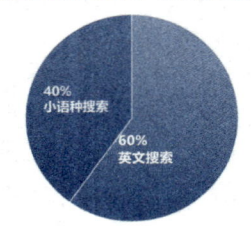
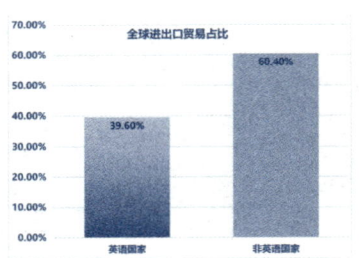

图 2.34　阿里巴巴国际站买家产品搜索习惯占比和全球进出口贸易占比

【理论知识巩固】

1. 【单选题】每个语种最多可以发布（　　）个产品。
   A. 100　　　　　　B. 500　　　　　　C. 600　　　　　　D. 300
2. 【单选题】各国买家在阿里巴巴国际站上搜索产品时，大概（　　）是通过小语种进行搜索的。
   A. 30%　　　　　　B. 40%　　　　　　C. 20%　　　　　　D. 10%
3. 【单选题】以下（　　）国家是不吃牛肉的。
   A. 美国　　　　　　B. 日本　　　　　　C. 印度　　　　　　D. 英国
4. 【单选题】据联合国统计，近年来英语国家和非英语国家的进出口贸易对比约为（　　）
   A. 4∶6　　　　　　B. 1∶2　　　　　　C. 5∶2　　　　　　D. 7∶8
5. 【单选题】目前阿里巴巴国际站支持（　　）个国家开通了小语种市场。
   A. 5　　　　　　　B. 8　　　　　　　C. 9　　　　　　　D. 11
6. 【单选题】普通会员的橱窗数量为（　　）组。
   A. 5　　　　　　　B. 无　　　　　　　C. 10　　　　　　　D. 15
7. 【单选题】金品诚企的橱窗数量为（　　）组。
   A. 5　　　　　　　B. 40　　　　　　　C. 10　　　　　　　D. 15
8. 【单选题】橱窗产品的曝光率约是普通产品的（　　）。
   A. 8 倍　　　　　　B. 4 倍　　　　　　C. 3 倍　　　　　　D. 2 倍
9. 【多选题】阿里巴巴国际站支持（　　）等国家开通了小语种市场。
   A. 西班牙　　　　　B. 印尼　　　　　　C. 土耳其　　　　　D. 泰国
10. 【多选题】多语言市场的优点有（　　）。
    A. 市场大　　　　　　　　　　　　　B. 竞争小
    C. 询盘精准　　　　　　　　　　　　D. 准入门槛低

11. 【多选题】多语言市场的询盘优势有（　　　）。
    A．排名靠前、曝光增加　　　　B．询盘质量高、买家忠诚度高
    C．订单金额变多　　　　　　　D．利润变多
12. 【多选题】多语言市场产品发布导航模板为系统设定的有以下（　　　）板块。
    A．产品描述　　　　　　　　　B．包装和运输
    C．公司信息　　　　　　　　　D．问答板块
13. 【多选题】橱窗产品的优势有（　　　）。
    A．享有优先排名权　　　　　　B．在首页推广专区显示
    C．支持自主更换　　　　　　　D．订单量更多
14. 【多选题】管理产品的基础操作主要包含（　　　）。
    A．产品分配　　　　　　　　　B．产品分组
    C．修改产品状态　　　　　　　D．产品编辑与批量修改
15. 【多选题】修改产品状态包含（　　　）这些操作。
    A．刷新　　　　B．上架　　　　C．删除　　　　D．下架
16. 【多选题】在橱窗管理界面可以直接看到产品的（　　　）等信息。
    A．产品成长分　　B．曝光量　　　C．点击量　　　D．询盘和订单数
17. 【判断题】小语种产品"编辑"页面的表单与英文产品的大致相同。（　　　）
18. 【判断题】语言市场竞争在一定程度上是买家体验的竞争。（　　　）
19. 【判断题】通过市场分析可以看出，尽管使用小语种的买家占比约为40%，但是其进出口贸易占比约达到60%。（　　　）
20. 【判断题】在原有的英语市场的基础上，小语种市场会带来更多的询盘。（　　　）
21. 【判断题】如果产品暂时缺货或者停售，可以下架产品，后期再重新上架进行销售。（　　　）
22. 【判断题】主账号及业务经理账号可以把产品分配给不同的业务员负责。（　　　）
23. 【判断题】当产品处于下架状态时，客户还可以看到产品。（　　　）
24. 【判断题】当产品处于上架状态时，客户可以在搜索页及旺铺看到产品。（　　　）
25. 【判断题】修改产品状态包含刷新、产品上下架处理、产品挂起与取消。（　　　）

【实操技能训练】

一、发布产品训练

发布产品是企业非常看重的技能，要求所有学生掌握，请登录实训平台，在阿里巴巴国际站的后台找到【产品管理】→【发布产品】。根据以下的产品发布素材，进行产品发

布，要求：

（1）一共要发布两款产品，学号尾数为单数的学生请发布水杯，学号尾数为双数的学生请发布裙子；

（2）产品主图为正方形图片、800 像素 × 800 像素，大小不超过 3MB，不能出现别的产品的品牌 Logo 或中文字样；

（3）产品详情页不能出现中文字样，不能出现别的产品的品牌 Logo 等信息。

产品发布素材——水杯 .zip　　　（请在酷校平台下载）

产品发布素材——裙子 .zip　　　（请在酷校平台下载）

二、管理产品训练

请把后台其中三款产品分配至 Lisa 账号下，具体请登录酷校平台进行操作。

三、设置橱窗产品训练

该店铺主要以销售外贸服装为主，其中女装是主打热销品，请为该店铺设置 10 个橱窗的产品（女装）。要求：设置 10 个橱窗的产品，突出主打热销品。具体请登录酷校平台进行操作。

四、小语种市场产品发布训练

（1）请把第一题里发布的英文站产品发布到小语种市场，可以任选一个小语种市场发布。

（2）上网搜索一款产品，自选一个小语种市场去进行产品素材收集，产品类型和图片自选。（在整理完整素材后，将其以 Word 文档的形式上传到酷校平台，可参考下方模板）

要求素材包含以下内容：

（1）标题、关键词、产品描述、物流信息，都需要翻译成对应的小语种；

（2）产品图片符合要求；

（3）产品详情页的排版符合逻辑，文字内容需要翻译成对应的小语种；

（4）交易信息完整。

小语种市场产品发布素材收集模板 .doc　　（请在酷校平台下载）

任务三　营销推广

📖【学习目标】

1. 掌握 P4P 的操作方法；
2. 学会申请顶级展位；
3. 学会参加平台大促活动。

📖【操作步骤】

【步骤一】使用外贸直通车→【步骤二】申请顶级展位→【步骤三】参加平台大促活动

【步骤一】使用外贸直通车

外贸直通车的操作步骤包括充值、设置今日预算、产品发布、把推广关键词和产品加入外贸直通车（建立词组、词品关联）、出价。

（1）充值。

首先，进入 My Alibaba，点击"营销中心"，进入"外贸直通车"（见图2.35）；其次，点击"账户充值"（见图2.36）；最后，根据公司的推广预算选择充值金额（见图2.37）。

图 2.35　进入"外贸直通车"

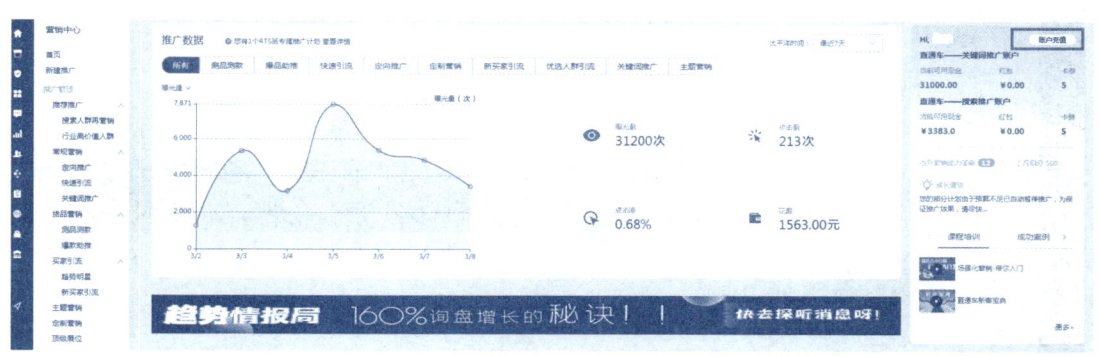

图 2.36　点击"账户充值"

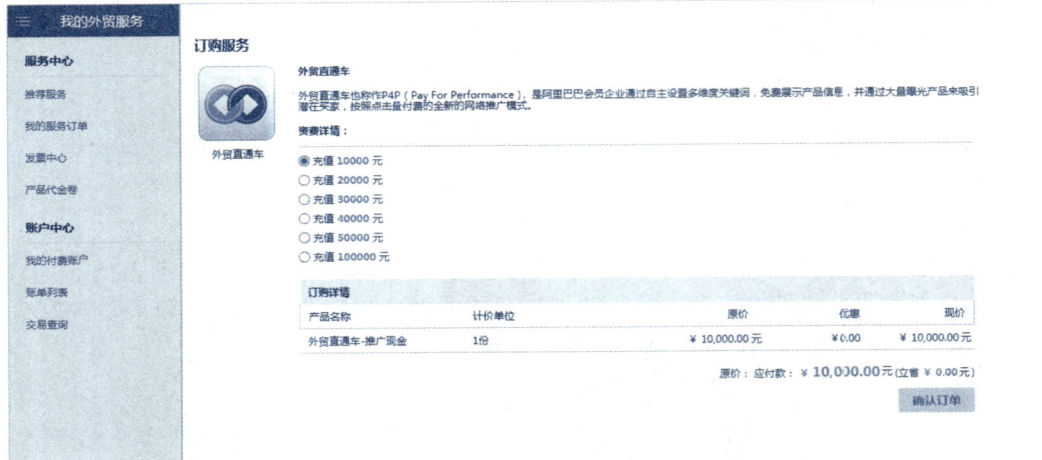

图 2.37 选择充值金额

（2）设置今日预算。

在充值后点击"推广管理"，进入"关键词推广"（见图 2.38），然后修改"今日预算"（见图 2.39）。

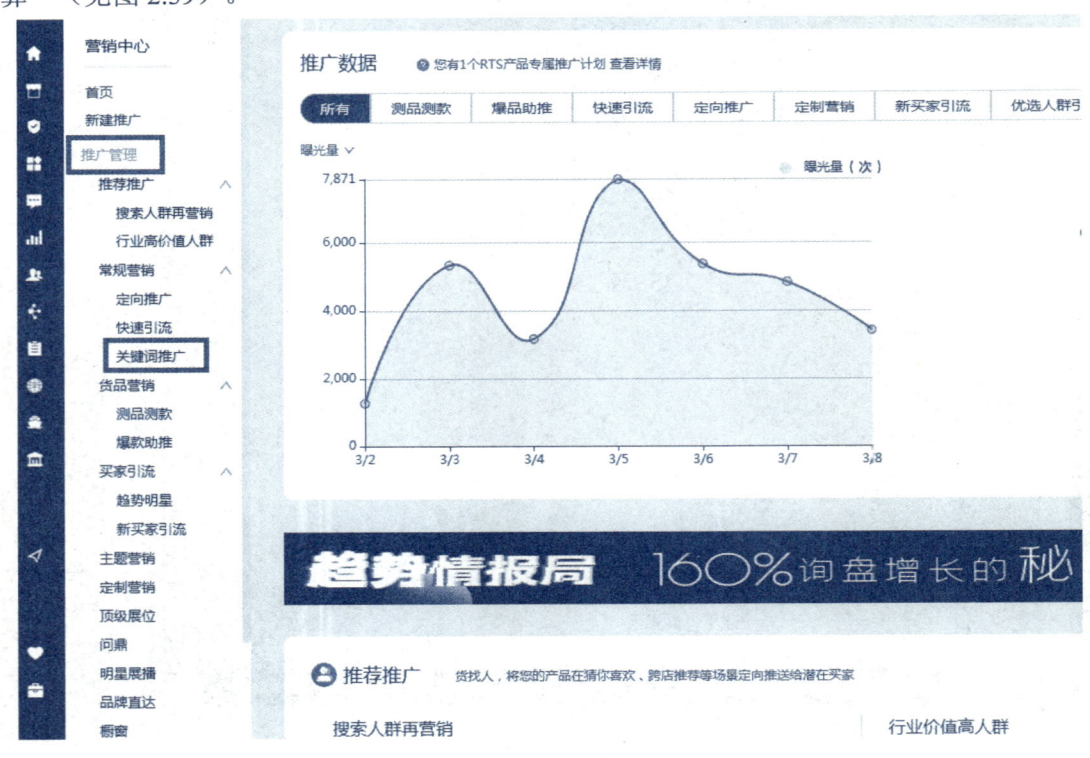

图 2.38 关键词推广

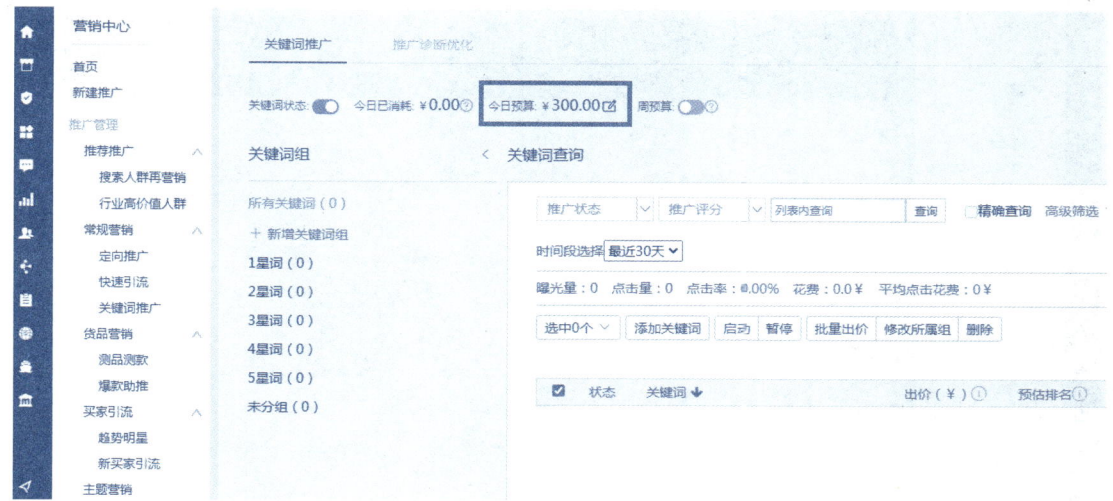

图 2.39 修改今日预算

(3) 产品发布。

【小贴士】产品发布的流程详见本项目的任务二。

(4) 把推广关键词和产品加入外贸直通车。

首先,点击"新增关键词组",填写关键词组的名称(见图 2.40、图 2.41);然后,选择某个关键词组为其添加关键词,添加关键词的方式分为自主添加和系统推荐两种。以 paper bags 关键词组为例:如图 2.42 所示,在选择 paper bags 关键词组后,如果要添加系统根据平台搜索热度及从推广评分角度推荐的关键词,则要先确定推词的类别(分为推广产品推词和全部产品推词)、关键词的星级(星级越高越好,最高是五星)、有无时效限制(包括 7 天内、7~15 天和大于 15 天三个选项),接下来点击"查询",就可以搜索到与前面的选项相匹配的系统推荐关键词表(见图 2.43),再根据产品特征及性质从系统推荐关键词表中选择相应的关键词。此外,还可以选择自主添加关键词,在"关键词工具"中输入关键词的英文名称,然后根据搜索到的关键词列表,结合产品特征及性质选择最为贴切、搜索热度高、购买竞争度高的关键词,点击左侧的"<"按钮,即可将该关键词添加到关键词组下方的关键词表中,同时,被选中的关键词显示为灰色,如图 2.44 和图 2.45 所示。

(5) 出价。

最后一步就是为所选择的关键词出价。点击"关键词组",在选择要进行重点推广的组别后,在右侧的关键词列表中选择某个关键词,点击"出价"后即可按照 P4P 的广告预算修改价格(见图 2.46)。

【小贴士】外贸直通车的关键词出价及推广评分决定了产品的推广位置。在同等条件下,关键词出价越高,推广评分越高,则产品的推广位置越靠前。因此,阿里巴巴国际站的店铺运营人员每天应在不同时段关注外贸直通车产品的排名,动态调整关键词的出价,这样才能达到预期效果。

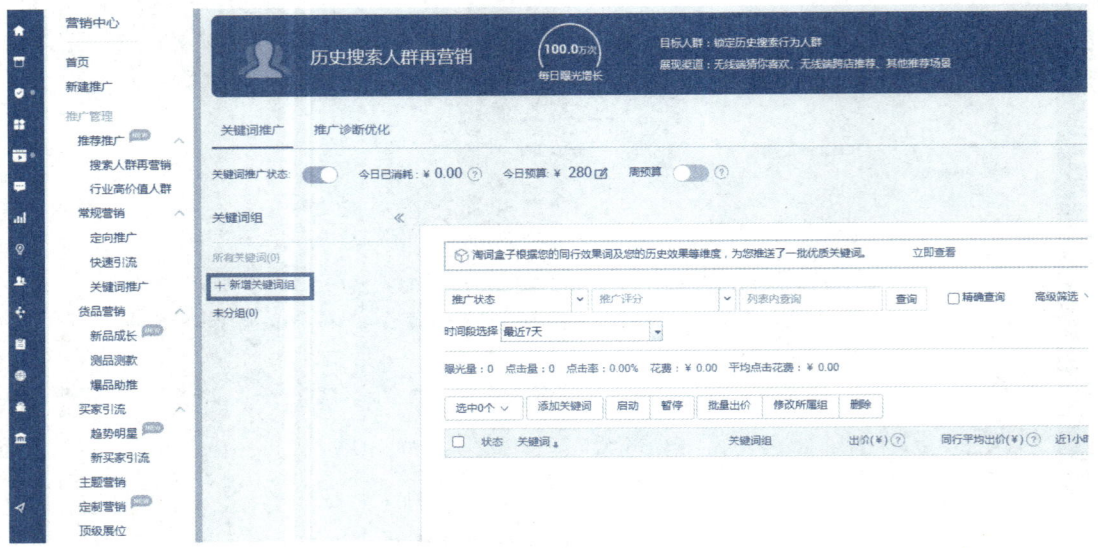

图 2.40　新增关键词组

图 2.41　已建立的关键词组

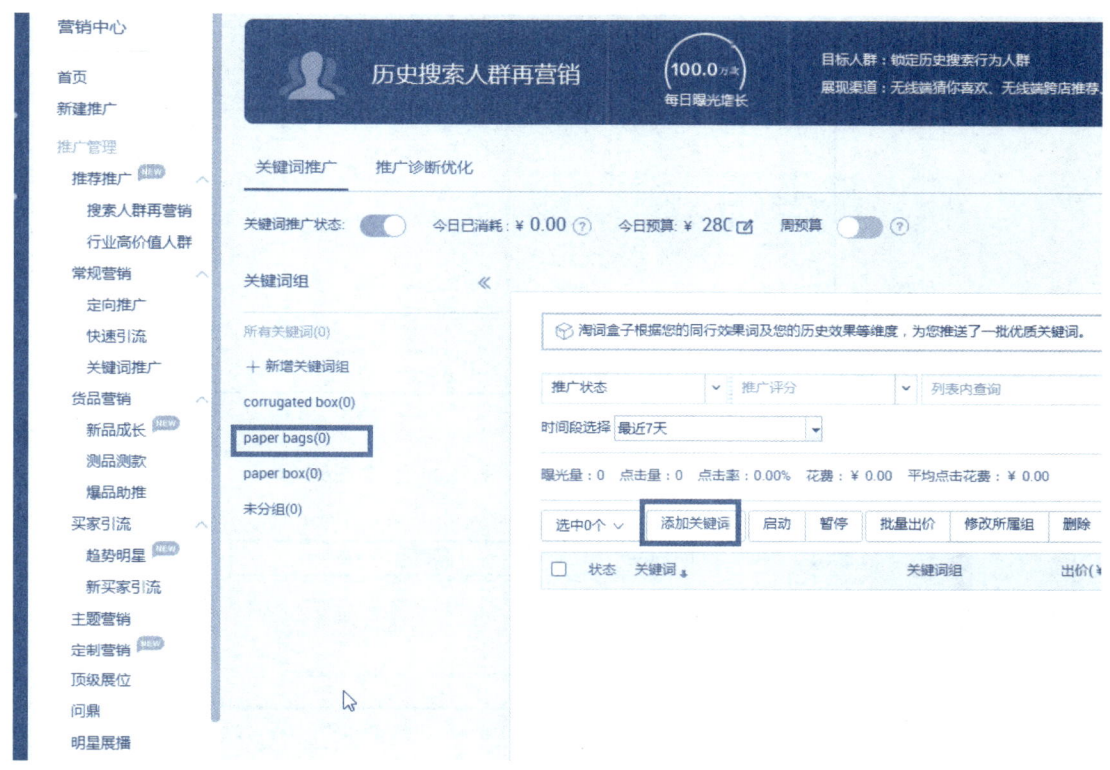

图 2.42　为关键词组添加关键词

图 2.43　为 paper bags 关键词组选择系统推荐的关键词

项目二　店铺开通与运营

图 2.44　根据设定条件搜索系统推荐的关键词

图 2.45　添加适合产品推广的关键词

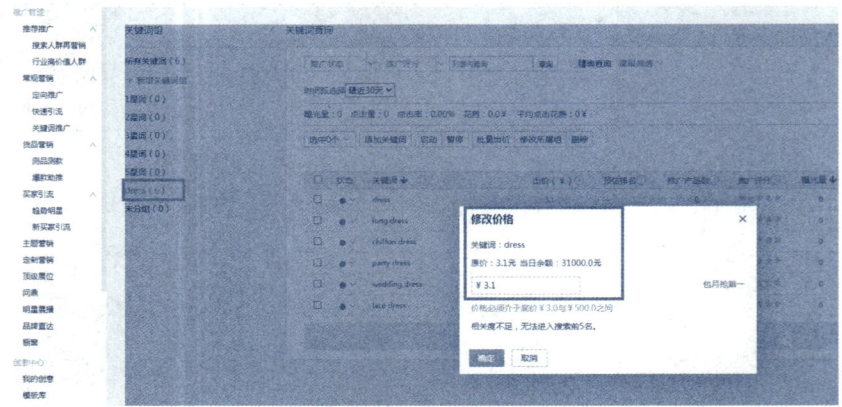

图 2.46　修改价格

📖 【知识链接】——外贸直通车

一、外贸直通车的介绍

当我们在网购时,搜索一双高跟鞋,是不是只会浏览前五页的产品且大多数购买的是第一页的产品?由此可见,产品的排名多么重要!如果产品被排在十几页之后,根本不会被买家看见,就不会产生销售量。但是前三页的位置有限,竞争的卖家很多,如果我们的产品没有被排在前面,是不是就无计可施?不要灰心,有一个非常重要且有效的营销工具可以使我们的产品有机会被排到第一页,那就是外贸直通车。

1. 什么是外贸直通车

外贸直通车是指阿里巴巴会员企业通过自助设置多维度的关键词,免费展示产品信息,并通过大量曝光产品来吸引潜在买家,按照点击量付费的营销推广方式。其英文全称为 Pay for Performance(简称 P4P)。全球只有两个国家的卖家在买家点击了 P4P 产品后不需要付费,这两个国家是尼日利亚、中国(不包括港、澳、台地区)。

2. 外贸直通车的优势

(1)流量大。

流量指的是用户浏览量,阿里巴巴国际站外贸直通车的流量占了 60% 以上,其地位可见一斑。

(2)获得优质询盘。

使用外贸直通车推广的产品可以对应到某些关键词,当客户搜索某些关键词的时候,页面上就会出现某款产品;或者在某个时间段推广某些产品:比如我们的目标市场是美国,P4P 可以将推广时间段设置为从下午六点开始(美国的上班时间)。外贸直通车通过这种精准的匹配使卖家获得精准的询盘。

(3)快速积累店铺数据。

在通过 P4P 推广的产品获得大量的曝光后,点击和反馈也会随之而来,整个平台的权重就会提升,从而提升店铺的权重,店铺的权重越高,产品越容易被排在前面。

(4)打造爆款产品。

外贸直通车可以指定推广某些产品,通过前期的市场调研,可以推广当地热销产品,打造店铺爆款产品。

3. 外贸直通车的展示位置

外贸直通车的展示位置包括:(1)阿里巴巴国际站首页,在搜索结果第一页自然排名前 5 名(主搜区的这 5 款产品带有"Ad"字样);(2)每页下方的 5 个智能推荐,如图 2.47 和图 2.48 所示。

图 2.47　外贸直通车的展示位置

图 2.48　智能推荐

【步骤二】申请顶级展位

顶级展位的申请流程：进入 My Alibaba—营销中心—顶级展位—查询关键词。顶级展位合作流程如图 2.49 所示。

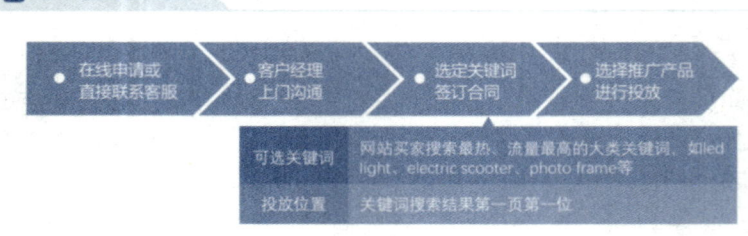

图 2.49　顶级展位合作流程

【知识链接】——顶级展位（简称为顶展）

一、什么是顶展

顶展是搜索某个关键词的结果展示区排名第一的位置，是阿里巴巴国际站推出的另外一种营销推广方式。对于处于顶级展位的产品，其标题前有皇冠标志，额外有 4 张图片展示，并且带有"Top Sponsored Listing"字样（见图 2.50）。

图 2.50　顶展的示例

二、顶展的优势

顶展的价值在于它可以帮助我们快速提升产品的曝光率和店铺流量（见图 2.51）。在跨境电商平台上，产品的曝光率与其所在的页面位置息息相关。产品的展示页面越靠前，其曝光率越高，点击率和订单转化率相应地也会越高。

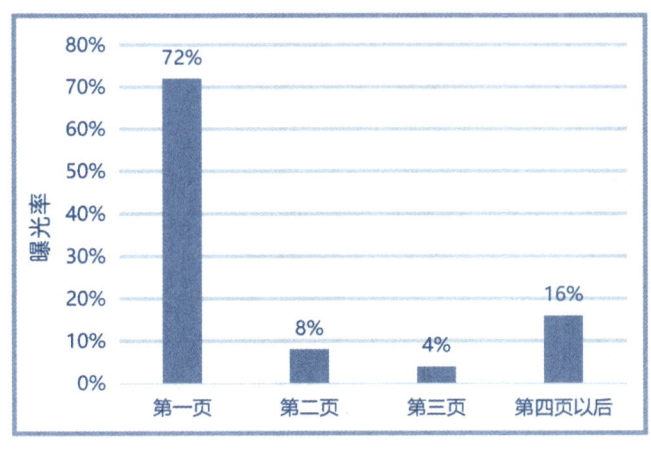

图 2.51　展示页面与曝光率的关系

项目二　店铺开通与运营　61

【步骤三】参加平台大促活动

每年3月和9月是海外企业采购高峰。阿里巴巴国际站自2016年开始,在每年的3月、9月都会举办采购节活动(类似于国内的"双11"大促,见图2.52),通过采购节活动打造B类节日场景,创造商机。

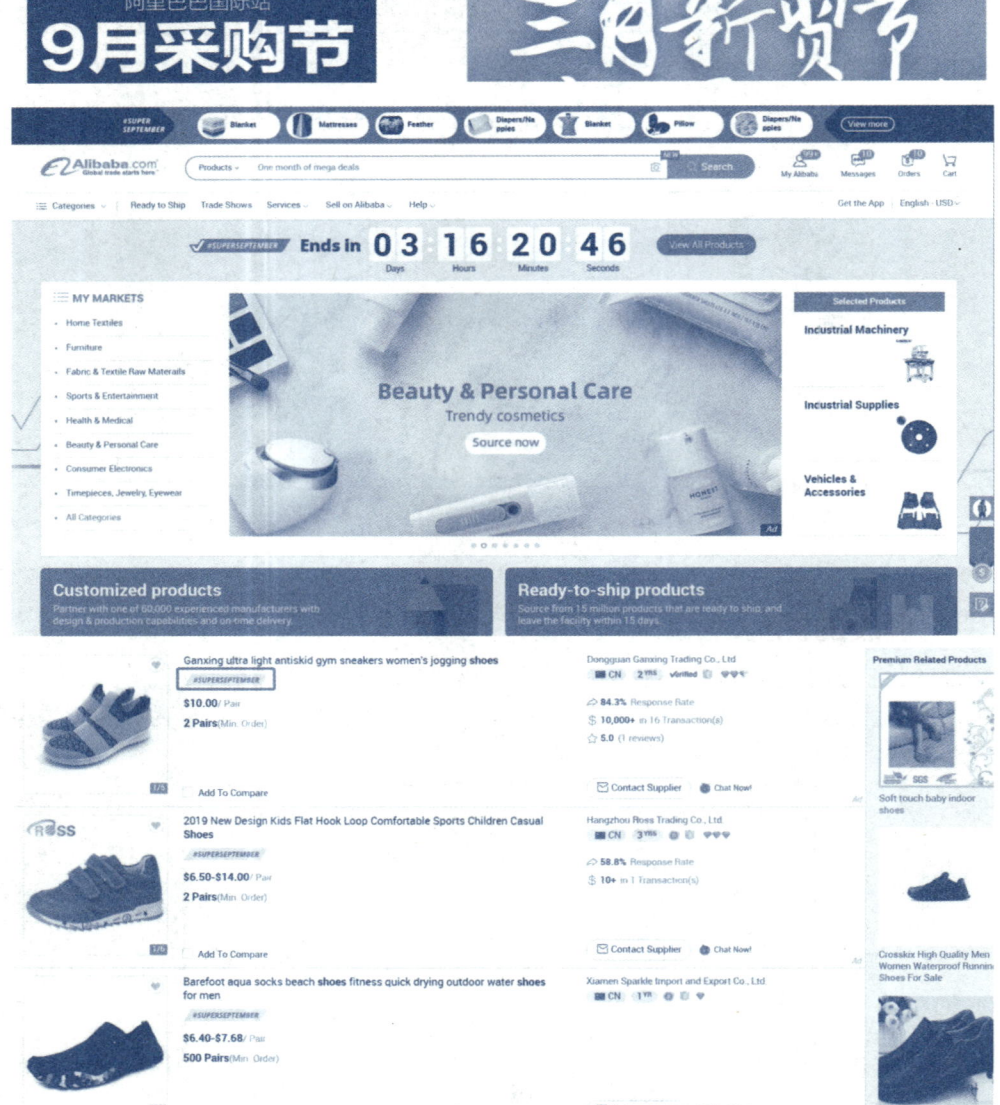

图 2.52　阿里巴巴国际站平台大促活动

活动参与过程如图 2.53 所示。

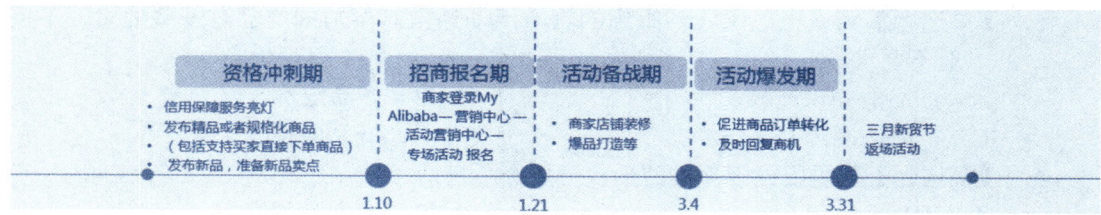

图 2.53　活动参与过程

报名方式：登录 My Alibaba—营销中心—活动营销中心—专场活动。企业参与阿里巴巴国际站的平台大促活动是按照行业会场来报名的，行业会场如图 2.54 所示。

行业会场名称（英文）	行业会场名称（中文）	一级类目名称（英文）
Home & Garden	家居园艺行业会场	Home & Garden
Gifts & Crafts	礼品工艺行业会场	Gifts & Crafts
Construction & Real Estate	建材行业会场	Construction & Real Estate
Textiles & Leather Products	纺织行业会场	Textiles & Leather Products
Lights & Lighting	灯具行业会场	Lights & Lighting
Furniture	家具行业会场	Furniture
Commercial Machines	商业机械行业会场	Machinery
Industrial Machinery	工程机械行业会场	
Vehicles & Accessories	汽配行业会场	Vehicles & Accessories
Industrial Supplies	工业标准品行业会场	Fabrication Services Tools & hardware
Security & Safety	安防行业会场	Security & Protection
Electrical Equipment & Supplies	电工电气行业会场	Electrical Equipment & Supplies
Raw Materials	原材料行业会场	Chemicals Minerals & Metallurgy Rubber & Plastics
Electronics & Telecom	电子元器件&通信行业会场	Telecommunications Electronic Components & Supplies
Apparel	服装行业会场	Apparel
Sports & Toys	运动&玩具行业会场	Sports & Entertainment Toys & Hobbies
Beauty & Personal Care	美容护理行业会场	Beauty & Personal Care
Luggage, Bags & Cases	箱包行业会场	Luggage, Bags & Cases
Timepieces, Jewelry, Eyewear	手表、珠宝、眼镜行业会场	Timepieces, Jewelry, Eyewear
Fashion Accessories	流行配饰行业会场	Fashion Accessories
Shoes & Accessories	鞋靴行业会场	Shoes & Accessories
Consumer Electronics	消费电子行业会场	Consumer Electronics Service Equipment
Home Appliances	家电行业会场	Home Appliances
Packaging & Printing	包装印刷行业会场	Packaging & Printing Office & School Supplies
Health & Medical	健康医疗行业会场	Health & Medical

图 2.54　行业会场

【理论知识巩固】

1.【单选题】在一般情况下，在阿里巴巴国际站进行 P4P 推广时，热度高的推广词在搜索结果第一页最多可以展示（　　）个。

A. 3　　B. 6　　C. 8　　D. 5

2.【单选题】使用外贸直通车的产品在（　　）被点击后是不收费的。

A. 美国　　B. 印度　　C. 尼日利亚　　D. 意大利

3.【单选题】P4P 首页有（　　）个展示位置。

A. 19　　B. 14　　C. 10　　D. 13

4.【单选题】P4P 关键词推广的每日消耗上限最少为（　　）元。

A. 100　　B. 80　　C. 50　　D. 30

5. 【单选题】阿里巴巴国际站组织的官方活动通常对参与的产品有一些要求，下列（   ）一般不要求。
   A．产品的知识产权　　　　　　　　　B．产品定价
   C．产品的图片　　　　　　　　　　　D．产品成长分
6. 【多选题】阿里巴巴国际站的平台付费资源包括（   ）。
   A．P4P　　　　　　　　　　　　　　B．搜索资源位
   C．顶级展位　　　　　　　　　　　　D．自然排名
7. 【多选题】P4P 产品的展示位置有（   ）。
   A．搜索结果每一页右侧 10 个位置
   B．搜索结果每一页下面 4 个位置
   C．搜索结果第一页的前 15 个位置
   D．搜索结果第一页的前 5 个位置
8. 【多选题】以下关于 P4P 的说法正确的是（   ）。
   A．P4P 点击扣费金额等于该关键词最高的价格
   B．P4P 推广关键词有系统推荐的关键词，也有手动添加的关键词
   C．P4P 推广的今日预算最低为 80 元
   D．P4P 的快捷推广可以引来更多流量，但流量不够精准，一般不建议使用
9. 【判断题】P4P 出价不等于扣费金额。　　　　　　　　　　　　　　（   ）
10. 【判断题】添加 P4P 推广关键词的方式有系统推荐。　　　　　　　（   ）

【实操技能训练】

一、P4P 基础设置

（1）设置今日预算为 300 元。
（2）开启推广。

二、请为任务二中发布的产品设置外贸直通车推广

（1）去"外贸直通车"—"关键词工具"—搜索关键词，并添加合适的关键词，给关键词分组。
（2）在添加关键词之后，可进行批量出价或者跳过该步骤进行下一步（注：这里需要教师在酷校平台实训项目后台左下角的"P4P 统计任务"刷新数据）。
（3）添加产品进行推广。
（4）出价。
（5）回到"推广管理"页面，查看关键词星级，要求其推广评分为 4 星及以上，如图 2.55 所示。

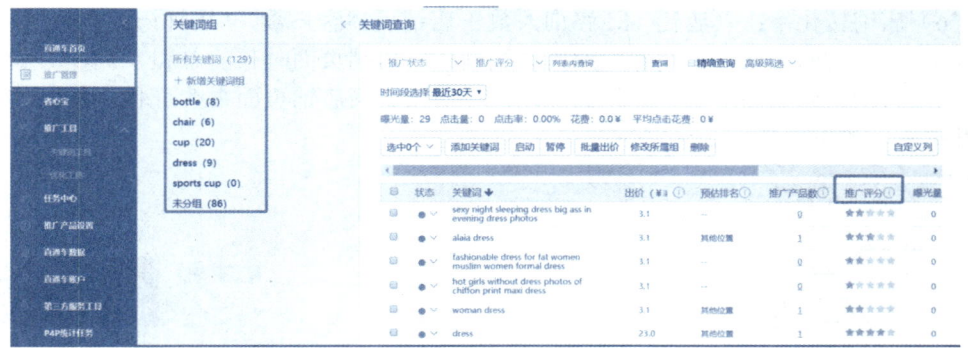

图 2.55 查看关键词星级

任务四 数据优化

【学习目标】

1. 学会分析平台数据；
2. 学会优化数据。

【操作步骤】

【步骤一】解读店铺数据→【步骤二】统计与优化数据

【步骤一】解读店铺数据

解读店铺数据主要依靠阿里巴巴国际站后台 My Alibaba 中"数据分析"（又被称为"数据管家"）板块的功能。

【知识链接】——数据管家的功能

数据管家是阿里巴巴国际站为卖家提供的一个工作台，帮助卖家了解日常运营数据，对用户数据进行分析，提升店铺效果。数据管家中包含的数据指标如下。

（1）店铺访问人数：访问供应商全球旺铺（Minisite）页面和产品详情（Detail）页面的客户均被记为访客，当日去重，隔日不去重（站内、站外流量）。

（2）店铺访问次数：访问供应商全球旺铺（Minisite）页面和产品详情（Detail）页面的总次数。

（3）店铺询盘人数：在供应商全球旺铺（Minisite）页面及产品详情（Detail）页面，对供应商成功发起有效询盘的买家的数量，当日去重，隔日不去重。

（4）店铺 TM 咨询人数：在供应商店铺页面，通过 TradeManager 与供应商联系的买家的数量。

（5）店铺询盘个数：买家在供应商店铺页面给供应商发送的询盘数量。

(6) 店铺转化率：（店铺 TM 咨询人数 + 店铺反馈客户数）/ 店铺访问人数。

(7) 人均访问时长：在统计周期内，买家访问店铺页面时长的总和 / 买家数量。

(8) 人均访问页面个数：在统计周期内，买家访问店铺页面数的总和 / 买家数量。

数据管家的首页如图 2.56 所示。

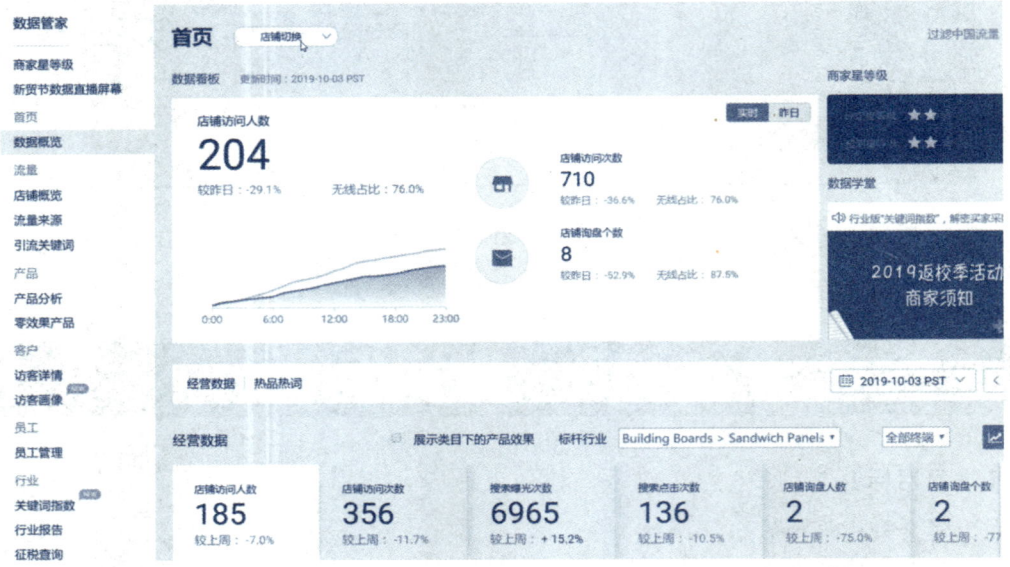

图 2.56　数据管家

【小贴士】"数据分析"在 2018 年以前被称为"数据管家"，是阿里巴巴国际站提供给卖家的大数据应用功能，卖家在"数据分析"板块能够查看店铺的运营效果及产品的大数据分析情况。

【步骤二】统计与优化数据

在阿里巴巴国际站店铺的运营过程中，收集与统计数据是日常工作，主要统计的数据包括店铺总曝光量、店铺总点击量、店铺的询盘量等。在得到以上数据后，运营人员需要对不达标的数据进行优化，以提升店铺的运营效果。

【知识链接】——店铺数据统计与优化

一、数据统计

在阿里巴巴国际站店铺的运营过程中，收集与统计数据是非常重要的一项工作。收集数据可以按照周或者月进行，之后对数据进行对比和分析，进而找到店铺运营的问题所在，最后得到解决问题的方案。但是，无论是按月统计数据，还是按周统计数据，一般都要统计以下数据：（1）店铺总曝光量；（2）店铺总点击量；（3）店铺的询盘量；（4）TM（Trade Manager）询盘量。在得到以上数据之后，就可以计算出总点击率和反馈率。下面将对以上数据中的基本概念进行详细的解释。

（1）曝光量。
曝光量是指客户在阿里巴巴国际站搜索产品的时候店铺中产品出现的次数。
（2）点击量。
点击量是指在曝光产生的基础上，客户点击店铺中产品的次数。
（3）点击率。
点击率 = 点击量 / 曝光量。
（4）反馈量。
反馈量就是询盘量。
（5）反馈率。
反馈率 = 反馈量 / 点击量。
接下来，要为店铺的数据优化设立目标。
（1）曝光量：大于同行，向 Top10 前进。
（2）点击量：越多越好。
（3）反馈量：越多越好。
（4）TM 询盘量：越多越好。
（5）点击率：1% 以上。
（6）反馈率：10% 以上。

二、数据优化

例如，将阿里巴巴国际站某店铺 2019 年 8 月和 9 月的平台数据进行对比（见图 2.57），得出结论：该店铺存在曝光量下降、点击量下降、反馈量下滑、反馈率不达标等问题，因此该店铺应该及时地对数据进行优化，提高运营绩效。

针对这个比较有代表性的实例，我们得出以下数据优化的建议。

（1）提升曝光量。

曝光量低的原因主要是：关键词覆盖不够、关键词排名靠后、所用关键词的热度低、无付费广告。提升曝光量的方法包括：发布产品覆盖关键词；积累交易数据，提升排名；使用有热度的关键词；开通外贸直通车，购买顶级展位。

时间	曝光量（次）	点击量（次）	反馈量（次）	TM询盘量（次）	点击率	反馈率
2019.8	299282	9233	281	170	3.09%	3.04%
2019.9	221225	4798	146	155	2.17%	3.04%

店铺问题：
曝光量下降
点击量下降
反馈量下滑
反馈率不达标

提升曝光量
提高反馈率

图 2.57　阿里巴巴国际站某店铺 2019 年 8 月和 9 月的平台数据对比

（2）增加点击量。

点击量低的原因主要是：用词不精准、图片缺乏吸引力、没有价格优势、MOQ（起订量）太高。增加点击量的方法包括：词品匹配；参考优秀同行的主图；找出价格优势；MOQ 小单化。

（3）提高反馈率。

反馈率低的原因主要是：产品详情页不能吸引客户。提升反馈率的方法：参考优秀同行的产品详情页；优化高点击率、低反馈率的产品详情页。

（4）增加 TM 询盘量。

TM 询盘量低的原因主要是：头像不专业、回复率低、回复不及时。增加 TM 询盘量的方法：使用真实的职业形象头像；在客户咨询 1 小时内回复。

【小贴士】在优化店铺数据之后，运营人员需要定期对店铺重要的运营数据进行观察、分析、跟踪和总结，这个过程不是一蹴而就的，需要长期坚持。

【理论知识巩固】

1．【单选题】潜力产品的产品成长分达到（　　）以上才可升级为实力优品。
　　A．60 分　　　　B．70 分　　C．80 分　　D．90 分
2．【单选题】零效果产品是指持续（　　），曝光量、点击量、反馈量、访客数均为零的产品。
　　A．15 天或者 15 天以上　　　　B．30 天或者 30 天以上
　　C．120 天或者 120 天以上　　　D．90 天或者 90 天以上
3．【单选题】零效果产品超过（　　）直接删除。
　　A．365 天　　　B．180 天　　C．90 天　　D．120 天
4．【多选题】效果不佳产品的常见问题主要分为（　　）三大类型。
　　A．曝光量低　　B．点击量低　C．反馈率低　D．排名靠后
5．【判断题】常用的产品指标有曝光量、点击量、店铺访问人数、店铺询盘人数、反馈率和店铺 TM 咨询人数。（　　）
6．【判断题】零效果产品超过 60 天直接删除。（　　）
7．【判断题】在实力优品页面点击产品成长分可以查询当前产品的数据详情，并可通过快捷方式将实力优品设置为橱窗产品。（　　）
8．【判断题】关键词分析可查询当前产品使用的关键词的效果。（　　）

【实操技能训练】

一、零效果产品删除

请进入酷校平台的后台，找到"数据管家"—"零效果产品"，下架无效时长≥180 天的所有产品。

二、后台诊断考核

根据提供的实际平台的数据截图,分析该平台存在的问题,并给出对应的优化方案。最后,请把完成的 Excel 文档提交到酷校平台对应的试卷当中。

后台诊断数据截图 .ppt　　（请登录酷校平台下载）

后台实操考核诊断报告 .xlsx　　（请登录酷校平台下载）

项目三

视觉营销与设计

📖【项目学习目标】

【3.1】知识目标

1. 理解视觉营销的内涵；
2. 理解图片风格的定位；
3. 掌握优质产品详情页内容的排版思路；
4. 掌握产品主图的制作要求；
5. 掌握产品详情页的设计要求；
6. 掌握旺铺装修设计要求。

【3.2】能力目标

1. 能制作精致产品主图；
2. 能给产品拍摄视频并突出其卖点；
3. 能打造爆款产品详情页；
4. 能根据公司特点选择旺铺装修风格；
5. 能为旺铺装修设计各功能板块。

【3.3】职业素养目标

1. 具有良好的审美与色彩搭配理念，以及民族文化创新意识；
2. 具有大局意识和敏锐的洞察力；
3. 具有丰富的想象力和自我激励的能力；
4. 具有刻苦钻研业务的工作作风，以及奋斗精神、奉献精神、创造精神、勤俭节约精神；
5. 具有较强的文字总结与提炼能力。

> **情境导入**
>
> 　　宁波诚通国际贸易有限公司虽然已经准备了一部分产品的相关信息，但是其内容非常粗糙。因此针对其经营的各类产品，公司要求新入职的三名外贸业务员重新准备产品信息，优化店铺。他们的主要任务是：（1）完成公司经营产品图片的拍摄与精修；（2）完成产品使用功能的视频拍摄；（3）优化阿里巴巴国际站后台的产品主图与产品详情页。

任务一　进行图片视觉营销

【学习目标】

1. 了解视觉营销的相关知识点；
2. 掌握鉴别图片的能力；
3. 学会运用视觉营销去策划文案；
4. 学会运用视觉营销去处理图片。

【操作步骤】

【步骤一】做好产品拍摄前的准备→【步骤二】完成视觉营销文案策划→【步骤三】完成整体视觉营销设计

【步骤一】做好产品拍摄前的准备

　　在拍摄产品照片或视频前，要分析买家偏好，用图片俘获买家的心。同时，要做好新店铺没有点击量和询盘量的准备。

- 没有点击量？产品主图的设计是否能够吸引客户的眼球？
- 没有询盘量？产品详情页是否能够吸引买家询盘？
- 在这个看脸的时代，卖家的旺铺"化妆"了吗？

　　卖家不仅要理解图片风格的定位，还要掌握摄影基础理论。

【目标案例】

优劣案例对比如图 3.1 所示。

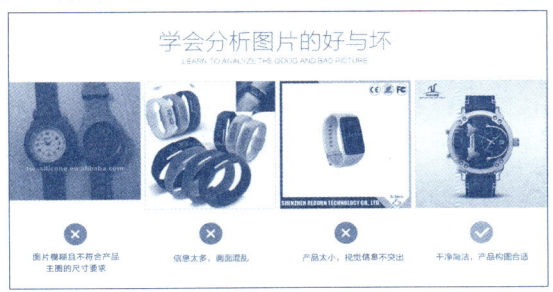

图 3.1　优劣案例对比

项目三　视觉营销与设计

📖【知识链接】——视觉营销

一、什么是视觉营销

视觉营销，顾名思义，就是在产品带给客户的视觉感受上下功夫，引起客户的共鸣，让客户对产品产生深刻的认同感，从而达到营销的目的。视觉是手段，营销是目的。所有视觉效果的展现都以实现营销目标为前提，所以叫作视觉营销。视觉营销最核心的就是图片展示（见图3.2）。在阿里巴巴国际站中，图片会影响到产品的点击量、曝光量和询盘量/转化率，如图3.3所示。

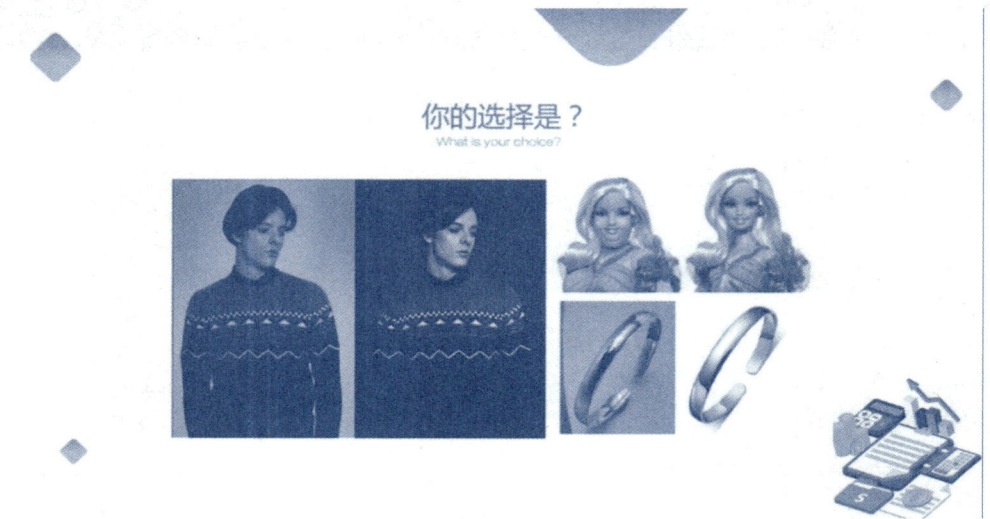

图 3.2　图片展示

图3.4所示为买家在电商平台购物的流程。一般买家在遇到某种特定的情况时会产生需求。例如，我需要买衣服，我需要给手机贴膜，我需要给宝宝买奶粉等。在有了这个需求后，买家的脑海中会浮现出一个大概的产品形象，产品形象因人而异。例如买衣服，有的人想到的是简约风格的衣服，有的人想到的是可爱风格的衣服。在脑海中的产品形象浮现后，买家就会思考表达关键词，如潮流外套，或者更精准的黑色潮流外套，通过关键词去搜索产品。通过搜索关键词，买家将会看到各种各样的产品出现在面前，首先映入眼帘的就是产品图片（即产品主图）。在兴趣被激发后，买家将点击产品主图进入产品详情页，去了解产品更多的特性与细节。在反复对比几款产品后，买家将选择适合自己的产品并下单购买。

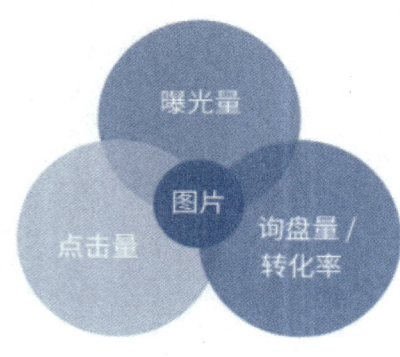

图 3.3　图片的重要性

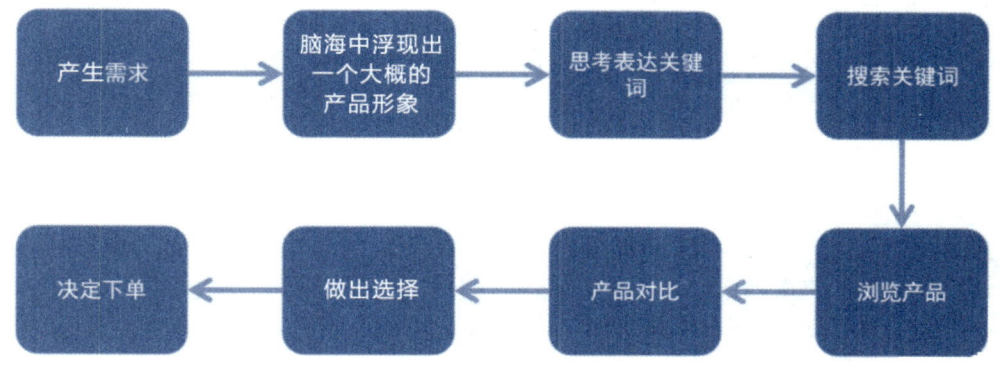

图 3.4　买家在电商平台购物的流程

买家浏览阿里巴巴国际站的流程如下。
（1）通过搜索关键词查找到很多产品，而挑选产品最直观的依据就是产品主图。
（2）买家在对某款产品感兴趣后就会点击查看产品详情页。
（3）如果产品详情页的介绍符合买家的需求，买家就会直接询盘。
（4）如果持有疑问或者想了解更多的产品，买家就会进入店铺首页或者关联页面，去了解更多关于公司的信息，或者考虑公司的其他产品，最终再做决定。

纵观整个流程，每个环节都离不开图片，用图片进行视觉营销直接影响了产品的点击量和询盘量。图片与视觉营销的关系如图 3.5 所示。

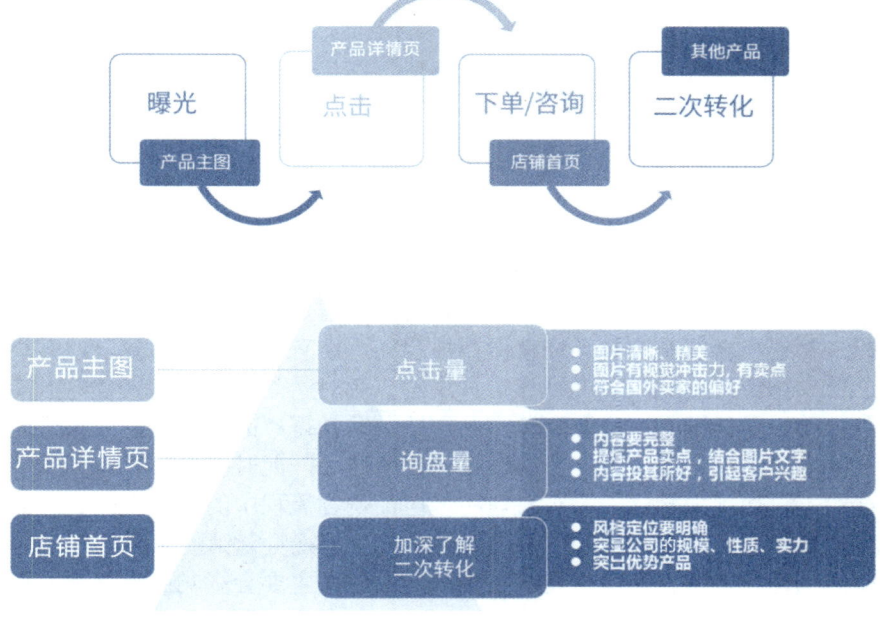

图 3.5　图片与视觉营销的关系

二、客户消费心理分析

我们已经了解了视觉营销的重要性,接下来要学会应用迎合心理,了解买家所需产品的卖点,从而通过视觉营销来打动买家。

1. 寻找产品卖点,打动买家

寻找产品卖点的方法如图3.6所示。

方法一:关键词字面获取推理。

通过产品核心关键词进行推理。例如,对于护肤品,买家的需求是保湿还是美白、修复,不同的需求所延伸出来的属性词才是最能打动买家的卖点。

方法二:获取评价数据。

提炼客户下单后对产品的评价,看客户反馈最多的内容是什么,以及客户最看重的是产品的哪一点。

方法三:与潜在客户群体交流。

从客户的咨询、身边的人群着手调查,进行数据分析,了解他们的真实需求和喜好。

方法四:数据判断—借用国家市场/数据管家。

可以通过平台"数据纵横"功能了解国家市场的具体情况,进行数据分析。

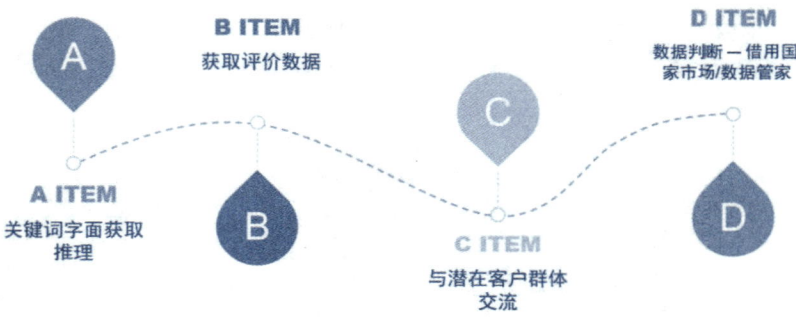

图3.6 寻找产品卖点的方法

一般来说,客户会通过搜索关键词找到产品,之后就会看到产品主图,如果客户对某产品主图感兴趣,就会进行点击,然后会进入产品详情页。在客户进入产品详情页后会产生三种情况:第一种情况是产品详情页做得很粗糙,没有达到客户的要求,客户可能就直接离开了;第二种情况是客户对产品详情页满意或者对产品的信息感兴趣,可能会下单或者进行询盘;第三种情况是客户在浏览产品详情页后觉得产品还不错,但是可能并不完全满足自己的要求,还想了解一下卖家店铺里的其他产品,此时客户可能返回到店铺首页,了解其他产品,进而促成转化。不难发现跨境电商购物流程中的产品主图、产品详情页、店铺首页是让客户看到的最直观的图片,这也是要注重视觉营销的原因。

图片与店铺运营的数据有着密切的关系。产品主图主要会影响到点击量,所以在制作产品主图的时候,第一,要看图片够不够清晰;第二,要看图片是否有视觉冲击力,有没有体现产品卖点;第三,要看图片是否符合国外买家的喜好。产品详情页直接影响到询盘量和转化率。第一,要看产品详情页的内容是否完整;第二,要看产品详情页是否很好地体现出产品卖点,借助图文向客户进行表达。店铺首页展示公司的定位、品牌的定位等,要看其是否能够吸引客户的注意。此外,可以借助数据分析的工具来判断客户的喜好,从而提取产品卖点。

2. 锁定人群画像进行数据分析

我们需要了解客户群体的基础信息和属性。基础信息包括年龄、性别、学历、地域、职业、婚姻状况等;属性包括个人兴趣、购买行为、决策影响、内容偏好、应用下载、社会话题关注度等(见图3.7)。

图 3.7　对客户群体进行人群画像分析

下面我们将以婴儿睡袋为例来学习人群画像分析(见图 3.8)。

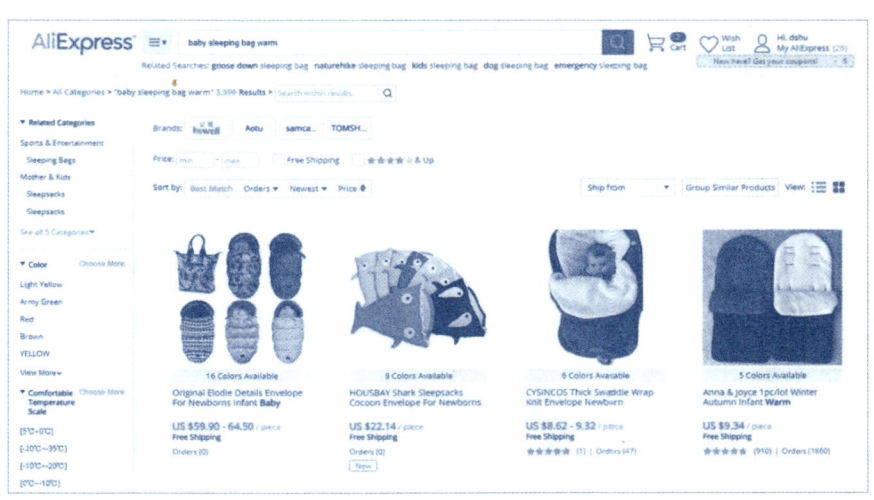

图 3.8　以婴儿睡袋为例

图 3.9 所示、图 3.10 所示、图 3.11 所示和图 3.12 所示是人群画像分析的过程。

产品分析思路（婴儿睡袋）

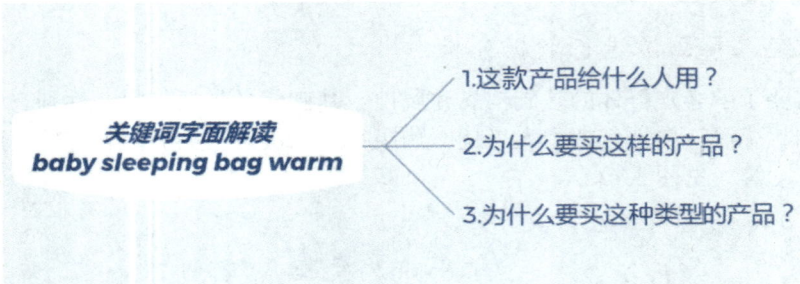

图 3.9　关键词字面解读

产品数据收集（婴儿睡袋）

图 3.10　产品的市场行情

产品数据收集（婴儿睡袋）

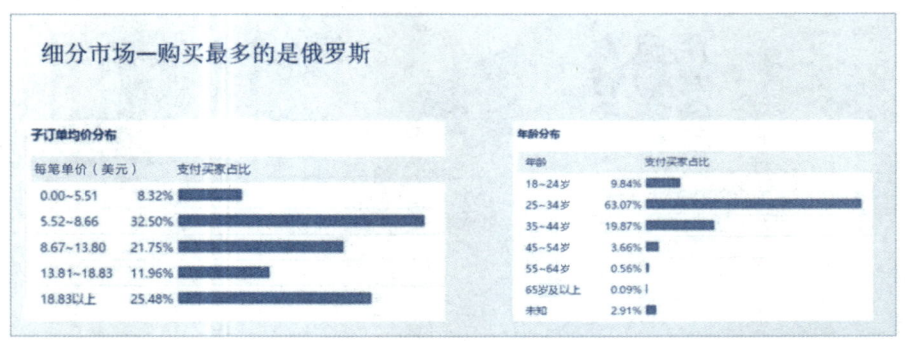

图 3.11　细分市场分析

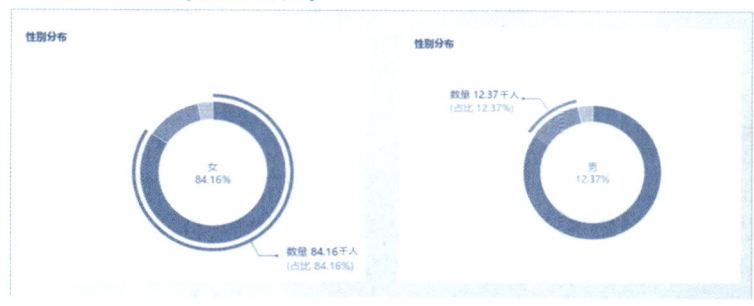

图 3.12　客户性别分布

从图 3.12 中可以看出：购买婴儿睡袋的女性占比高于男性占比，男性的购买决策往往取决于其妻子的决定。

对婴儿睡袋的评价解读如图 3.13 所示。

图 3.13　评价解读

通过分析上面的一些数据，我们可以得出结论：（1）婴儿睡袋的主要买家是 25～34 岁的"宝妈"；（2）产品适合 6 个月～2 岁的宝宝用；（3）买家购买这款产品的主要目的是在冬季给宝宝保暖；（4）这款产品最大的优势是方便换尿布，让宝宝可以自由活动，如图 3.14 所示。

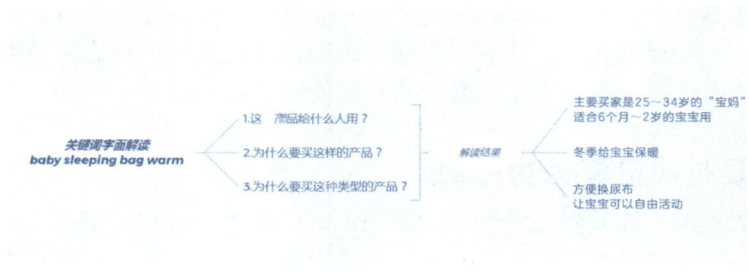

图 3.14　分析结论

【步骤二】完成视觉营销文案策划

📖【知识链接】——视觉营销下的文案策划

一、文案策划的定义与种类

文案策划是视觉营销中非常重要的一环。广告图是视觉营销最常见的表现形式之一。众所周知，广告图由文案和图片组成，文案在很大程度上将决定视觉营销的风格和展示形式。文案归属于视觉营销，但又影响着视觉营销。文案策划是一门细腻的学问，就像说话是一门艺术一样。对于同一个内容，我们的表达方式有很多种：可以直截了当，可以娓娓道来，也可以说得天花乱坠。商业图片中所使用的文案有哪些类型？每种类型的文案会产生什么样的影响？下文用一系列的案例来具体分析不同类型的文案给客户带来的不同感受。

1. 互动型文案

文案的互动性越强，越能引起客户的关注。如图3.15所示，海报的文案是"阿里旅行，双11全球狂欢节"，主题清晰明了：双11全球狂欢节，大家快来抢购，玩转中国，环游全球。客户在人物动作的指引下，会看到"去啊"，从而产生共鸣，互动感非常强烈。如同当前流行的一句话——"世界这么大，我想去看看"，这种共鸣能够激起客户的认同感，从而带来较高的转化率。

2. 情感型文案

当活动没有明确的卖点时，如折扣或者全球首发之类的促销卖点，可以使用情感型文案来打动客户。

如图3.16所示，这张海报并没有直接突出产品的卖点信息，也没有诸如折扣、礼品等促销信息，展示的是"不再让人'黑你伤你'"这种情感型文案，互动性很强，像朋友一样关爱客户。客户在心里认同该文案后就会进一步读取信息："不再让人'黑你伤你'"暗示着产品的功效。在读懂信息后，客户会感到该文案表达很亲切，从而进行转化。

3. 易读型文案

易读型文案的特点是描述简洁，字体较大，宽度适宜，文案集中，更好阅读。如图3.17所示，海报的段落清晰，便于阅读，并且"过年吃什么"的互动感很强；再看副标题——"年货5折抢，购物送红包"，让客户很快知道海报所要表达的内容：快要过年了，针对食品类目，现在有5折优惠，大家快来抢购，购物还送红包。

二、文案对视觉营销的影响

文案在很大程度上影响着视觉营销的表现形式。要想做好视觉营销：第一步，要确定文案的营销内容，也就是文案的主题；第二步，根据文案的主题去搜集相关图片和素材；第三步，把图文进行加工组合，根据文案的主题决定字体类型、色彩等；第四步，以海报的形式展现。文案、图片、设计均属于视觉营销的一部分,而视觉营销则是它们的最终展示效果。文案、图片及设计的关系如图3.18所示。

图3.15　互动型文案范例　　　　　图3.16　情感型文案范例

图3.17　易读型文案范例

【步骤三】完成整体视觉营销设计

整体视觉营销设计包括:(1)突出主题;(2)美化产品与模特;(3)选择字体、色彩及构图方式。

1. 突出主题

要想做好视觉营销,不仅要有明确的主题,而且要围绕这个主题来展现所选的元素,如图3.19所示。主题一般都是价格、折扣、其他促销内容或者产品卖点等,这些信息应该放在视觉焦点上。例如,"双11"大促、情人节、中秋节、各种的时事热点等都可

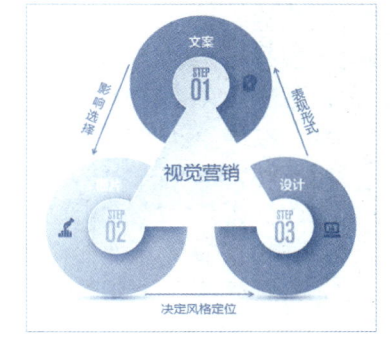

图3.18　文案、图片及设计的关系

项目三　视觉营销与设计　79

以是主题。

2. 美化产品与模特

在明确了主题后，还要美化产品与模特。产品与模特的标准如下：（1）符合目标人群的审美特征，需要了解客户的相关信息，包括国家、性别、年龄、人群定位等；（2）符合目标人群的心理期望，比如，模特应与目标人群的特征相符，也要和产品特点吻合。因为模特具有投射效应，即让消费者把自己想象成画面中的模特或想象出自己使用产品后的效果，所以美化后的产品与模特要有代入感（见图3.20）。

图 3.19　明确的主题案例　　　　　图 3.20　有代入感的画面美化

3. 选择字体、色彩及构图方式

（1）字体。首先，要确定字体的类型。在设计时，字体应该有大有小、有粗有细，重点词应该着重显示；其次，要确定店铺的核心字体。在一般情况下，店铺使用的字体应不超过三种，不同的字体给人的感觉是不一样的，如黑体让人感觉非常正式，宋体会让人感觉有艺术气息，促销类的广告会使用较为粗大的字体。在不同的主题和目标下，所选择的字体也会有所区别，应该根据需要去选择合适的字体。

（2）色彩。考虑公司和产品适合什么主题色是非常重要的。与健康有关的主题一般会选用绿色，与清洁和科技有关的主题一般会选用蓝色，与促销有关的主题一般会选用红色或者橙色等。我们要具体分析所使用的主色，使主色和辅助色相互呼应，和谐统一。如果要突出产品与背景的区别，应选用对比色；如果要使画面整体和谐，应选用同类色或者邻近色。色彩是有感情的，会给人带来联想，所以如果产品是食物，一般会选用暖色调中的红色或者橙色，以增加食欲。蓝色会给人安静、舒适的感觉，紫色或者粉红色会给人浪漫、梦幻的感觉，绿色会给人充满活力与健康的感觉。根据产品的主题去完善配色，这样整体画面才会让客户产生购买的欲望。色彩的意义如图 3.21 所示。

（3）构图方式。画面的构图方式主要包括以下两大类：①集群构图。人们总是把位置靠近的元素看成是一体的，所以把关联性高的主要信息组合在一起便于一次性传达。②常规结构。常规构图包括左中右结构、左右结构、三角构图（见图 3.22）。文字的对齐方式包括左对齐、居中对齐和右对齐（见图 3.23）。但是由于人们阅读文字的基本规则是从上到下、从左到右，因此文案的排版应尽量遵从这一规则，除特殊版式之外，尽可能减少右对齐的对齐方式。在大部分情况下，文案应尽量左对齐或居中对齐，这两种是最为合适的选择。

图 3.21　色彩的意义

图 3.22　常规构图

图 3.23　文字的对齐方式

📖【知识链接】——视觉营销要点总结（见图 3.24）

● 图片清晰：图片要干净、清晰，模糊的图片会让客户感到不安。
● 突出主题：主题要清晰明了，告诉客户想要表达什么内容。
● 美化产品与模特：产品图片要美化产品，模特图片要美化模特，挑选适合客户群体的模特。

项目三　视觉营销与设计

- 符合企业定位：企业定位是怎样的？企业到底是定位于高端产品，还是定位于讲求性价比的中端产品，抑或是定位于比拼价格的低端产品？
- 设计美观：做好字体、颜色和整体构图的搭配。

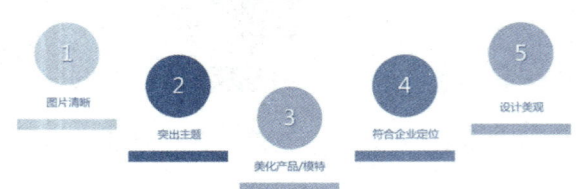

图 3.24　视觉营销要点总结

【小贴士】优秀的视觉营销案例（见图 3.25）

图 3.25　优秀的视觉营销案例

【理论知识巩固】

1. 【判断题】做好视觉营销的第一步就是要确定主题。　　　　　　　　（　　）
2. 【判断题】在使用文字的时候只考虑字体的类型。　　　　　　　　　（　　）
3. 【判断题】产品主图主要影响客户的点击率。　　　　　　　　　　　（　　）
4. 【判断题】宋体让人感觉雅致、有艺术气息，大多用于化妆品等产品的海报。
　　　　　　　　　　　　　　　　　　　　　　　　　　　　　　　　（　　）
5. 【判断题】考虑到人们的阅读习惯，在大部分情况下，海报的排版以左对齐或者

居中对齐最为合适。　　　　　　　　　　　　　　　　　　　　　　　（　　）

6.【单选题】客户通过搜索关键词直接看到的是（　　）。
　　A．店铺首页　　　　　B．产品主图　　　　　C．产品详情页
7.【单选题】在阿里巴巴国际站中，视觉营销对以下（　　）数据没有太大影响。
　　A．曝光量　　　　　　B．点击量　　　　　　C．反馈量
8.【单选题】以下（　　）颜色是温柔的颜色，代表健康、梦想、幸福和含蓄，给人浪漫天真的感觉。
　　A．紫色　　　　　　　B．粉红色　　　　　　C．橙色
9.【单选题】以下（　　）字体较适合用在促销海报上。
　　A．宋体　　　　　　　B．幼圆　　　　　　　C．黑体
10.【单选题】在没有把握的情况下制作产品主图，建议使用的颜色不要超过（　　）种。
　　A．2　　　　　　　　B．3　　　　　　　　C．4
11.【多选题】促销型字体一般有（　　）特点。
　　A．大气　　　　　　　B．稳重　　　　　　　C．有力量感
　　D．有艺术感　　　　　E．粗大　　　　　　　F．飘逸
12.【多选题】考虑到文字排版需要符合阅读习惯，海报的文字排版方式一般有（　　）。
　　A．左对齐　　　　　B．右对齐　　　　　C．居中对齐　　　　　D．参差不齐
13.【填空题】要做好视觉营销，首先要　(1)　，其次要做好　(2)　，最后要做好画面的优化，其中包括　(3)　、　(4)　和　(5)　。
　　（1）请在此处写下答案_____
　　（2）请在此处写下答案_____
　　（3）请在此处写下答案_____
　　（4）请在此处写下答案_____
　　（5）请在此处写下答案_____
14.【简答题】请结合视觉营销要点对下面的图片进行点评。

15.【简答题】请上网搜索一张你认为视觉营销做得较好的图片进行上传，并给予点评，分析此图片的视觉营销好在哪些方面。

任务二　掌握摄影基础理论

【学习目标】

1. 了解产品拍摄的相关要点；
2. 掌握优质图片拍摄的标准；
3. 熟悉单反相机四大参数的调整原理；
4. 学会基本的产品拍摄。

【目标案例】

目标案例如图 3.26 所示。

注意整体画面构图　　　　保持拍摄画面的水平线平齐　　　　注意对焦虚实

    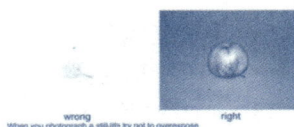

拍摄主体要在画面中心　　　　尝试不同角度的拍摄　　　　控制好曝光

 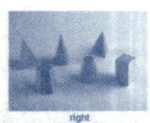    

画面主体要紧凑　　　　注意主体与背景的反差　　　　控制好白平衡

图 3.26　目标案例

【知识链接】——产品拍摄

一、产品拍摄的基本认知与要求

1. 什么是产品拍摄

产品拍摄既不同于新闻摄影（以最简化的方式传递信息），也不同于艺术摄影（可以采用很随意的方式拍摄照片）。拍摄出来的照片既不以审美为主，也不反映摄影师的个人情感和思想。产品拍摄的最终目的是传播产品的信息，迎合消费者的兴趣，促进销售，具有明显的功利性。

打广告是产品竞争的前奏,因此,摄影师的思维和技巧必须先于或者同步于各种商业因素的变化才能创新。在表现手法上,广告摄影比一般的艺术摄影更加需要丰富的技术和技巧,这种技术和技巧是建立在如实地表现产品的美感的基础上的,因为产品的美感直接来自产品本身的功能。如实地反映产品的美,在某种程度上体现了产品的品质和功能。反过来,广告摄影要求摄影师对技术和技巧的运用是尽善尽美的,因为图片上任何微小的疏忽和失误都可能使客户联想到产品的质量,使客户对产品产生不信任感,从而影响产品的销售。

2. 产品拍摄的特点

对象静止:产品拍摄区别于其他摄影的最大特点是所拍摄的对象都是静止的物体。

摆布拍摄:摆布拍摄是产品拍摄区别于其他摄影的又一个显著特点,不需要匆忙地拍摄,可以根据摄影师的要求对产品进行摆布,慢慢地去完成。

还原真实:不用过于追求意境,使产品失去本来面貌,如图 3.27 所示。

图 3.27 产品拍摄的特点

3. 产品拍摄的总体要求

产品拍摄的总体要求是将产品的形、质、色充分表现出来,但不要夸张。

形:指的是产品的形态、造型特征和画面的构图方式。

质:指的是产品的质地、质量、质感。产品拍摄对质的要求非常严格。体现质的影纹层次必须清晰、细腻、逼真。尤其是在拍摄细微处,以及高光和阴影部分时,对质的表现要求更为严格。用恰到好处的布光角度和光影反差,能够更好地完成对质的表现。

色:产品拍摄要注意色彩的统一。色彩与色彩之间应该是互相烘托的关系,而不是对抗的关系。"室雅无须大,花香不在多",在色彩的处理上应力求简、精、纯,避免繁、杂、乱。

产品拍摄的总体要求可以概括为形准、质优和色准。

4. 优质图片拍摄的标准

在了解了产品拍摄的总体要求后，我们在评判产品拍摄是否合格时应该根据以下三个标准。

保证产品形准：要将产品拍摄清晰，不要失真；保证产品的实际尺寸，不要变形；尽量水平拍摄，不要倾斜。

保证产品色准：使产品与背景有尽可能大的色差，突出产品（同时为了方便后期抠图处理）；自定义白平衡，保证色彩还原准确，使产品表现出原有的颜色。

保证图片质优：要尽量使拍摄出来的图片杂质少；在拍摄细节处时应用微距拍摄，保证产品细节清晰；配合使用布光、三脚架，可以保证图片清晰。

二、产品拍摄常用工具

1. 单反相机

单镜头反光式取景照相机，又称作单反相机，是指使用单镜头，并且让光线通过此镜头照射到反光镜上，通过反光取景的相机。常见的单反相机两大品牌是佳能和尼康，如图 3.28 所示。

图 3.28　佳能和尼康

2. 单反相机的四大基本参数

（1）快门。

快门影响相机的拍摄速度；在抓拍运动的物体时，需要设置快门参数。

调整技巧：快门的数值越大，拍摄速度越快，可防止拍摄时手抖，手抖会导致拍摄的图片模糊。

（2）光圈。

光圈影响图片的虚实效果。光圈可以使画面的主体清晰，使画面的背景模糊。

调整技巧：光圈的数值越大，画面的主体周围越清晰，拍摄的物体越暗。

（3）ISO。

ISO 影响图片的质量。

调整技巧：ISO 的数值越大，整体画面越亮，但图片的质量会相应地降低，杂质会变多。

对 ISO 的数值进行调整，主要用于拍摄高质量的图片。

（4）白平衡。

白平衡影响图片的色差，可以调节整个画面的冷暖效果。

调整技巧：白平衡主要用于调整色彩的差别，即调整画面整体的冷暖效果。对白平衡的数值进行调整，主要用于拍摄不同色调的图片。建议在拍摄产品时用自动白平衡（AUTO）。

具体介绍如图 3.29 和图 3.30 所示。

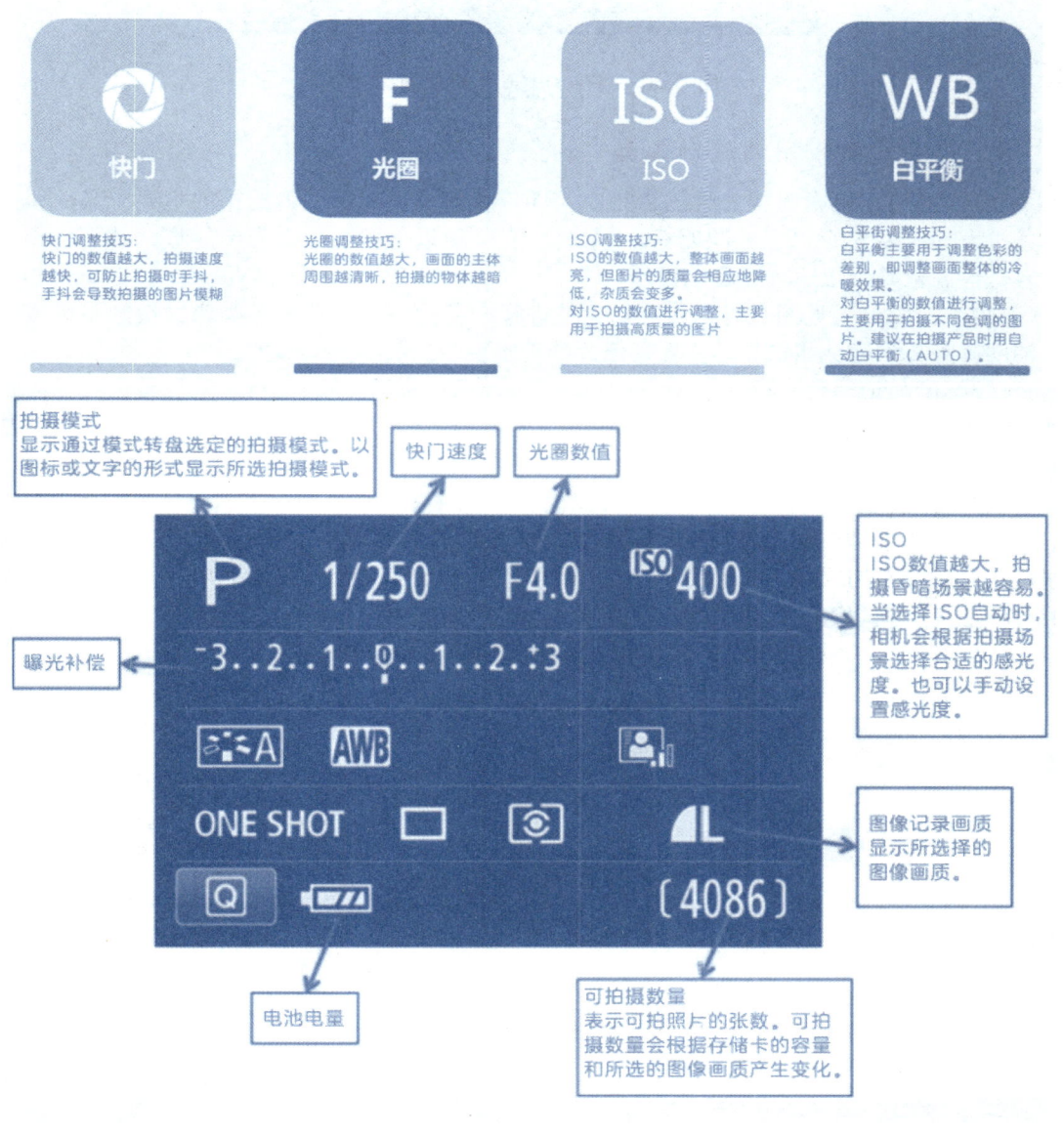

图 3.29 单反相机常见参数展示

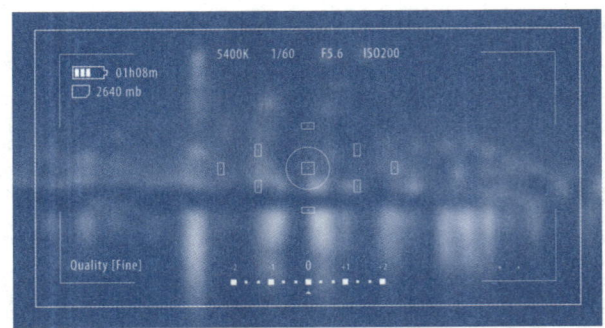

图 3.30　单反相机内部视窗展示

3. 产品拍摄常用的辅助工具

（1）灯箱和摄影支架（见图 3.31）。灯箱和摄影支架是室内拍摄的主要工具，如果有条件，应准备三个以上的照明灯。建议使用 30 瓦以上的三色白光节能灯，其价格相对便宜，色温也好，很适合家庭拍摄使用。

（2）三脚架（见图 3.31）。三脚架是进行产品拍摄乃至其他各类题材摄影不可或缺的辅助工具。为避免相机晃动，保证照片的清晰度，三脚架是必需的。

（3）产品拍摄台。产品拍摄台是进行产品拍摄必备的辅助工具，但有时也可以因陋就简，灵活运用。办公桌，家庭用的茶几、方桌、椅子和大一些的纸箱，甚至光滑、平整的地面，均可以作为产品拍摄台使用。

（4）背景幕布（见图 3.31）。一般可以到照相器材店购买正规的背景幕布，但是在小的空间里，背景幕布使用起来不一定方便，因此可以到文具店购买一些全开的白卡纸来解决没有背景幕布的问题。千万不要用复印纸，还可以到市场上购买一些纯毛、化纤、丝绸的布料来作为背景幕布使用。

（5）反光板（见图 3.31）。反光板主要起到侧面补光的作用。

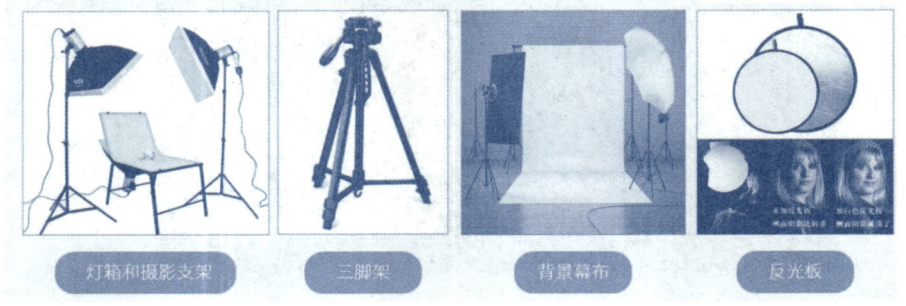

图 3.31　产品拍摄常用的辅助工具

三、产品拍摄的注意事项

（1）背景选择。为了方便后期抠图处理，选择的背景要尽可能和产品形成大的反差。

拍摄背景宜采用白色或者纯色，应尽量避免所拍摄产品的颜色和背景的颜色接近或一致，如图 3.32 所示。

图 3.32　产品拍摄背景选择

（2）光源的选择。光源包括自然光源和人造光源。自然光源一般用于产品实拍，保证产品不产生色差；人造光源主要用于产品摆拍，方便后期修图，如图 3.33 所示。

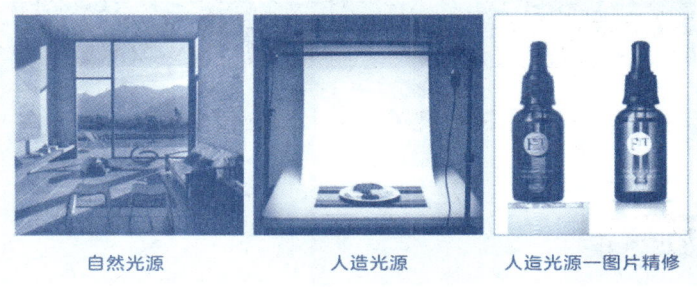

图 3.33　不同光源及其效果展示

（3）不同类型产品的拍摄方法（见图 3.34）。无影静物（即通过消影突出物体本身）：从物体底部打光；服装类产品：将房间的窗和门全部打开，防止产生色差（以实拍居多）；食品类产品：添加色拉油和其他道具作为背景，等等。要保证产品构图完整，可以尝试多角度拍摄、布景摆拍。

图 3.34　不同类型产品的拍摄方法

【小贴士】优秀产品拍摄案例参考

优秀产品拍摄案例参考如图 3.35 所示。

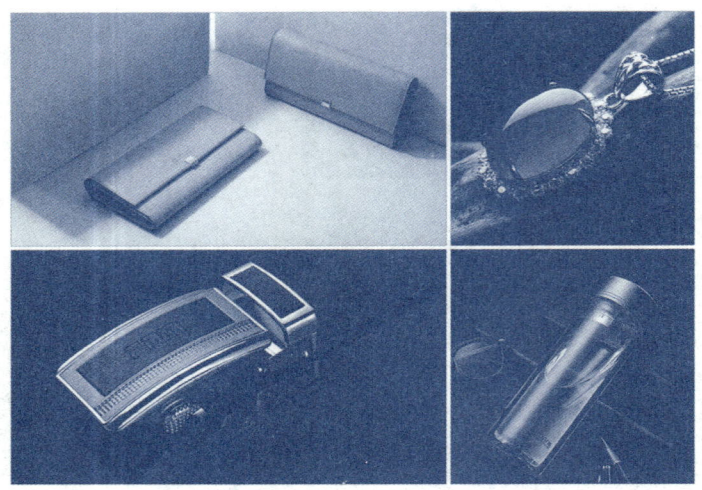

图 3.35　优秀产品拍摄案例参考

【理论知识巩固】

1．【单选题】我们在使用单反相机拍摄运动的物体时，发现拍摄的图片模糊，可以通过调节（　　）把物体拍摄清楚。
    A．光圈　　　　　　　　　　　　B．快门
    C．ISO　　　　　　　　　　　　 D．白平衡
2．【单选题】如果发现拍摄的图片过暗，以下（　　）是不能让拍摄的图片变亮的。
    A．把快门数值调大
    B．把光圈数值调小
    C．把 ISO 数值调大
3．【单选题】要想拍出图片的虚实效果，我们可以（　　）。
    A．把快门数值调大　　　　　　　B．把光圈数值调小
    C．把光圈数值调大　　　　　　　D．把快门数值调小
4．【单选题】要想拍摄优质的图片，我们要优先保证以下（　　）参数。
    A．快门　　　　　　　　　　　　B．光圈
    C．ISO　　　　　　　　　　　　 D．白平衡
5．【单选题】白平衡会影响画面的（　　）。
    A．清晰度　　　　　　　　　　　B．质量
    C．色调　　　　　　　　　　　　D．亮度

6. 【判断题】快门数值太小，容易导致拍摄的图片模糊。（   ）

7. 【判断题】自然光源一般用于产品实拍。（   ）

8. 【判断题】为了保证图片的质量，我们应把ISO数值调整到较小，在整体画面太暗的情况下，我们可以尝试把快门数值调大。（   ）

9. 【判断题】在我们拍摄的产品边缘过于模糊的情况下，我们可以把光圈数值调大，让画面清晰的范围更大。（   ）

10. 【多选题】为了抓拍运动中的物体，在不影响画面清晰度的情况下，我们可以通过（   ）提高画面的亮度。

    A．把快门数值调小　　　　　　　B．把光圈数值调大
    C．把ISO数值调大　　　　　　　D．把快门数值调大
    E．把光圈数值调小

11. 【多选题】为了保证拍摄的图片的质量，我们可以通过调节（   ）参数来调节图片的亮度。

    A．光圈　　　　　　　　　　　　B．快门
    C．ISO　　　　　　　　　　　　 D．白平衡

12. 【多选题】以下（   ）原因是有可能导致拍摄的图片曝光过度的。

    A．快门数值太大
    B．光圈数值太大
    C．ISO数值太大
    D．ISO数值太小
    E．光圈数值太小
    F．快门数值太小

13. 【填空题】在进行产品拍摄时，要保证图片的质量，我们应该把ISO数值调__(1)__。在调整后发现画面整体变暗了，我们再把光圈数值调大。发现产品的周围变得__(2)__，不符合我们的要求，在适当地调整光圈后，发现画面整体还是偏暗，我们尝试调节快门，把快门数值__(3)__。这时画面的亮度足够了，可是拍摄的画面整体模糊了，所以我们要适当地把快门数值调大。为了保证画面不模糊，我们可以借助__(4)__防止手抖。在画面的亮度依旧不够的情况下，我们可以通过__(5)__的方式让拍摄的画面的亮度达到我们想要的效果。

    （1）请在此处写下答案_____
    （2）请在此处写下答案_____
    （3）请在此处写下答案_____
    （4）请在此处写下答案_____
    （5）请在此处写下答案_____

14. 【简答题】请上网搜索一张你认为拍摄得比较好的产品图片进行上传，并说明它好在哪里。

15. 【简答题】尝试自己用相机/手机拍摄一组符合优质图片标准的图片，并进行上传（产品自定，注意把握好画面整体的亮度、构图、色调、清晰度），最少拍摄4张，可以从多个角度拍摄一款产品，也可以拍摄多款产品。

任务三　打造爆款产品主图

【学习目标】

1．了解产品主图设计的基本要求和规格；
2．学会分析产品，提炼产品卖点；
3．能够运用 PS 制作产品主图。

【目标案例】

目标案例如图 3.36 所示。

 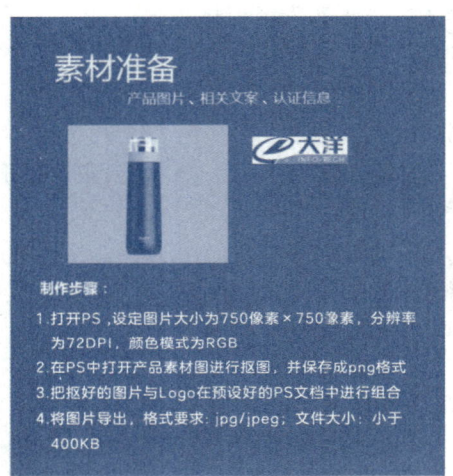

图 3.36　目标案例

【操作步骤】

【步骤一】使用图片处理软件进行基础操作→【步骤二】产品主图的制作

【步骤一】使用图片处理软件进行基础操作

1．阿里巴巴国际站产品主图的制作建议

（1）工具选择。建议使用 PS，因为 PS 是一个功能非常强大的工具，它可以做出很多特别的效果。我们只要学会一些简单的操作，就可以制作一张产品主图。当然，很多非常优秀的产品主图是需要深入学习 PS 才能做出来的。

（2）图片大小。建议制作的图片的尺寸为 750 像素 × 750 像素。因为这个尺寸已经可以使图片足够清晰，文件也不会太大。现在的淘宝、天猫等国内电商平台，其产品主图的尺寸是 800 像素 × 800 像素。

（3）分辨率。分辨率一般应用在网页显示中，72DPI 的分辨率已经可以满足要求了。

分辨率越高，图片的尺寸越大，如果制作的图片是需要打印出来的，那么建议分辨率在300DPI 以上。

（4）颜色模式。一般颜色模式选用 RGB 模式，另外一种模式——CMYK 模式一般用于印刷。

（5）文件大小。导出的文件要小于 400KB。文件小，客户加载图片的时间才会短，这也是要控制文件大小的一个原因。

以上阿里巴巴国际站产品主图的制作建议如图 3.37 所示。

图 3.37　阿里巴巴国际站产品主图的制作建议

2. PS 实操

PS 的操作界面如图 3.38 所示。PS 常用的快捷方式如图 3.39 所示。

图 3.38　PS 的操作界面

前景色填充：Alt+Delete
背景填充：Ctrl+Delete
选中选区：Ctrl+点击图层缩略图
取消选区：Ctrl+D
后退返回：Ctrl+Alt+Z
变　　形：Ctrl+T

等比例缩放：将鼠标指针移动到方框内某一点，在按住鼠标左键的同时按住Shift+Alt，移动鼠标指针缩放图片

备注：在进行等比例缩放图片之前，必须先使用"变形"的快捷键（Ctrl+T），再进行缩放。

图 3.39　PS 常用的快捷方式

📖【知识链接】——产品主图设计与制作

一、产品主图设计的基本要求

阿里巴巴国际站对产品主图的要求：（1）单张图片的大小不超过 5MB；（2）格式支持 jpeg、jpg、png，建议上传 jpg 和 jpeg 两种格式的图片，png 是一种含有透明通道的图片格式，png 格式的图片只包含单纯的产品，没有背景效果；（3）图片尺寸要求大于 640 像素 × 640 像素，因为图片的尺寸越大，图片越清晰，如图 3.40 所示。

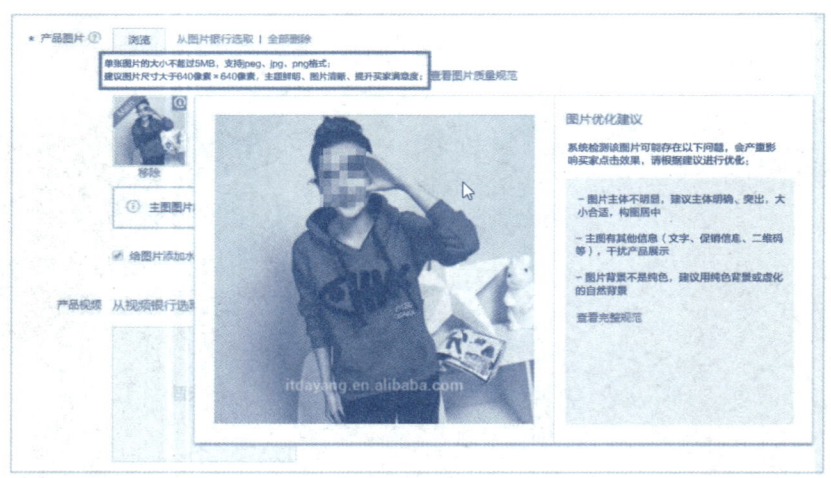

图 3.40　阿里巴巴国际站对产品主图的要求

二、分析阿里巴巴国际站对产品主图的新规

1. 一般性要求

阿里巴巴国际站对产品主图的要求在 2017 年 8 月 15 日以后就未曾更新过。

2. 行业要求

阿里巴巴国际站在前期调研中发现：在一定程度上，没有图片（文字/边框过多、主体不突出等）的产品在平台上的整体转化率低于全网平均值，买家更喜欢相对美观的图片。为了提升供应商的整体效益，平台在对不同行业的图片做了研究和梳理之后，提出了第一版产品优图建议（见图3.41）。该建议覆盖了消费电子、服装、服饰、鞋类、箱包、纺织和皮革制品、美容及个人护理、钟表、珠宝首饰、眼镜等行业。具体要求如图3.42、图3.43、图3.44和图3.45所示。

图 3.41　阿里巴巴国际站产品优图建议

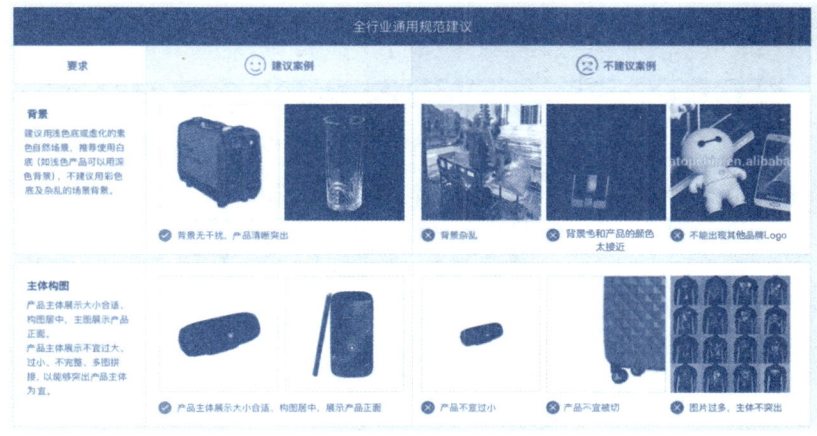

图 3.42　对背景与主体构图的要求

图 3.43 对 Logo 和文字、边框的要求

图 3.44 对图片尺寸与图片数量的要求

图 3.45 对图片的亮度、对比度及图文的要求

三、产品主图制作技巧

结合视觉营销制作产品主图,需要注意以下几个方面。

1. 产品分析

第一步要做的是产品分析,分析产品的卖点,适合的颜色、风格,以及适用人群等。以旅行箱为例,旅行箱有两种尺寸,颜色是彩色的,它的特点是结实、稳固,适用的人群是年轻人,风格比较简约等,如图 3.46 所示。这些方面都可以让我们展开联想。

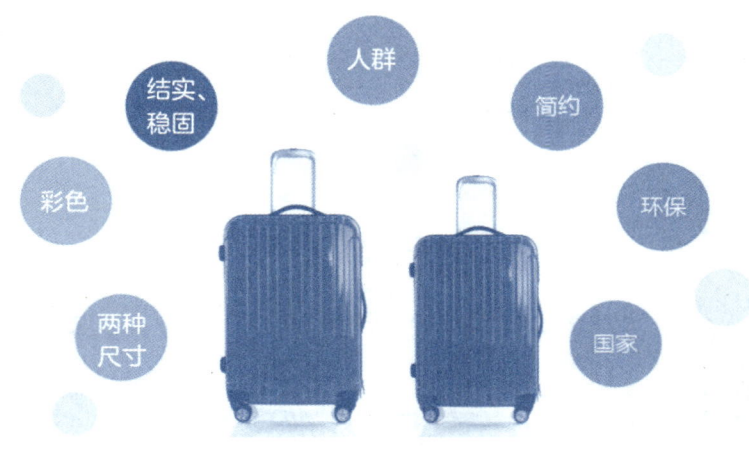

图 3.46　对旅行箱的分析

2. 结合国外买家的喜好

制作阿里巴巴国际站的产品主图跟制作淘宝、天猫的产品主图不同,因为淘宝、天猫主要针对国内客户,只需要了解国人的喜好即可,但是阿里巴巴国际站开展的是国际贸易,在制作产品主图时要结合国外买家的喜好。例如,美国人喜欢白色、黄色、蓝色和红色,在他们看来,白色是纯洁的象征,黄色是和谐的象征,蓝色和红色是吉祥如意的象征。他们忌讳黑色,认为黑色是肃穆的象征,因此,如果将客户群体定位为美国人,那么在设计上应该避免大量使用黑色,在用色时应多用明艳的颜色。对于其他国家的客户,也要同样去做分析(见图 3.47),投其所好地制作产品主图。总之,国外的买家一般喜欢干净、简约的产品主图,在设计产品主图时,应去繁从简,保证产品主图的大小符合平台要求。

3. 参考优秀同行

如果对产品主图的设计没有任何想法,则可以分析优秀同行的产品主图(见图 3.48),看看他们的产品主图是怎么设计的,以及要突出的卖点是什么,再动手制作自己的产品主图。

美国　高调的国家，用色很鲜亮，多用明艳的颜色
喜欢白色、黄色、蓝色、红色
白色是纯洁的象征；黄色是和谐的象征；蓝色和红色是吉祥如意的象征
忌讳黑色，认为黑色是肃穆的象征

俄罗斯　喜欢红色、绿色、蓝色、紫色
红色象征吉祥喜庆；绿色象征和平和希望；蓝色象征忠诚和信任；紫色象征威严和高贵
忌讳黄色和黑色
黄色象征忧伤、离别、背叛；黑色象征不祥

巴西　喜欢红色，红色象征幸运
忌讳紫色、黄色、棕黄色
紫色代表忧伤；黄色代表绝望；棕黄色代表不幸

......

图 3.47　各国客户对不同颜色的喜好

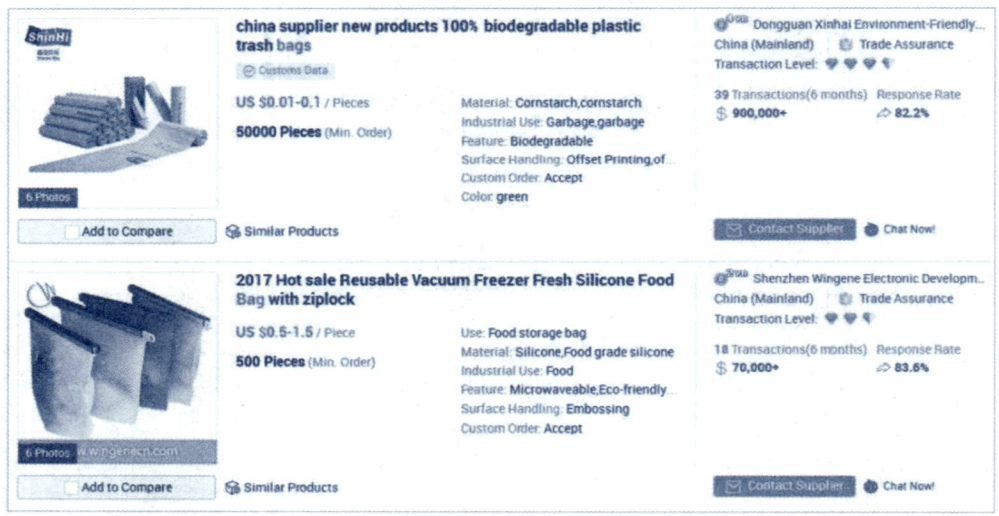

图 3.48　阿里巴巴国际站"bag"产品优秀卖家的产品主图

【步骤二】产品主图的制作

1. 基础主图制作

请登录酷校平台下载产品主图制作的相关操作视频和素材包。

【Step1】：选择菜单栏的"文件"→点击"新建"→设置"宽度""高度"→点击"确定"（见图 3.49）。

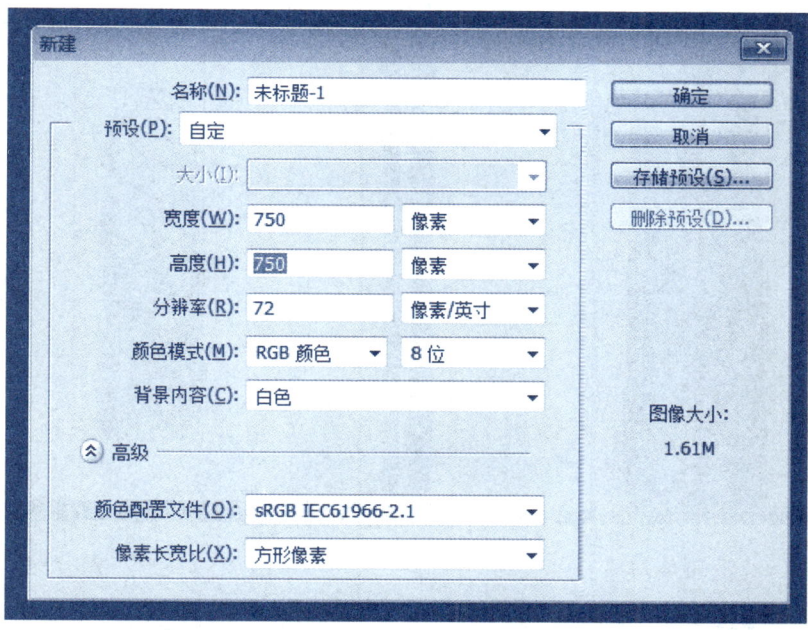

图 3.49 图片设置

【Step2】：打开素材包文件夹，先找到抠好的保存为 png 格式的图片，再把图片拖入编辑窗口，如图 3.50 和图 3.51 所示。

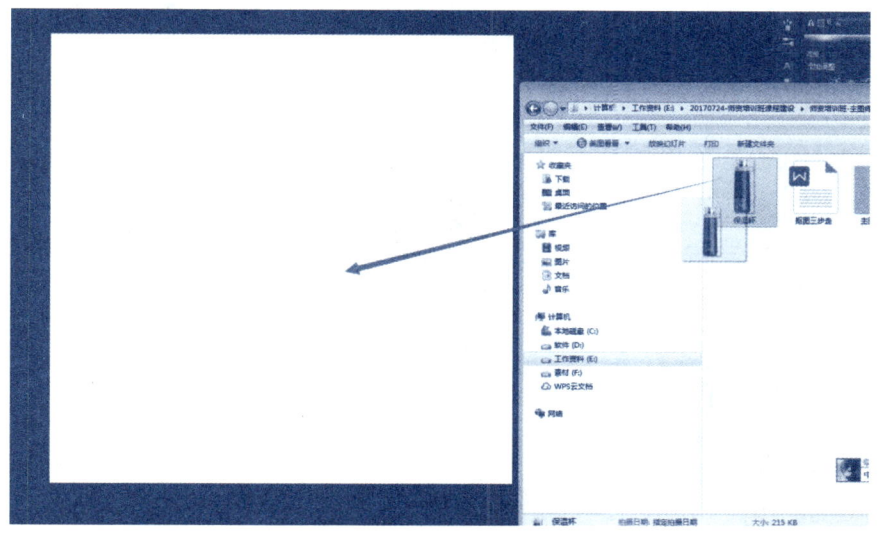

图 3.50 将 png 格式的图片拖入编辑窗口

【Step3】：将鼠标指针移动到图片的右上角处（红色位置），同时按住左键、Shift+Alt，移动鼠标缩小图片，并将其移动到合适的位置，效果如图 3.52 所示。

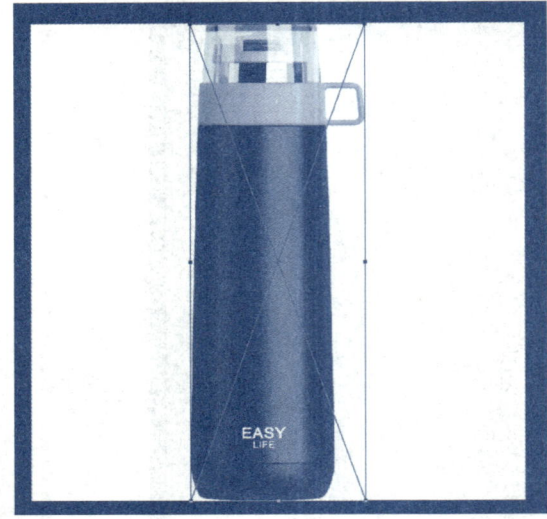 

图 3.51 被拖入编辑窗口的图片　　　　图 3.52 缩小图片

【Step4】：把 Logo 也拖入编辑窗口，调整其大小并放到合适的位置，如图 3.53 所示。

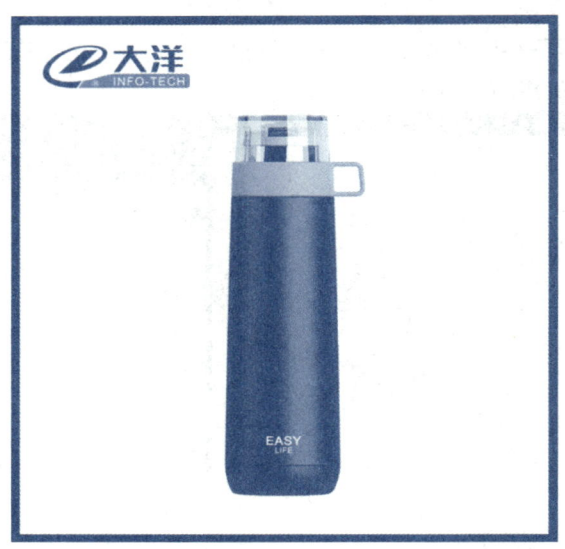

图 3.53 调整 Logo 的大小及位置

【Step5】：在调整完成后对图片进行导出，选择菜单栏"文件"→存储为 Web 所用格式→选择图片格式及质量→确认无误后将图片存储到相应位置（见图 3.54）。

【Step6】：制作多色卖点图、尺寸规格图和产品细节图（见图 3.55）。详情请参考酷校平台的教学视频。

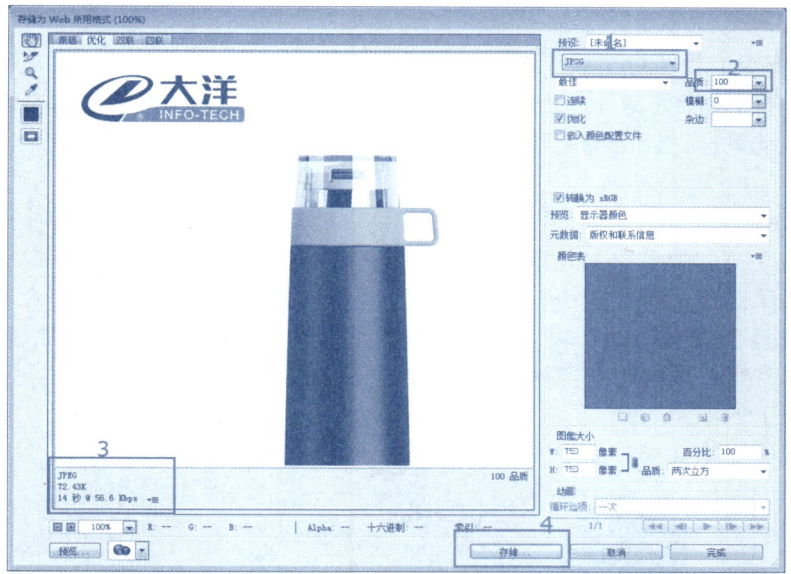

图 3.54 导出图片

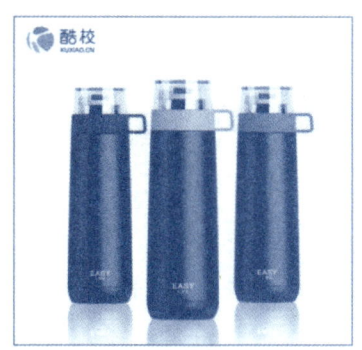
多色卖点图

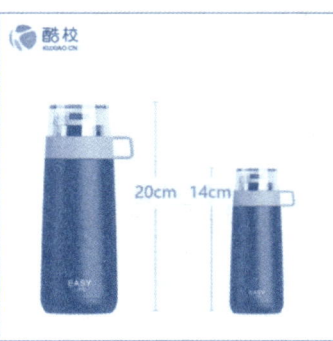
尺寸规格图

产品细节图

图 3.55 制作多色卖点图、尺寸规格图和产品细节图

【小贴士】抠图三步走技巧总结

1．选择钢笔工具，再选择产品边缘处某一点，点击鼠标左键。

2．选择产品边缘处另外一点，第二点不能离第一点太远。按住鼠标左键不放点击第二点，同时移动鼠标，让曲线能和产品边缘重合。重合后就可以放开左键了，但鼠标保持不动。

3．按住 Alt 键不放，把钢笔状态变成尖角∠，再按住鼠标左键，同时移动鼠标把直标尺线缩回去（方向要和产品轮廓一致）。操作完毕，同时放开 Alt 键和鼠标左键。之后重复第二步和第三步，直到围绕着产品边缘走一圈，把产品路径闭合。闭合之后路径变成选区：用快捷键"Ctrl+Enter"可以把闭合好的路径变成蚂蚁线，再用快捷键"Ctrl+J"创建一个图层（将蚂蚁线内的内容复制），这样产品抠图就完成了，点击图层左边的"眼睛"标志，把最底下的图层隐藏。

阿里巴巴国际站优秀产品主图如图 3.56 所示。

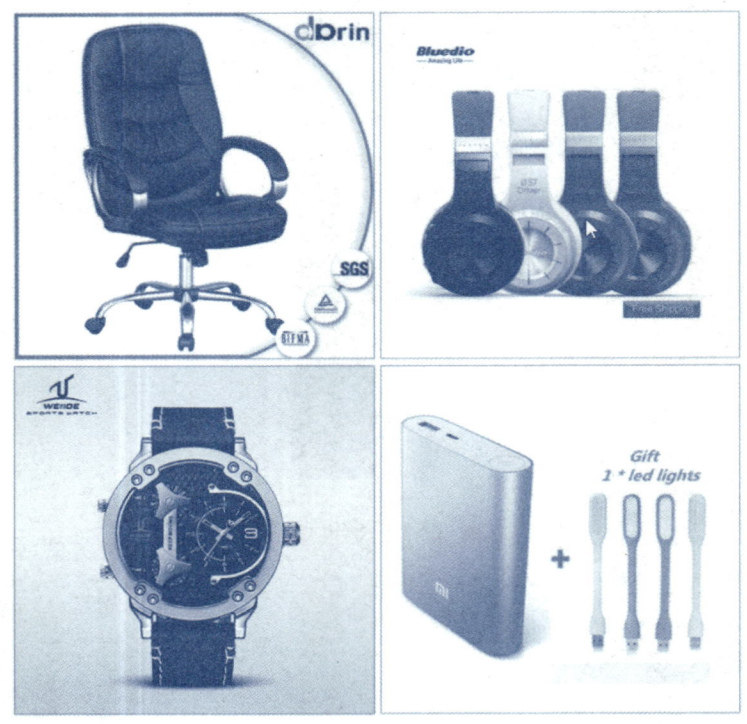

图 3.56　阿里巴巴国际站优秀产品主图

【理论巩固练习】

1．【单选题】在阿里巴巴国际站中，产品主图的大小是（　　）。
　　A．750 像素×750 像素　　B．500 像素×500 像素　　C．1000 像素×1000 像素

2. 【单选题】含有透明通道的图片格式是（　　）。
   A．jpg B．gif C．png
3. 【单选题】将图片应用在网页中，一般图片的分辨率选用（　　）。
   A．72DPI B．76DPI C．300DPI
4. 【判断题】将产品主图制作得越清晰越好，不需要考虑大小。（　　）
5. 【判断题】图片的大小主要影响图片的清晰度。（　　）
6. 【判断题】在设计产品主图时应该结合产品的特点及卖点。（　　）
7. 【操作题】登录酷校平台，下载并安装 PS CS6 软件和素材包，制作大小为 750 像素 × 750 像素、分辨率为 72DPI、颜色模式为 RGB 模式的产品主图，根据素材包内容对产品主图进行抠图处理，将处理好的产品主图与认证信息结合，完成产品主图的制作，最终将图片导出，格式为 jpg/jpeg，文件小于 400KB。

任务四　打造优质产品详情页

【学习目标】

1．了解影响询盘转化的因素；
2．学会分析店铺转化率是否正常；
3．清楚 B2B 与 B2C 产品详情页的不同之处；
4．巧妙结合 FABE 法则规划产品详情页的框架；
5．了解产品详情页框架排版思路。

【目标案例】

目标案例如图 3.57 所示。

图 3.57　目标案例

📖【操作步骤】

【步骤一】设计产品详情页→【步骤二】完成产品详情页排版→【步骤三】观察数据表现

【步骤一】设计产品详情页

"知己":全方位了解店铺内的产品,学会挖掘产品的卖点。

"知彼":了解优秀同行都是怎么设计产品详情页的。

了解海外买家的浏览习惯。多去逛一下海外卖家的店铺,了解他们是怎么展示产品的,因为他们更清楚当地买家的购买思维和浏览习惯。

【步骤二】完成产品详情页排版

(1)复制标题。一般情况下建议在产品详情页内复制标题,增强产品详情页与标题的相关性。

(2)展示2~3张产品主图。产品主图要完整,可以是正面图,也可以是侧面图。

(3)展示2张产品细节图。

(4)列出产品参数表。以表格的形式呈现产品参数,能与上面的信息结合,凸显产品的特性,展现产品的优势。

(5)展示询盘页面。刺激客户迅速询盘,将图片链接到询盘页面。

(6)展示3张公司示例图,建议是组合图。参考信息:客户合照、展会、信保、生产线、团队、展厅等。

(7)展示2张同类推荐产品的图片。客户有可能不喜欢当前所看到的产品,可以用同类推荐产品吸引他,链接到该产品的产品详情页。

(8)回到首页。在客户浏览完产品后,引导客户去首页浏览更多的产品,超链接到首页。

产品详情页的排版内容如表 3.1 所示。

表 3.1 产品详情页的排版内容

项目	内容
复制标题	建议在产品详情页内复制标题
展示 2~3 张产品主图	正面图或侧面图
展示 2 张产品细节图	—
列出产品参数表	展示产品的优势
展示询盘页面	设计 + 超链接
展示 3 张公司示例图	客户合照、展会、信保、生产线、团队、展厅等
展示 2 张同类推荐产品的图片	同款式产品 + 超链接
回到首页	设计 + 超链接

【步骤三】观察数据表现

在制作产品详情页后要观察数据是否有变化,以上的产品详情页设计方案只是一个参考。每款产品的优势不尽相同,要学会从买家关注的角度分析产品,不同行业在进行页面展示时应该有不同的侧重点。如果店铺的反馈率不断上升,那么证明精心设计的产品详情页是有效果的。

【知识链接】

一、影响询盘的主要因素

现在的推广成本越来越高，很多人通过 P4P、顶级展位去获得排名，转化一个客户的成本也在逐年增加，所以要想尽办法留住客户，让客户向我们询盘。让客户询盘，必须经历三步，如图 3.58 所示。

（1）曝光。让客户通过关键词搜索、类目、首页活动图看到产品。

（2）点击。首先客户会看出现的产品与他输入的关键词是否匹配，如果匹配，再看款式是否吸引他，所以这里影响客户点击的是产品主图。当产品主图有足够的吸引力时，客户就会点击产品进入产品详情页。

（3）浏览产品详情页。产品详情页是决定客户是否询盘的关键因素，所以要做好产品详情页的转化，在产品详情页中促使客户询盘。

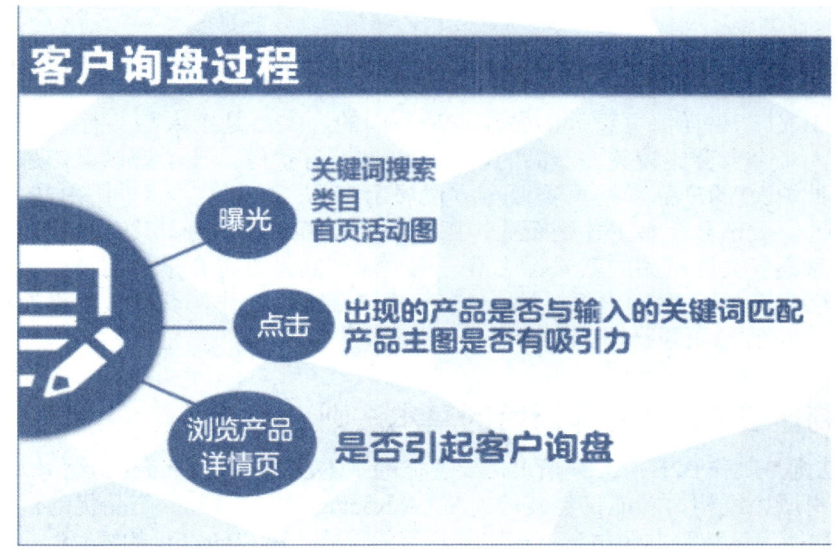

图 3.58 客户询盘过程

二、确保店铺转化率正常

正常的店铺转化率为 10∶1，即有 10 人浏览了店铺，至少有 1 人发来询盘。如果店铺转化率没有达到正常值，就要重点优化产品详情页，否则会造成非常多的客户流失。如何查看店铺转化率？打开阿里巴巴国际站的后台→数据分析（原数据管家）→数据概览→店铺概览（按月统计），如图 3.59 所示。用反馈量除以点击量得到店铺转化率，如果计算的结果大于 10%，那么表示店铺转化率正常。

图 3.59　数据分析板块"店铺概览"

三、B2B 与 B2C 产品详情页设计的区别

B2B 与 B2C 产品详情页设计的关注点是不同的。B2C 是个人购买行为，B2B 主要是企业购买行为。个人会比较关注产品的款式、材料、评价等，在了解以上信息后才决定是否购买，因此 B2C 的产品详情页需要全方位展示产品。B2B 完全不同，B2B 是企业与企业的交易行为，大部分交易主体是企业、工厂、批发商或经销商，其交易行为不是个人行为。企业买家不仅关注产品的款式、质量，还关注产品是否符合采购需求、卖家的实力和供货能力、供应商是不是工厂等。企业买家都希望跟工厂合作，获取最优惠的价格，因此在进行 B2B 产品详情页设计时需要考虑得更为全面。

四、制作 B2B 产品详情页的基本法则

FABE 法则是制作 B2B 产品详情页需要遵循的基本法则。F（Features 的缩写）：产品属性，包括产品的材质、结构、功能、包装等。A（Advantage 的缩写）：产品优势，即产品在材质、结构、功能、包装等方面与竞品相比所具有的优势。B（Benefits 的缩写）：产品益处，即产品带给采购商的利润。E（Evidence 的缩写）：产品证明，主要包括产品的认证信息、与客户的合影、参展照片、生产线照片等展示公司实力的相关证据，如图 3.60 所示。

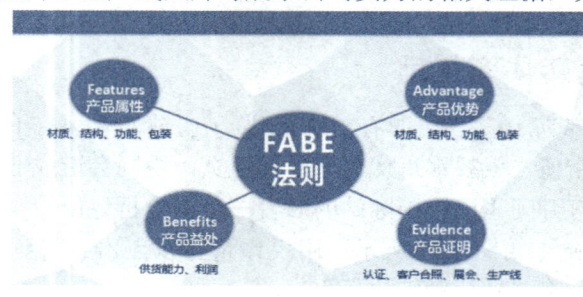

图 3.60　FABE 法则

【理论巩固练习】

1. 【单选题】反馈率与（　　）有直接关系。
   A．标题　　　　B．产品主图　　　　C．产品详情页　　　　D．关键词
2. 【单选题】产品详情页的反馈率一般在（　　）范围内属于正常。
   A．5%～10%　　　B．大于10%　　　C．大于5%
3. 【单选题】在阿里巴巴国际站后台中，我们可以在（　　）看到店铺数据。
   A．数据管家—我的效果
   B．数据管家—我的产品
   C．数据管家—我的全球旺铺
4. 【单选题】FABE法则中的F指的（　　）。
   A．产品优势　　　B．产品属性　　　C．产品证明　　　D．产品益处
5. 【判断题】了解自己产品的属性及优势有助于设计产品详情页。（　　）
6. 【判断题】B2C是个人购买行为，B2B以企业购买行为为主。（　　）
7. 【判断题】阿里巴巴国际站店铺的正常转化率为10∶1。（　　）
8. 【判断题】产品详情页上传的图片数量没有限制。（　　）
9. 【简答题】制作BCB产品详情页应遵循的FABE法则指的是什么？请详细说明。
10. 【简答题】请在阿里巴巴国际站中进行搜索，制作一个符合FABE法则的产品详情页并进行上传，图片／网页链接均可，并简单叙述此产品详情页的优缺点。

任务五　手动"炮制"爆款产品详情页

【学习目标】

1. 了解产品详情页设计的基本要求；
2. 了解完整的产品详情页包含哪些模块；
3. 会运用PS制作产品详情页。

【目标案例】

目标案例如图3.61所示。

产品素材

产品详情页细节图

图3.61　目标案例

【操作步骤】

【步骤一】掌握产品详情页设计的基本要求→【步骤二】产品详情页模块剖析与制作

【步骤一】掌握产品详情页设计的基本要求

阿里巴巴国际站对产品详情页的基本要求：单张图片的尺寸为 750 像素×800 像素，对图片的高度没有太多的限制，只要不超过 800 像素即可（见图 3.62）。

系统最多支持上传 15 张图片，如果按每张图片 800 像素来算，那么整个页面的高度必须控制在 12000 像素之内。此外，右边有一个导航模板，点击进去可以看到管理导航的后台，可以通过添加不同的模板来提高工作效率（见图 3.63）。

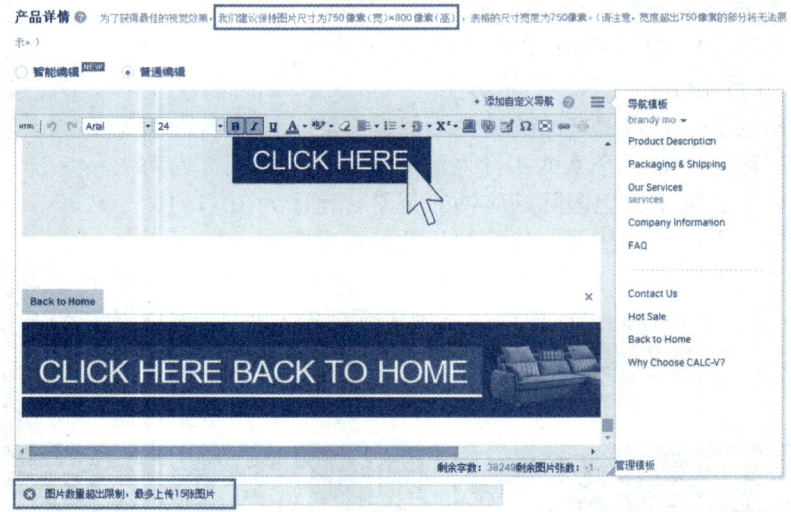

图 3.62　阿里巴巴国际站对产品详情页的基本要求

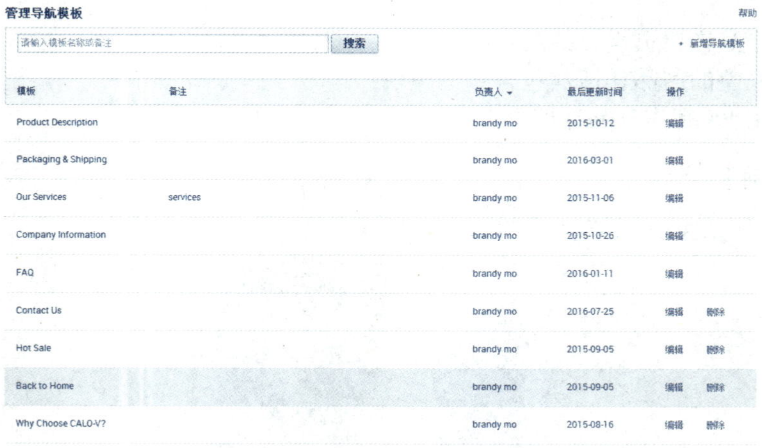

图 3.63　管理导航模板

【步骤二】产品详情页模块剖析与制作

图 3.64 所示为产品详情页包含的模块：产品图片、产品参数/细节、产品优势、公司介绍、答疑解惑、完善的服务、联系方式、工厂实力等，为的是增强买家的购买欲望及信心。当然，以上这些模块是基础模块，对于不同的产品，模块也会相应地有所变化。不过，目前大部分的国际站卖家都会增加"更多产品""返回首页"这两个模块，为的是防止辛辛苦苦引来的流量流失掉。如果客户对某款产品不满意，那么公司还有很多其他产品供客户选择。

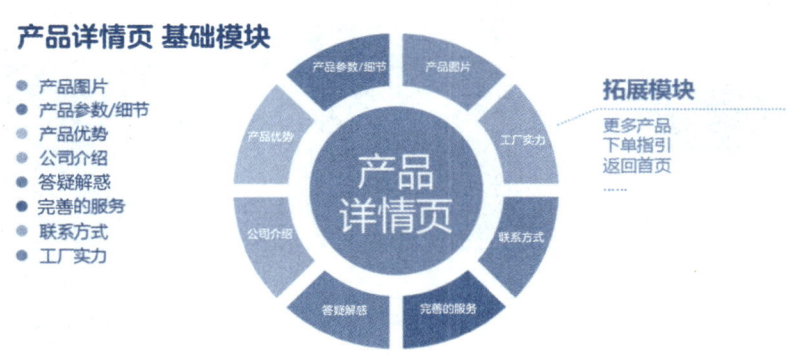

图 3.64　产品详情页包含的模块

请登录酷校平台获取手动制作爆款产品详情页的学习视频。

【随堂任务卡】——牛刀小试（见图 3.65）

请登录酷校平台下载训练素材，根据目标案例制作产品细节图。

图 3.65　随堂任务卡——牛刀小试

【优秀产品详情页模块参考】

（1）产品基本信息优秀案例：清晰明了地展示产品的基本信息（产品的名称、尺寸、成分、型号、整体外观等），如图 3.66 所示。

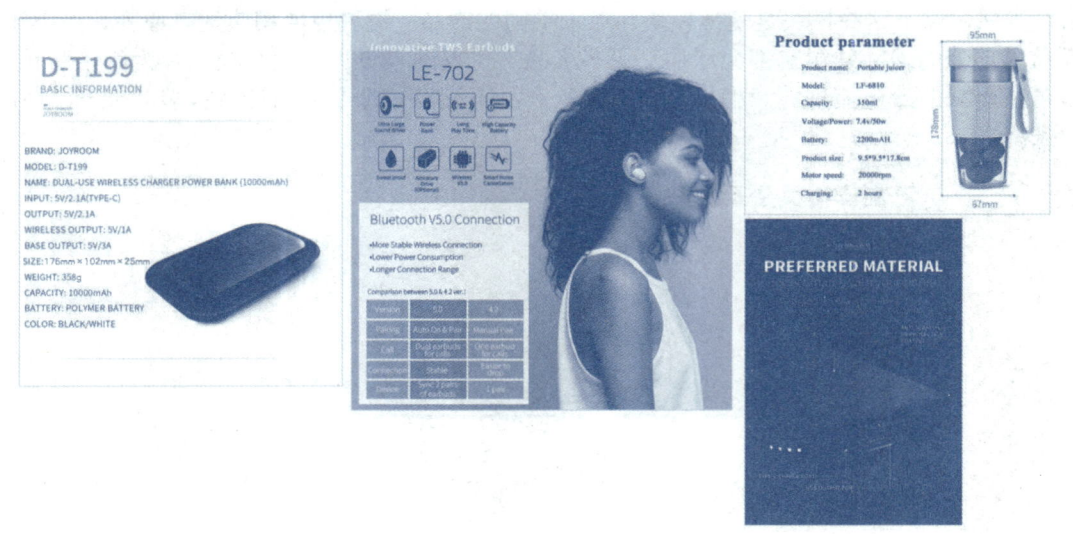

图 3.66　产品基本信息优秀案例

（2）产品卖点优秀案例：突出产品整体的功能性及其与众不同的亮点，吸引买家，如图 3.67 所示。

图 3.67　产品卖点优秀案例

（3）产品细节优秀案例：把多张细节图组合成一张，让买家更直观地了解产品的细节，细节图必须保证清晰，如图 3.68 所示。

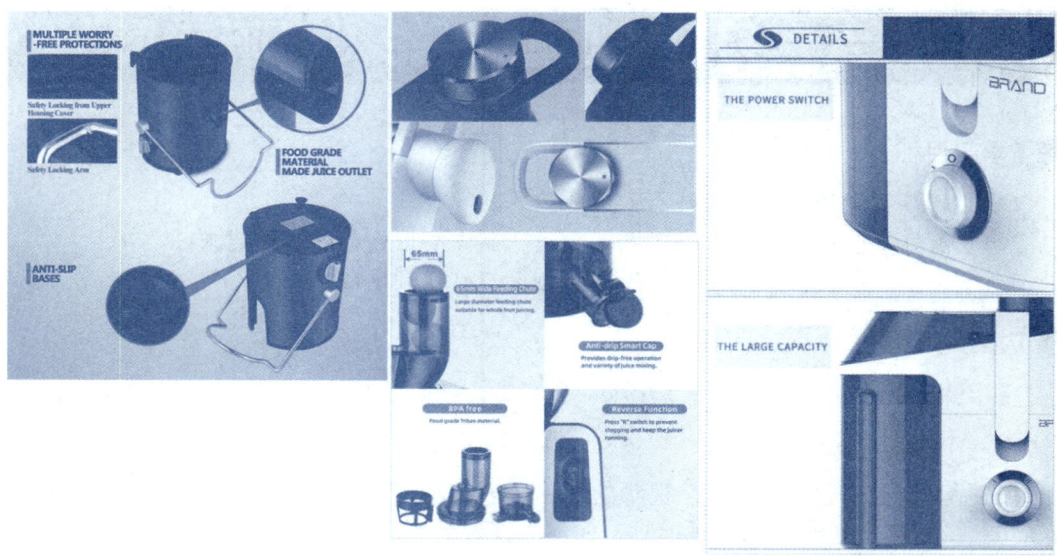

图 3.68　产品细节优秀案例

【随堂任务卡】——产品详情页制作实操考核

请登录酷校平台下载完成"驾轻就熟—产品详情页制作实操考核"（见图 3.69）所需的素材。

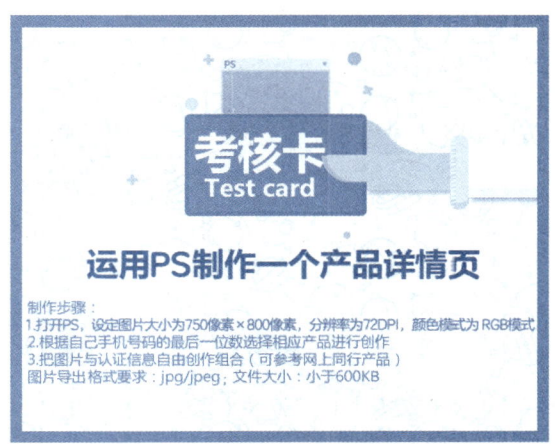

图 3.69　驾轻就熟—产品详情页制作实操考核

项目三　视觉营销与设计

任务六　打造视频营销的"视听盛宴"

【学习目标】

1. 了解视频营销的基本特征；
2. 了解阿里巴巴国际站产品主图视频及产品详情页视频的制作要求；
3. 学会提炼产品卖点，结合拍摄技巧进行产品视频拍摄。

【操作步骤】

【步骤一】产品视频拍摄→【步骤二】视频营销内容制作

【步骤一】产品视频拍摄

在阿里巴巴国际站中，产品视频的展示位置一般有两个：一个是产品主图视频（见图 3.70），另一个是产品详情页视频。成功的视频营销不仅要有高水准的视频，更要发掘营销内容的亮点。拍摄视频和拍摄图片看起来似乎不同，但两者实际上是有相似之处的，因为视频是由一张张图片快速、连续播放而成的。

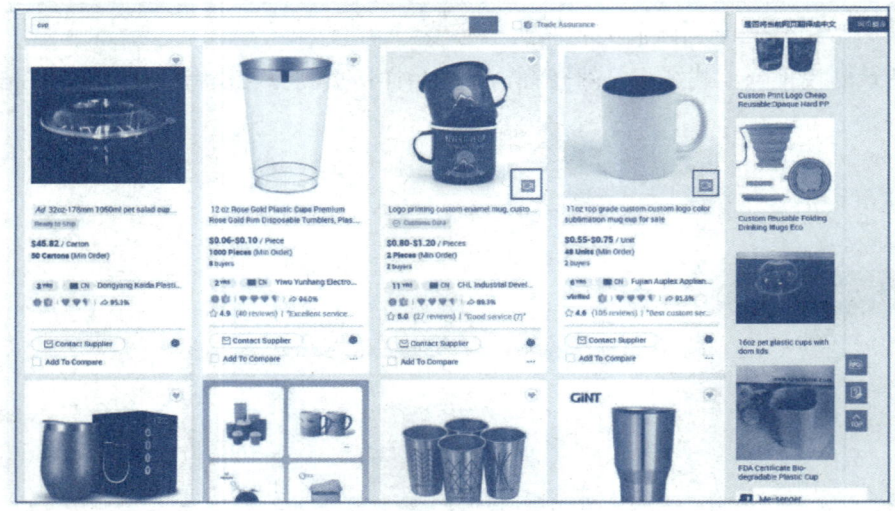

图 3.70　产品主图视频

产品视频的拍摄方法如下。

（1）可以用手机进行拍摄，最好再准备三脚架、小型滑轨和手持稳定器等辅助设备，以更好地完成视频的拍摄。

（2）用专业的拍摄工具（如单反相机、摄像机等）来拍摄，可以获得画质更好的视频。

（3）可以使用第三方视频生成工具来生成视频，虽然采用这种方法减少了拍摄的烦琐流程，但是很多时候生成的视频达不到营销的要求。

拍摄产品视频使用的辅助工具及视频编辑软件如图 3.71 所示。

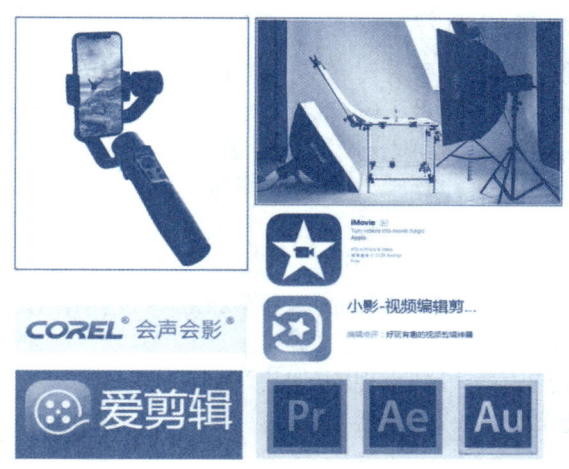

图 3.71　拍摄产品视频使用的辅助工具及视频编辑软件

【步骤二】视频营销内容制作

1. 产品主图视频的制作

　　视频营销的关键在于"内容"，视频的内容决定了其传播的广度。产品主图视频最主要的功能就是通过几十秒的视频分段，将产品的卖点清晰地表达出来，并快速激发消费者的兴趣，进而促使其购买。因此，产品主图视频除了要展示产品的全貌和效果，更重要的是要将产品的卖点逐一展现在消费者面前。在提炼产品的卖点时，首先需要了解消费者对产品的详细需求和期望，然后根据消费者的关注点来设置视频呈现的高频卖点，从而刺激消费者产生消费欲望，做出购买行为。需要注意的是，产品主图视频要尽可能地将产品完整地呈现出来，但是在一些细节上不必面面俱到。呈现产品卖点要以展现产品的优点为基础，太多的细节展现反而会影响消费者的决策。产品主图视频内容展示如图 3.72 所示。

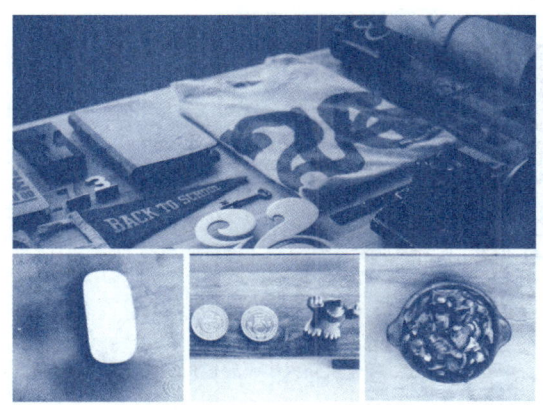

图 3.72　产品主图视频内容展示

2. 产品详情页视频的制作

（1）产品卖点展现：符合消费者对产品的详细需求和期望。
（2）使用场景展现：让消费者了解产品的使用场景。
（3）产品品牌Logo展现：品牌、产品品质展现。
（4）产品细节/特写展现：让消费者更全面地了解产品的特点（如果条件允许，可以配上动态字幕解说）。
（5）产品包装和售后服务等内容的展现。
（6）在视频中添加几帧片尾，再次强调品牌Logo，进行补充说明，提高视频的完成度和专业感。
（7）适当增加背景音乐，以减少视频的枯燥性。

拍摄视频的具体要求如图3.73所示。

A 画面背景：画面背景尽量以素色为主或虚化，避免背景干扰；建议不要出现与产品本身不相关的内容，以免侵权。

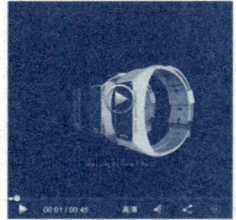

☺ 背景无干扰，产品突出；展示产品相关的信息　　☹ 背景杂乱，产品不突出；展示其他品牌的产品，容易侵权。

B 视频画面展示：建议用横屏展示

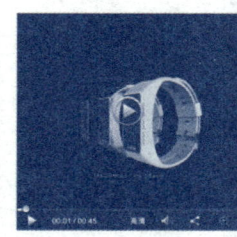

☺ 用横屏展示　　☹ 不宜用竖屏展示

C 视频文件大小：640像素×480像素以上，单个视频大小不超过100MB。

图3.73　拍摄视频的具体要求

D 视频拍摄时间：视频时长控制在45秒以内；产品展示视频时长应不少于20秒。

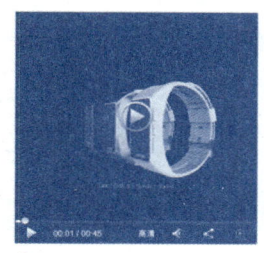

图 3.73　拍摄视频的具体要求（续）

【知识链接】——视频营销

一、什么是视频营销

视频营销是"视频"和"互联网"的结合，即以内容为核心，以创意为导向，利用精心策划的视频内容实现产品营销与品牌传播的目的。

视频营销具有视频的优点，即感染力强、形式多样、创意新颖，可以产生一种视觉冲击力和表现张力，快速吸引消费者的关注。视频营销又具有互联网的优势：互动性强、主动传播性强、传播速度快、成本低廉等，不仅可以让消费者更直观地查看产品详情，又可以通过网民的力量实现自传播，如图3.74所示。

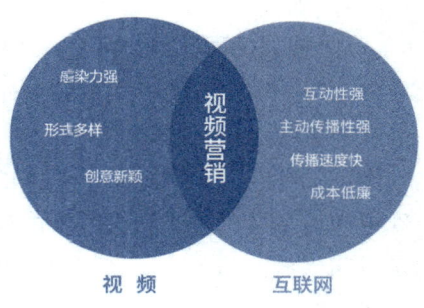

图 3.74　视频营销的优势

项目三　视觉营销与设计

消费者会对精准营销的视频产生兴趣，进而关注产品，再由产品的关注者变为传播分享者，而被传播对象势必是有着同样的兴趣和特征的人，这一过程就是精准筛选传播，从而达到产品营销或品牌营销的目的。

二、产品主图视频与产品详情页视频

1. 产品主图视频的质量要求

（1）必须保证上传的视频中包含的产品、品牌、音乐、文字、肖像、背景等均真实、准确、合法，不侵犯任何方的权益。

（2）视频时长不超过 45 秒。不论是无线端的产品主图视频，还是 PC 端的产品主图视频，其时长都应在 45 秒以内。而卖家在拍摄产品主图视频的时候，最好将时长控制在 9～30 秒。这是因为时长过短的视频无法展现产品的全貌或细节，而时长过长的视频不仅不会吸引消费者，反倒可能会因为冗长而导致消费者观看得不完整，无法了解产品的全部卖点。

（3）视频清晰度须为 480P 及以上。

（4）视频大小不超过 100MB。

（5）每款产品只能关联一个视频，每个视频关联不超过 20 款产品。

2. 产品详情页视频的质量要求

（1）必须保证上传的视频中包含的产品、品牌、音乐、文字、肖像、背景等均真实、准确、合法，不侵犯任何方的权益。

（2）视频时长不超过 10 分钟。

（3）视频清晰度须为 480P 及以上。

（4）视频大小不超过 500MB。

（5）视频画面比例为 4∶3（视频的分辨率的宽度除以高度，数值接近或超过 1.7 的尺寸为 16∶9，数值接近 1.3 的尺寸为 4∶3）。

（6）视频展示位置：在产品详情描述的上方。

产品主图视频是产品给予买家的第一印象，在店铺中放上产品主图视频，将使产品的展现更为直观、更具吸引力。产品详情页视频能够介绍产品的详细信息，完整地展现产品的卖点和优势。因此，卖家在拍摄产品视频的时候需要掌握产品主图视频和产品详情页视频的基本要求，并应用一定的技巧，这样才能做到事半功倍。

产品主图视频与产品详情页视频优秀案例如图 3.75 和图 3.76 所示。

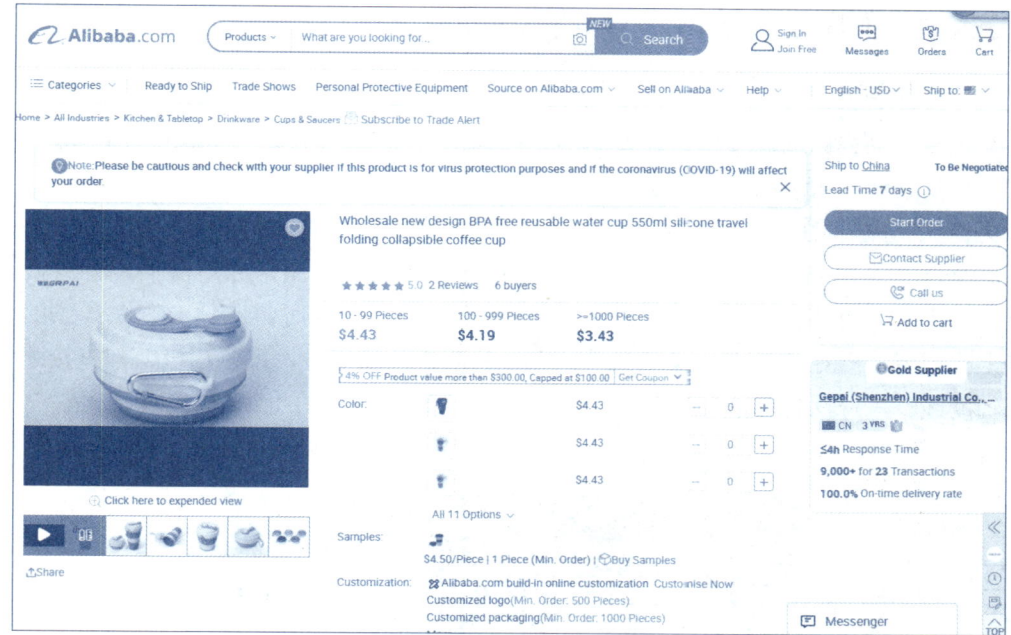

图 3.75　产品主图视频优秀案例

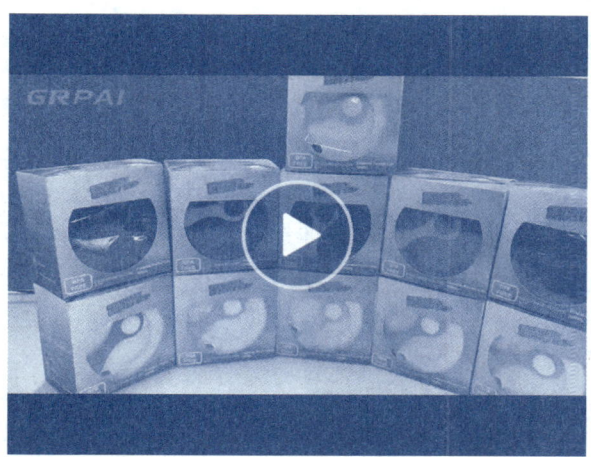

图 3.76　产品详情页视频优秀案例

三、视频拍摄技巧

1. 合理构图

在拍摄产品视频的过程中,需要运用一些构图技巧,这样才能让拍出来的视频更符合买家的视觉感受。常用的构图方法有以下几种。

(1)三分法构图(九宫格构图)。

三分法构图又被称为九宫格构图,是一种比较常见和应用十分广泛的构图方法,如图 3.77 所示。一般用两根横线和两根竖线将画面均分,使用时将主体放置在线条的四个交点上,或者放置在线条上。操作简单,表现鲜明,画面简练,很多相机上都直接配备了构图辅助线。三分法构图的应用范围广,多用于风景、人像等的拍摄。

图 3.77 三分法构图

(2)对称式构图。

对称式构图有上下对称、左右对称等,具有稳定、平衡的特点,如图 3.78 所示。对称式构图在建筑摄影中表现建筑的平衡性和稳定性。对称式构图多用于建筑、倒影等的拍摄。

图 3.78 对称式构图

(3) 框架式构图。

框架式构图是指选择一个框架作为画面的前景,将观众的视线引导到拍摄主体上,突出主体的构图方法,如图3.79所示。框架式构图会形成纵深感,让画面更加立体、直观,更有视觉冲击力,也让主体与环境相呼应。门窗、树叶间隙、网状物等经常被作为框架。

 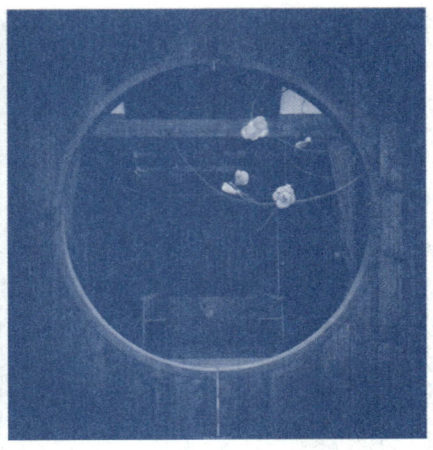

图 3.79　框架式构图

（4）对角线构图。

对角线构图又被称为三角构图法，是指把主体安排在对角线上，能有效利用画面对角线的长度，同时能使衬体与主体产生直接关系，使画面活泼、富有动感，产生线条的汇聚趋势，吸引人的视线，达到突出主体的效果，如图 3.80 所示。使用对角线构图的图片有动态张力，有更好的纵深效果、立体效果和拉伸效果。

图 3.80　对角线构图

2. 拍摄角度

为了给买家呈现更全面的产品形态，在拍摄产品视频时要从不同的拍摄角度体现不同的产品特性。常用的拍摄角度有平摄、仰摄、俯摄、微距。

（1）平摄。

平摄就是机位跟被拍摄的物体大致在一个水平线上，这种拍摄角度符合人眼的视觉习惯。平摄的主要特点是透视效果好，拍摄的物体不易产生变形，但是这种拍摄角度一般变化不大，拍摄的作品会显得比较平庸，没有新意。在选择角度的时候，我们还要考虑到不同角度对物体的横向视角要求不同，因为镜头角度的高低会直接影响到画面的景深，所以我们在拍摄物体的时候一定要先观察被拍摄的物体是正面的视觉效果好还是侧面的视觉效果好，再确定角度进行拍摄。平摄的效果照片如图 3.81 所示。

图 3.81　平摄的效果照片

（2）仰摄。

仰摄，顾名思义，就是抬着头拍摄物体。仰摄是从下往上拍摄的，被拍摄的物体高于相机的机位。这个角度拍出的照片具有很强的视觉冲击力，很好地表现出了被拍摄物体的高大。另外，低角度拍摄可以使环境变得有利落感，更容易突出主体，因为主体周边的一些杂乱无章的事物都会在构图的时候被舍弃。灯饰、建筑物等多用仰摄的角度来拍摄，效果照片如图 3.82 所示。

（3）俯摄。

俯摄的机位与仰摄的机位正好相反，在拍摄的时候从高角度拍摄。俯摄比较适合大场景的拍摄，可以表现出物体所在场景的辽阔。在拍摄产品时，俯摄多用于拍摄产品顶面。俯摄的效果照片如图 3.83 所示。

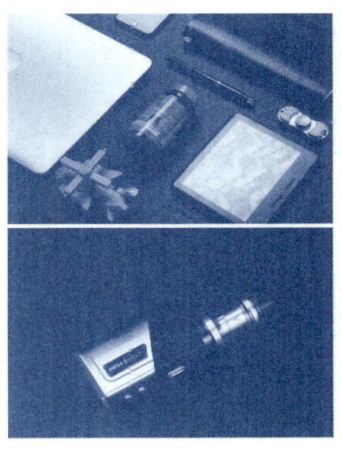

图 3.82　仰摄的效果照片　　　图 3.83　俯摄的效果照片

项目三　视觉营销与设计

图 3.84 微距的效果照片

（4）微距。

微距摄影是数码相机的特长之一。微距可以把很普通的场景拍成戏剧性的场面，特别擅长表现野花、鸟、鱼、虫等细小的东西，可以充分展示细节，而且可以充分表现摄影者在选题、构图、用光方面的创意，不像拍摄风光、人物、民俗文化等题材，要受到很多条件的制约。微距一般用于拍摄小而精的产品，以表现其做工精细的程度，如珠宝首饰等。微距的效果照片如图 3.84 所示。

3. 场景选择

在拍摄产品主图视频的时候，要选择能够与产品相搭配的场景。例如，在拍摄运动鞋的产品主图视频时，可以拍摄跑步或者踩滑板的视频，加强产品的代入感，使产品显得真实、可靠，拉近消费者与产品之间的距离，有效提高产品的转化率。在拍摄静物类产品（如珠宝首饰）的产品主图视频时，可以选用干净、简洁的背景，让产品更加突出；在拍摄食物类和家具类产品的产品主图视频时，可以选用合适的场景进行摆拍，这样会使产品更具有真实感和亲切感。场景选择示例如图 3.85 所示。

图 3.85 场景选择示例

4. 手机拍摄技巧

（1）辅助工具。

用手机拍摄视频和用摄像机或相机拍摄视频基本相似，我们需要尽量保证画面的稳定性、清晰度及曝光度等，尤其是画面的稳定性。为了保证画面的稳定性，我们在拍摄时需要搭配着使用一些工具。常用的手机拍摄视频辅助工具有三脚架手机转接夹和三脚架，如图 3.86 所示。如果需要让拍摄更专业，还可使用反光板、灯箱、摄影台等。

图 3.86　三脚架手机转接夹和三脚架

（2）手机视频剪辑软件。

在这里介绍一款可以直接拍摄，也可以调用手机里已经拍摄完成的视频进行剪辑的手机视频剪辑软件——VUE Vlog，如图 3.87 所示。该软件可以拼接几段视频，分别设置不同的切换效果和背景音乐，相对比较专业，最关键的一点是可以在设置中把视频自带的水印去掉，这就在很大程度上避免了在第三方平台上发布视频时视频被平台清理的风险。

图 3.87　VUE Vlog

【实操技能训练】

通过学习本项目的内容，使用单反相机/手机进行产品拍摄并自行上网搜集素材进行视频剪辑,独立/以小组形式完成一个产品主图视频的制作(产品自拟,具体根据教师的课堂要求)。

视频要求:(1)视频时长为 20 秒～ 60 秒,尽量控制在 45 秒以内;
(2)视频清晰度须为 480P 及以上;
(3)视频文件大小不超过 100MB;
(4)建议将视频保存为 mp4 格式。

评分标准:(1)产品清晰可见,多角度展示产品;
(2)视频展示内容有主有次,卖点、细节均得到了展现;
(3)视频经过剪辑,画面切换自然;
(4)添加文字/音频解说对产品进行适当的描述;
(5)搭配合适的背景音乐,并进行剪辑处理,保证视频无明显杂音;
(6)场景选择符合产品定位,凸显产品特性;
(7)视频规格符合对优质产品主图视频的要求。

任务七　全面进阶旺铺装修2.0

【学习目标】

1. 认识旺铺装修 2.0 的核心价值;
2. 了解旺铺装修 2.0 与 1.0 的差异;
3. 认识旺铺装修 2.0 的常用模块;
4. 掌握旺铺装修 2.0 的基础操作。

【目标案例】

目标案例如图 3.88 所示。

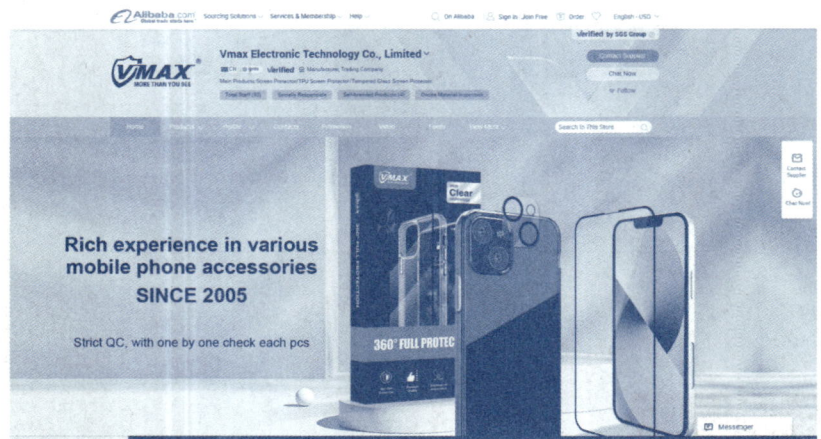

图 3.88　目标案例

【操作步骤】

【步骤一】店招模块设置→【步骤二】页面背景设置→【步骤三】产品模块设置→【步骤四】图文模块与视频模块设置→【步骤五】公司模块设置

【步骤一】店招模块设置

1. 店招设计

店招（店铺招牌）一般包含公司名、公司 Logo、公司地址、联系方式等。旺铺装修 2.0 的店招底图尺寸为 1200 像素×280 像素，无线端店招图片的建议尺寸为 750 像素×240 像素，如图 3.89 所示。

2. 导航栏

导航栏的高度一般为 44 像素，如图 3.89 所示。

图 3.89　店招模块

在使用系统默认店招时，可以在后台自定义修改字体、颜色及店招底图，亦可自行设计好店招并进行上传（需要对公司简介进行隐藏），如图 3.90 所示。

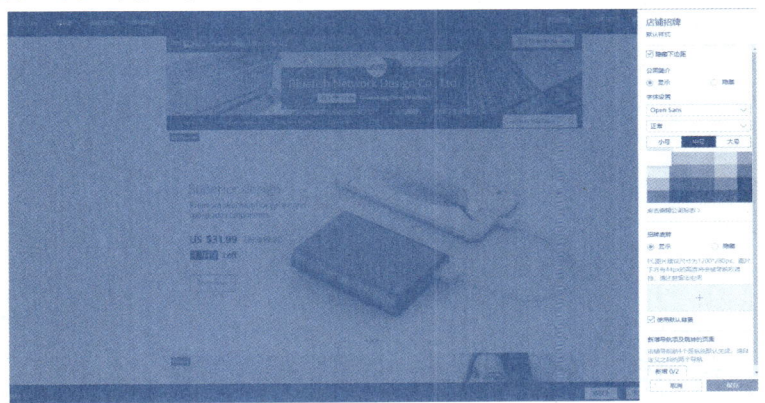

图 3.90　店招设置页面

【知识链接】——旺铺装修2.0

一、旺铺装修2.0的核心价值

1. 旺铺装修2.0的重要性

通过内容我们了解到曝光量受到关键词和产品排名的影响,点击量受到产品主图的影响,反馈量受到产品详情页的影响。旺铺装修主要是指首页的装修,做好旺铺装修最主要的目的就是留住客户。通过旺铺装修,能够展示公司更多的产品,让客户有更多的选择,同时还能体现公司的实力与规模、产品的定位,以及公司的服务等,可以很好地消除客户的顾虑,让客户对公司及其产品有信心,进行二次转化,如图3.91所示。

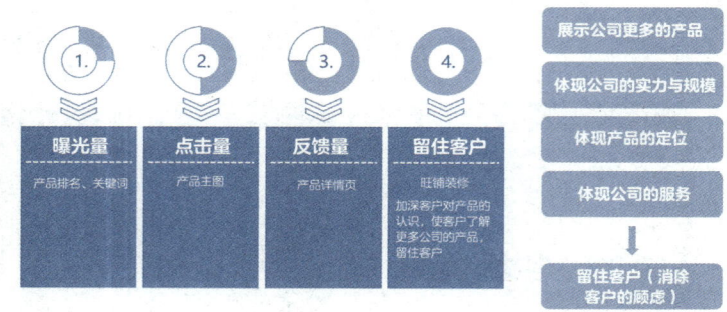

图3.91 旺铺装修2.0的重要性

2. 旺铺装修2.0的核心优势

首先,旺铺装修2.0可以让PC端一键同步无线端,可以更方便地装修成大宽屏样式。其次,操作更加便捷,分类更加清晰。最后,添加了很多多媒体展示功能,如视频模块,如图3.92所示。

最新数据显示,阿里巴巴国际站无线端的流量已经全面赶超PC端的流量,买家流量无线化的趋势已不可逆。旺铺装修2.0会根据全球买家的喜好,为店铺提供大宽屏样式和国际化模块,这不仅使企业的商机洽谈能力更强,还使企业的店铺装修风格更符合海外买家的审美,让企业的品牌形象表达更出众!

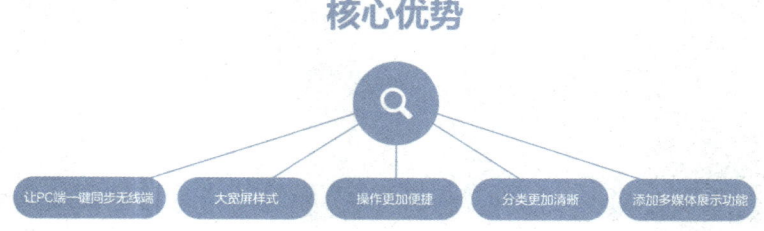

图3.92 旺铺装修2.0的核心优势

3. 旺铺装修 2.0 的发展趋势

旺铺装修 2.0 除了支持一键同步上线、大宽屏样式，还有很多的多媒体效果。平台会给店铺提供多样的旺铺装修模板。一键智能装修使装修变得更加便捷。旺铺装修 2.0 后续还会不断地开放更多的营销模块，如图 3.93 所示。

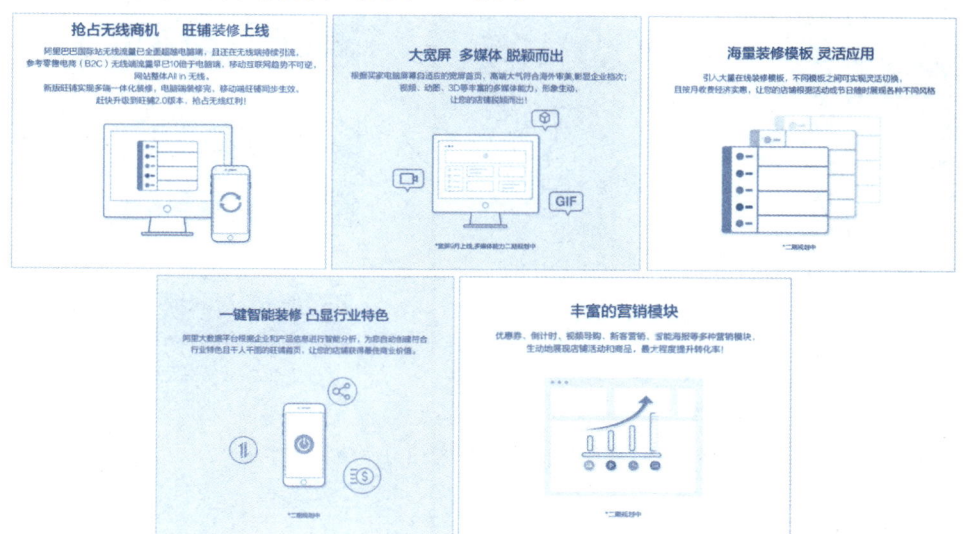

图 3.93　旺铺装修 2.0 的发展趋势

二、旺铺装修 2.0 相对于旺铺装修 1.0 的优势

1. 旺铺装修 2.0 页面标准化

旺铺装修 2.0 的页面标准化，不仅使企业的商机洽谈能力更强，而且符合海外买家的审美，使企业品牌形象的表达更出众。最明显的一点是，旺铺装修 2.0 的模块宽度从原来 1.0 版本的 990 像素拓展到了 1200 像素，如图 3.94 所示。

图 3.94　旺铺装修 2.0 与旺铺装修 1.0 在模块宽度上的区别

项目三　视觉营销与设计　**127**

2. 无线端旺铺同步生成，分类更清晰

旺铺装修 2.0 的无线端旺铺分类会更清晰，上面的悬浮栏把模块分得更加明确，方便搜索。旺铺装修 1.0 与 2.0 的分类对比如图 3.95 所示。

图 3.95　旺铺装修 1.0 与 2.0 的分类对比

3. 装修智能轻简，解放美工

旺铺装修 2.0 更加直观、方便，我们在左边可以看到大概的模块效果，添加模块选用拖拉的形式，更加方便快捷，如图 3.96 所示。

图 3.96　旺铺装修 2.0 的装修页面

三、旺铺装修 2.0 的模块总述

旺铺装修 2.0 的主要模块如图 3.97 所示。

（1）店招模块：①店铺招牌；②导航栏。

（2）页面背景：①页面主题色；②页面背景色。

（3）产品模块：①平铺；②橱窗产品；③带类目产品；④重点推荐；⑤单品；⑥主

营类目；⑦智能产品推荐；⑧产品分组；⑨主营产品认证。

（4）图文模块：①通栏 banner；②滚动 banner；③热区切图；④自定义内容区。

（5）视频模块：旺铺视频。

（6）公司模块：①公司介绍；②多语言快链；③询盘直通车；④公司名片。

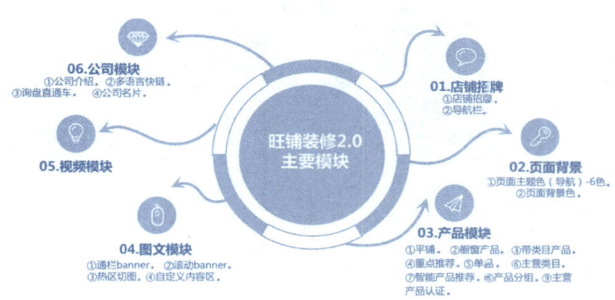

图 3.97　旺铺装修 2.0 的主要模块

在进行旺铺装修时均以"点击鼠标左键拖曳"的方式来完成各模块的设置。

【步骤二】页面背景设置

1. 页面主题色

选色器上的颜色可以自由选择，选色器上目前有 6 种主题色可选，主题色的选择直接决定导航条的颜色和组件上的强调色，同时会影响页面背景色的选择。

2. 页面背景色

页面背景色可从选色器上的颜色中自由选择，亦可按尺寸进行页面设计后自定义颜色并上传，如图 3.98 和图 3.99 所示。

图 3.98　页面背景色的选择

项目三　视觉营销与设计

图 3.99　按照首页背景选择合适的配色

【步骤三】产品模块设置

1. 平铺

通栏/宽栏/窄栏都可以添加该模块，最多可添加 4 个。点击展示栏中的该模块，可以自动或手动设置展示产品，要求必须选出 8 个产品，如图 3.100 所示。

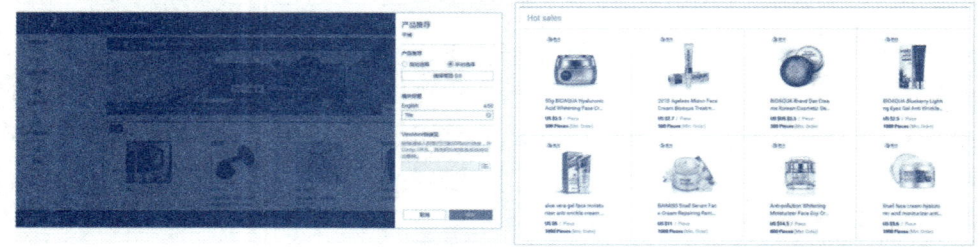

图 3.100　产品模块平铺设置

2. 橱窗产品

橱窗产品的展示方式分为通栏和双栏两种。"通栏"选项中的产品展示布局为"4 个大图、6 个小图"的展示方式，"双栏"选项中的产品展示布局为 10 个小图的展示方式（见图 3.101）。此模块默认将后台上传的橱窗产品按顺序展示，如果需要调整，则可通过后台的"管理橱窗产品"来调整前端展示的产品及其顺序；如果刚做了调整，则需要等到同步时间过后才能显示。

图 3.101　橱窗产品的展示方式

3. 带类目产品

点击该模块进行编辑，系统已为店铺自动配置了类目与产品，也可以选择手动配置。自动配置可按照产品分组情况选择产品组，产品组下按照最新产品逻辑展示；手动配置可以自行选择4个产品，展示方式是1个大图、3个小图，如图3.102所示。

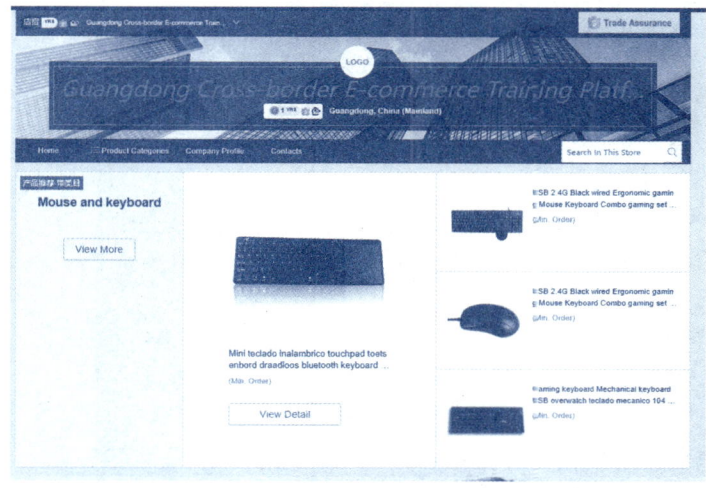

图 3.102　手动配置带类目产品的展示方式

4. 重点推荐

该模块可自动或手动选择产品。手动选择：选择产品分组，可以勾选是否只展示在线批发产品，可选6个产品。如图3.103所示。

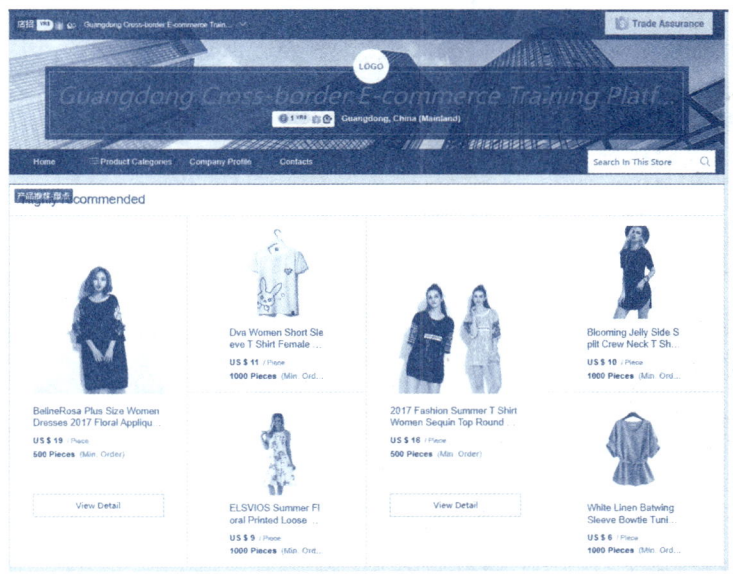

图 3.103　重点推荐模块设置

5. 单品

该模块可以手动或自动选择展示的产品，但只能展示 1～5 个产品，展示方式为轮播，如图 3.104 所示。

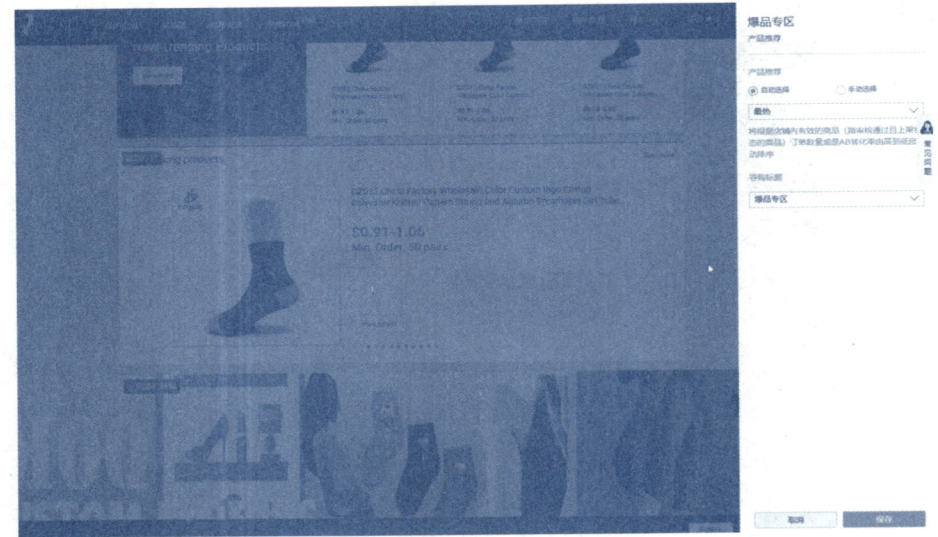

图 3.104 单品模块设置

6. 主营类目

在该模块中可以自动或手动选择主营类目。手动选择可以自主选择 4 个主营类目，每个主营类目可以选择 6 个产品，如图 3.105 所示。

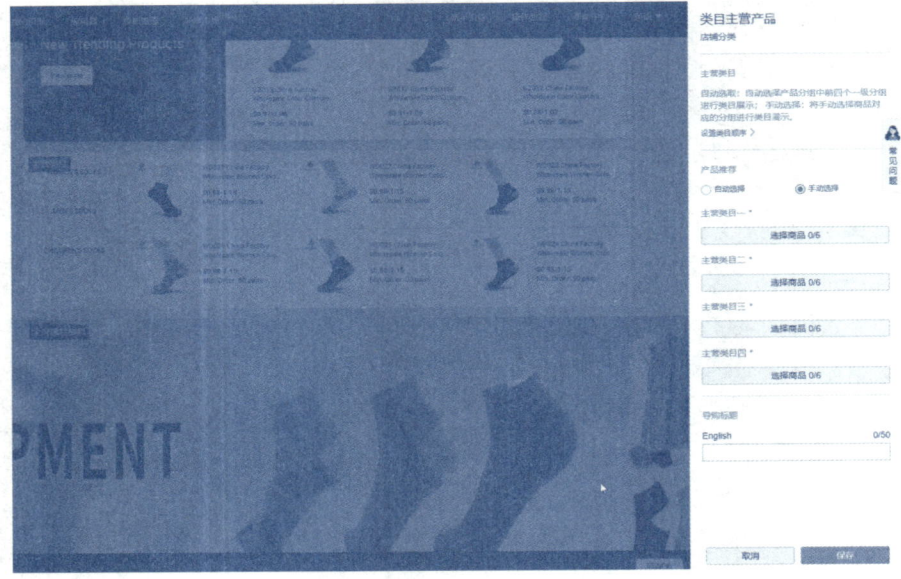

图 3.105 主营类目模块设置

7. 智能产品推荐

该模块不支持编辑，展示结果是系统自动生成的，但是选择产品是依据买家喜好的大数据进行的。添加智能产品推荐后的效果如图 3.106 所示。

图 3.106　添加智能产品推荐后的效果

8. 产品分组

该模块只能在"窄栏"中添加，最多添加 1 个，如图 3.107 所示。

图 3.107　产品分组

9. 主营产品认证

该模块是金品诚企专属选项，可自动或手动选择产品，如图 3.108 所示。自动选择：可选择金品诚企 10 个产品，按更新时间排序；手动选择：选择产品分组，可以勾选是否只展示在线批发产品，可选 10 个产品。

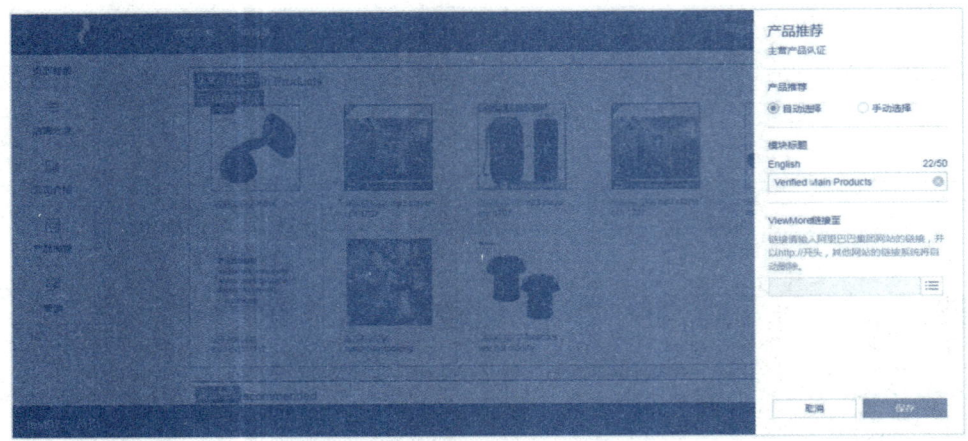

图 3.108　主营产品认证

【步骤四】图文模块与视频模块设置

1. 通栏 banner

通栏 banner（又称全屏海报）的宽度为 1920 像素，高度有 550 像素和 650 像素两种尺寸可选，具有统一性。最多可上传 5 张图片并可添加产品链接，具有轮播功能。轮播时间设置：手动切换分为每五秒切换、每十秒切换。图片设置方法：点击"上传并编辑图片"即进入 banner 图上传编辑页，如图 3.109 所示。

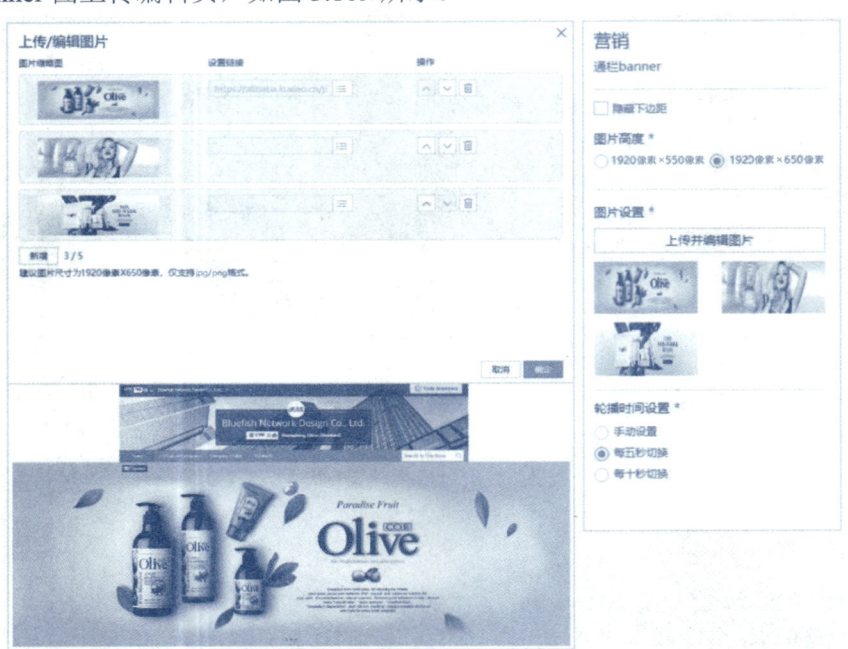

图 3.109　通栏 banner

2. 滚动 banner

滚动 banner 只能在"通栏"添加，最多可添加 2 张图片。图片高度分为 3 种：250 像素、350 像素、450 像素，系统默认的图片高度为 350 像素。轮播时间设置：手动切换分为每 5 秒切换、每 10 秒切换。图片设置方式：点击"上传并编辑图片"即进入 banner 图上传编辑页，如图 3.110 所示。

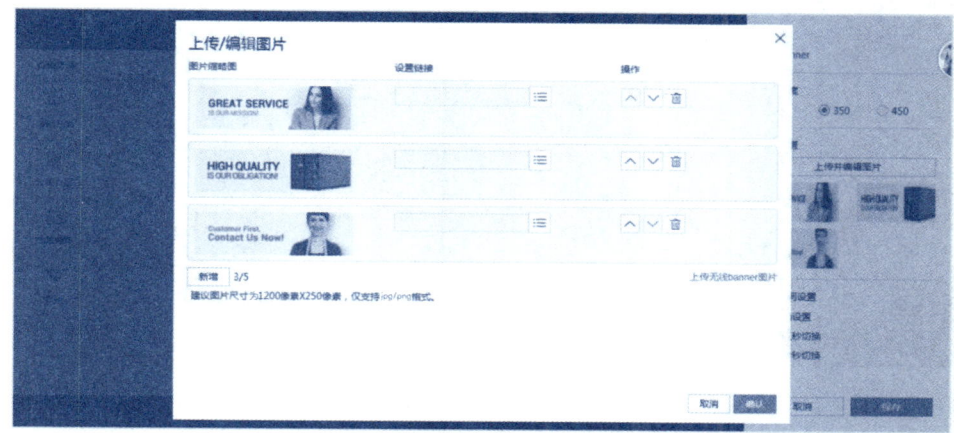

图 3.110　滚动 banner

3. 热区切图

热区切图就是在一张图中具有多个点击链接的效果。该模块可上传图片的宽度为 1200 像素，自定义选区来添加产品链接，最终上传图片，如图 3.111 所示。

图 3.111　热区切图

4. 自定义内容区

在自定义内容区可以添加店铺的个性化模块。自定义内容区的高度和可添加图片数量都不设限，一般可结合网页代码进行编辑，如图3.112所示。

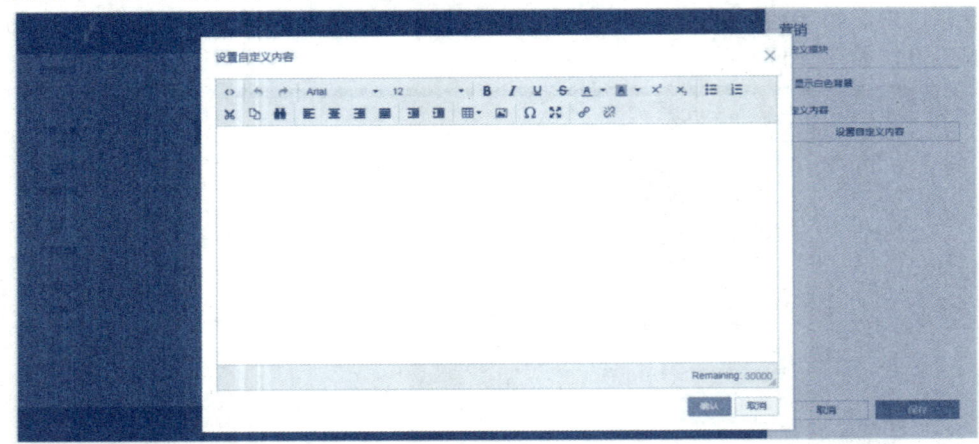

图 3.112 自定义内容区

5. 视频模块

视频模块宽度和高度的比例为16∶9，尽量保证视频达到高清模式（1920像素×1080像素）。视频模块可以居左或居右放置，可以根据尺寸要求设计视频封面和模块底图进行上传，如图3.113所示。

图 3.113 视频模块

【步骤五】公司模块设置

1. 公司介绍

从左侧模块栏拖曳添加"公司介绍"后，点击展示页面中的该模块，即可编辑信息。

2. 公司名片

该模块只能添加在窄栏中,最多添加 1 个,拖曳至展示页面带"+"号的框中即可。公司名片和公司介绍的基本信息都是系统根据后台录入的信息自动生成的,如图 3.114 所示。

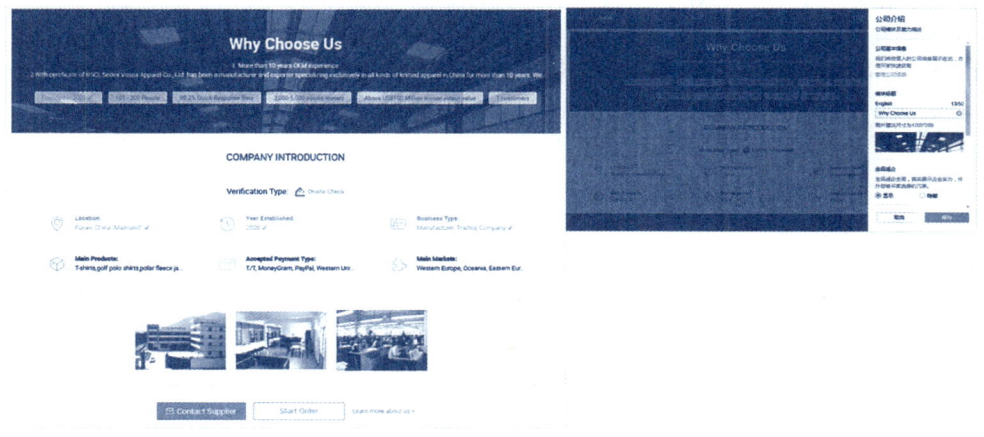

图 3.114 公司名片和公司介绍

3. 多语言快链

直接拖曳添加语言,该模块不支持编辑,如图 3.115 所示。

图 3.115 多语言快链

4. 询盘直通车

系统已默认配置了该模块,该模块仅限添加一个,且不支持编辑。询盘直通车可添加在宽栏或通栏中,如图 3.116 所示。

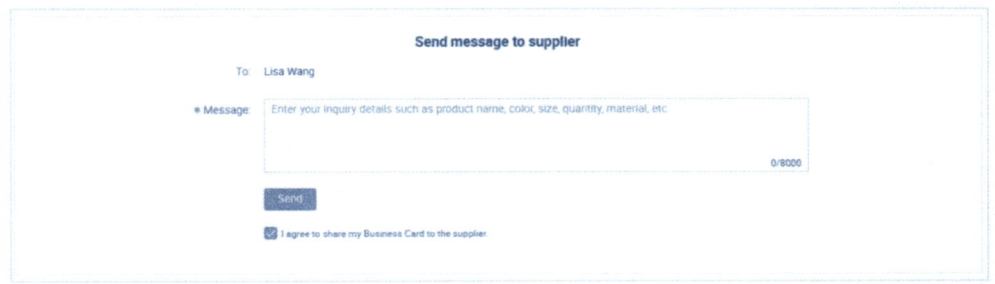

图 3.116 询盘直通车

项目三 视觉营销与设计 137

【实操技能训练】

【实训任务】下载旺铺装修2.0素材包,选择其中一个类目的素材,进入实训平台完成旺铺装修2.0并发布。请登录酷校平台,完成该实训任务。

实操要求:
1. 对店招进行设置,将字体颜色设置成白色,并添加店铺Logo;
2. 在通栏banner模块添加并上传符合店铺类目的产品海报;
3. 在产品推荐模块最少添加3款符合店铺类目的产品;
4. 在滚动banner模块添加且上传完整海报;
5. 在公司介绍模块添加完整的公司介绍;
6. 在客服模块最少添加3名客服人员,且客服人员的名字、头像完整无误;
7. 添加多语言快链模块;
8. 添加自定义内容模块并上传一张符合店铺类目的产品海报;
9. 添加橱窗产品模块且填满10款产品;
10. 添加询盘直通车模块;
11. 整体主题色设置符合企业、产品的定位;
12. 自行设计符合店铺类目的产品海报并进行上传。

项目四

商机管理与交易管理

【项目学习目标】

【4.1】知识目标

1. 掌握外贸邮开通流程及使用方法；
2. 掌握询盘处理的流程；
3. 掌握客户管理的程序及技巧；
4. 了解RFQ客户获取的途径；
5. 掌握信保订单起草的流程与物流查询的方法。

【4.2】能力目标

1. 能将客户询盘准确地进行分类；
2. 能及时并准确地回复客户询盘；
3. 能熟练管理客户询盘并进行分类；
4. 能精准找到RFQ客户并进行报价；
5. 能独立起草信保订单并通知客户付款；
6. 能独立完成信保订单履约并准确查询物流费用。

【4.3】职业素养目标

1. 具有良好的客户风险防范意识；
2. 具有诚信品质及良好的客户服务意识、团队合作精神；
3. 具有刻苦钻研业务、一丝不苟的工作作风；
4. 具有团结拼搏的精神风貌及勇于开拓创新的意志品质；
5. 具有积极乐观、文化自信的精神风貌。

宁波诚通国际贸易有限公司要求新入职的三名外贸业务员开通阿里巴巴后台的外贸邮，接收客户询盘并进行询盘的分析、回复与跟进。同时，要求他们会利用RFQ进行客户开发并及时报价。三名外贸业务员需要完成以下任务：①开通外贸邮；②处理询盘；③进行客户管理与营销；④进行交易履约。

任务一　外贸邮开通及其使用

【学习目标】

1．了解外贸邮的开通流程；
2．掌握外贸邮的主要功能。

【操作步骤】

【步骤一】熟悉外贸邮的开通流程→【步骤二】查看询盘→【步骤三】熟悉外贸邮的主要功能

【步骤一】熟悉外贸邮的开通流程

做好店铺基础工作的目的是让客户对我们的产品感兴趣并进行询盘。客户邮件发到哪里？在哪里可以对客户的询盘进行邮件回复呢？阿里巴巴国际站为企业提供了一个管理邮件的邮箱——外贸邮，在这里企业可以接收并回复客户的邮件，对客户进行分类管理。

在开通外贸邮后，企业就可以处理客户发来的询盘了。企业需要具备什么条件才能开通外贸邮呢？

（1）具有独立的域名。

（2）成为阿里巴巴国际站的缴年费会员。

外贸邮开通主干流程如图4.1所示。

图4.1　外贸邮开通主干流程

开通外贸邮的注意事项如下。

（1）企业需要具备公司邮箱。如果企业没有公司邮箱，可以购买。一般公司邮箱都是有域名的。例如，公司邮箱的域名可以是calo.com，一般个人邮箱的域名是163.com、gmail.com等。公司邮箱有域名的好处：客户看到邮箱的尾缀就知道我们是公司身份，比较正规，如果总是用私人邮箱跟客户联系，客户就会怀疑公司的实力和真实性。

（2）针对已有域名进行 MX 解析。提醒：MX 解析需要在购买的邮箱域名的后台系统操作，添加的记录值如表 4.1 所示。

表 4.1　添加的记录值

主机名	类型	对应Mail主机名	优先级
（不填写）	MX记录	mx01.mail.alibaba.com	5
（不填写）	MX记录	mx02.mail.alibaba.com	10

（3）登录 My Alibaba→商机管理中心（询盘）→设置→邮箱域名管理，设置邮箱域名。点击添加后进入域名验证，验证完成后即可针对不同账号添加域名邮箱，如图 4.2、图 4.3、图 4.4 和图 4.5 所示。

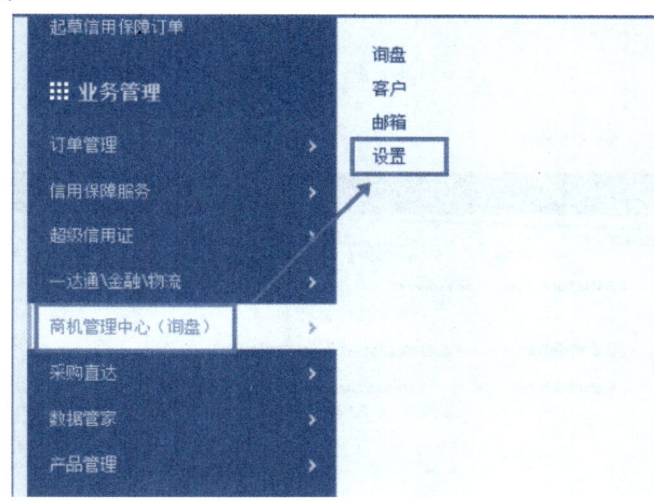

图 4.2　"设置"功能

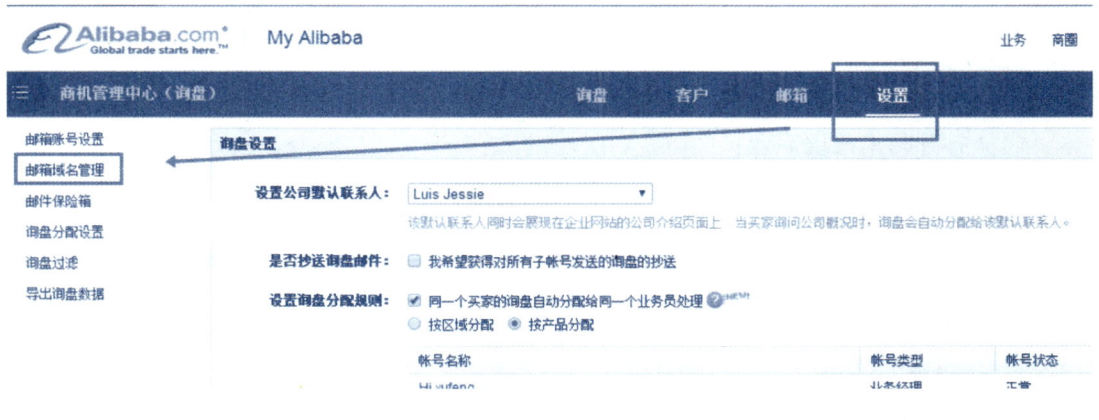

图 4.3　设置邮箱域名

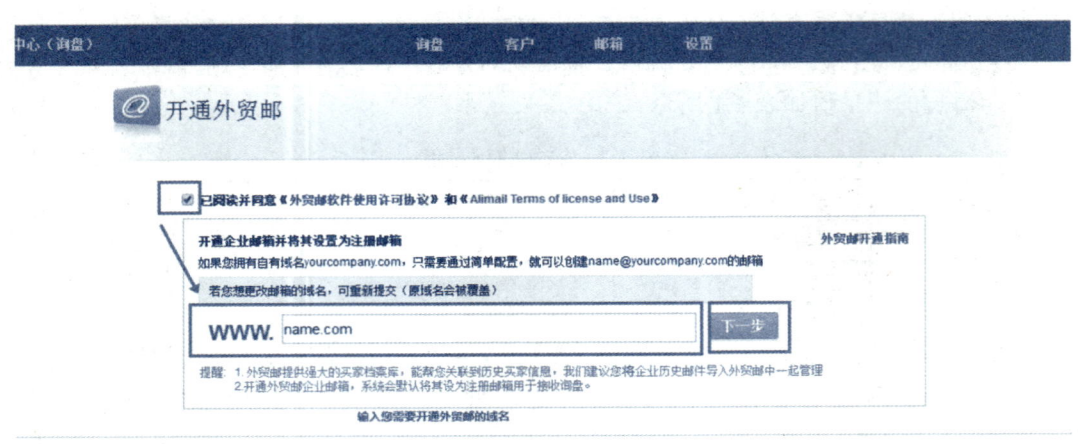

图 4.4　输入邮箱域名

图 4.5　针对不同账号添加域名邮箱

【步骤二】查看询盘

在开通外贸邮后如何进入询盘页面？

（1）打开阿里巴巴后台页面。

（2）找到商机管理中心（询盘）。

（3）点击"询盘"。

即可进入询盘管理后台，如图 4.6 和图 4.7 所示。

【步骤三】熟悉外贸邮的主要功能

1. 接收客户询盘

在询盘管理后台我们可以实时接收客户发来的询盘，如图 4.8 所示。

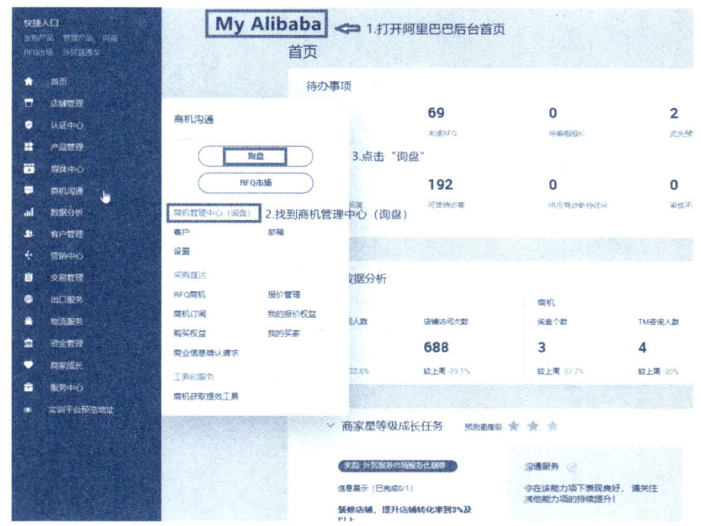

图 4.6 进入询盘页面

图 4.7 询盘管理后台

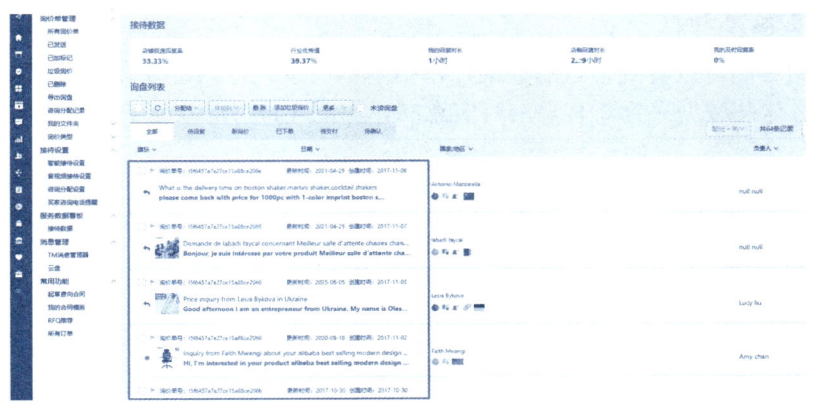

图 4.8 接收客户询盘

2. 回复客户询盘

直接在询盘管理后台回复客户询盘，能实时答复和管理多个询盘，如图 4.9 所示。

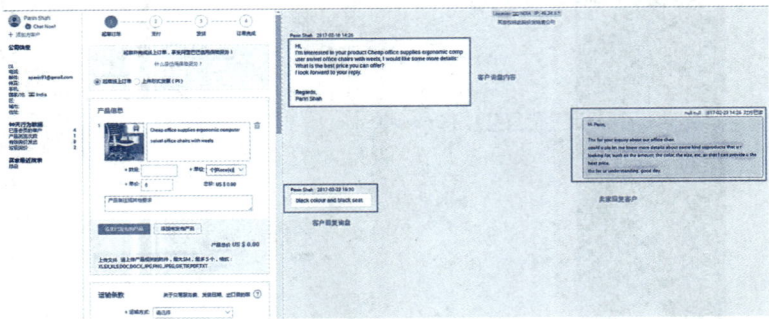

图 4.9　回复客户询盘

3. 客户分组管理

外贸邮可对客户进行分组管理。比如，可以将客户按地区分组：欧洲客户、东南亚客户、北美洲客户、非洲客户、大洋洲客户等；也可以将客户按进展情况进行分组：意向客户、一般客户、从未回复的客户等，如图 4.10 所示。

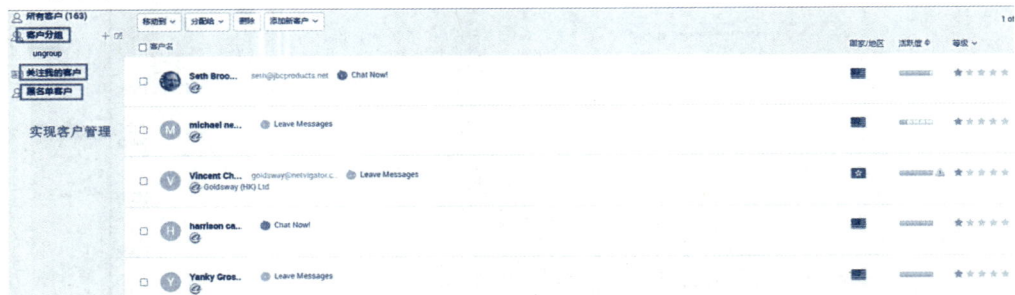

图 4.10　客户分组管理

4. 掌握客户动向

在邮件的右侧可以看到客户的档案，包括基本信息、行为记录、关注行业、活跃程度等，可以通过这些数据来判断客户的真实意向，如图 4.11 所示。

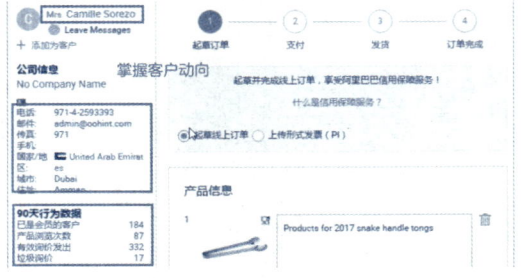

图 4.11　掌握客户动向

5. 询盘分配

主账号可以管理所有询盘，掌握公司的业务进行状态，并且根据业务员的情况，将询盘分配给不同的业务员，如图 4.12 所示。

图 4.12　询盘分配

【理论知识巩固】

1. 【多选题】企业需要具备（　　）条件才能开通外贸邮。
   A. 缴费完成
   B. 具有独立的域名
   C. 成为阿里巴巴国际站的缴年费会员
   D. 成为阿里巴巴会员（如淘宝会员、支付宝会员）
2. 【多选题】外贸邮的功能有（　　）。
   A. 接收客户询盘
   B. 回复客户询盘
   C. 客户分组管理
   D. 掌握客户动向
   E. 询盘分配

任务二　询盘处理

【学习目标】

1. 掌握客户询盘的类型；
2. 掌握不同类型询盘的回复方法；
3. 掌握询盘回复的注意事项。

📖【操作步骤】

【步骤一】掌握询盘的内容→【步骤二】熟悉询盘回复路径→【步骤三】分析询盘的类型→【步骤四】分析与回复询盘内容→【步骤五】跟进询盘

【步骤一】掌握询盘的内容

首先，需要了解询盘的含义与内容。询盘指的是买家主动联系卖家，询问产品的交易条件，一般买家会询问产品的价格、规格、数量、支付条件、包装、发货期、运输方式等内容，索取报价表、目录册、样品等材料。

其次，需要知道如何查看询盘。在做业务的过程中，由于发布的产品不断更新，若买家对我们的产品感兴趣，就会给我们发来询盘，如何查看询盘呢？查看询盘的路径如图4.13所示。

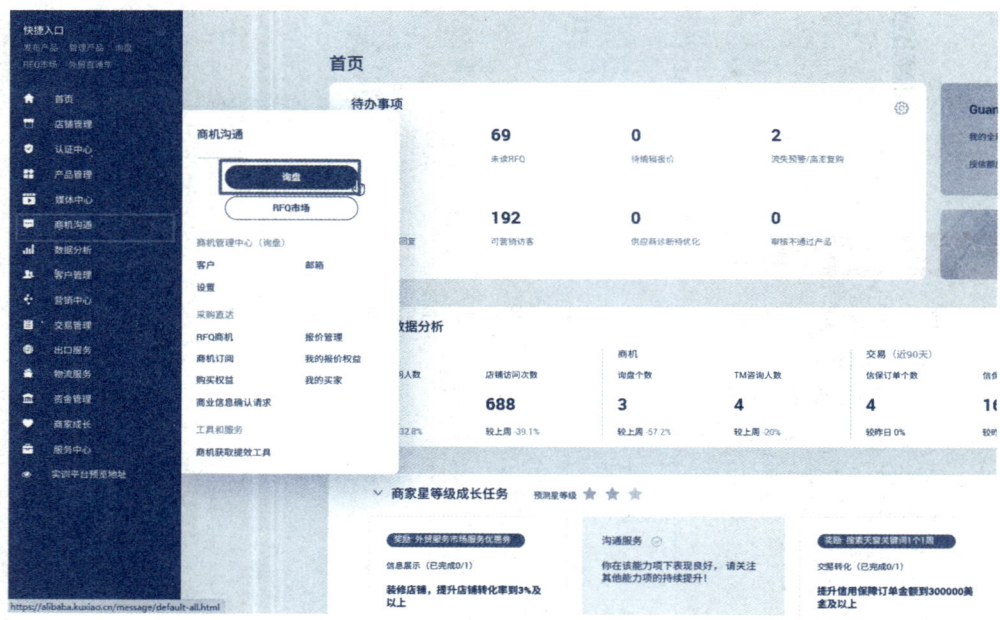

图 4.13　查看询盘的路径

【步骤二】熟悉询盘回复路径

询盘回复路径如图4.14所示。

图 4.14　询盘回复路径

【步骤三】分析询盘的类型

1. 垃圾询盘

案例一：

Hi Brandy,
I hope you get this on time,I make a trip to Spain and my bag stolen with my passport.But now I have to pay for a ticket and settle my hotel bills with the manager.
I have contact with my bank but I will take 3～5 days to access funds in my account.The bad news is my flight will be leaving very soon but I am having problems settle the hotel bills,the manager will not let me leave until settle the bills,I need your help and I promise to make the refund once I get back home.
Pls let me know if I can count on you.You are my last resort and hope.
Because it is the only way I can reach you.

　　从这封询盘邮件中，我们可以发现客户想表达的是他的钱包在酒店被偷了，希望Brandy能借钱给他。我们可以将这种类型的询盘（跟借钱有关的询盘）归为垃圾询盘。

案例二：

Hi Supplier,
We are UEF company in USA.Now we are looking for suppliers in China.
After visiting the attach,there is what we need.It is for a project.Pls quote if you are real manufacturer.

Looking for your reply.
Mike
73 Beader St.NewYork city
Phone:(1)2063377121

　　对于带有附件的询盘，一定要留意，正常的附件打开后是一个PDF文档，而不是跳转到其他的网页。当点击附件跳转到网页的时候，这很有可能是不法分子骗取账号密码的手段。

　　其他的垃圾询盘：
　　① 客户群发的询盘，被阿里巴巴国际站后台检测到，系统将其归为垃圾询盘；

② 客户账号所在国家和发送地所在 IP 不匹配的询盘；
③ 内容中有嫌疑链接的询盘；
④ 诈骗类询盘；
⑤ 不匹配询盘，比如我们销售的是桌子，客户要的却是麻将桌。
对垃圾询盘的处理方式：
① 先回复一句"Thank you"；
② 然后添加到垃圾询价（见图 4.15）。

为什么要先向他们进行回复再将询盘添加到垃圾询价呢？因为系统会检测服务商是否服务周到，会计算服务商的服务质量评分，如果超过 24 小时未回复，会影响服务商的服务质量。

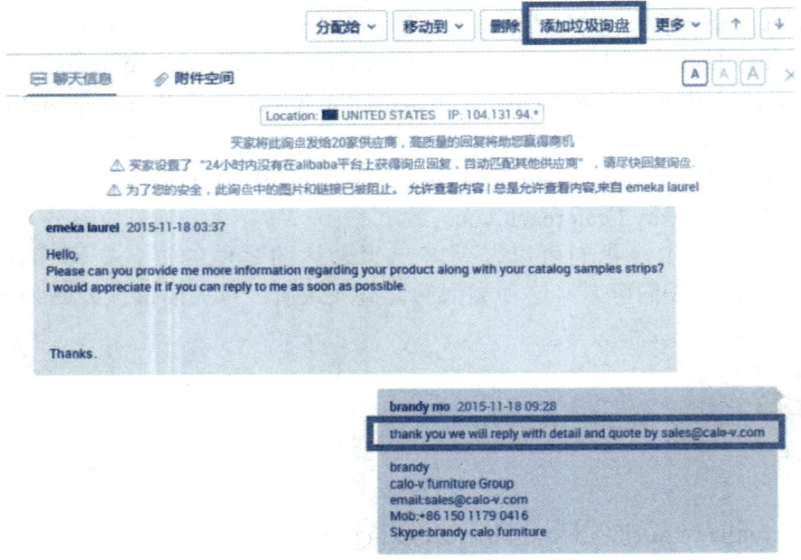

图 4.15 对垃圾询盘的处理方式

2. 系统询盘

案例一：

Hi,
I would like to know the price for Calo alibaba hot sale foshan manufacture modern design storage folding cheap sofa cum bed.
I am interested in buying 1 Set/Sets.
Please provide us with a quotation.
Thank you!

案例一中"for"后面跟的是发布的产品标题,这种结构的询盘都是系统询盘。我们可以假定客户对我们的产品没有太大的兴趣,只能判断客户浏览过我们的产品。

案例二:

Hi,
We are interested in purchasing your products.Could you please provide with your products? Could you please provide with your latest catalogue, minimum quantity order,delivery time and payment terms warranty? Lets hope we can build a business relationship with your firm. Send your reply to our mail:alain.namote@hotmail.com.
Thank you!

Regards,
Alain
(Purchasing Manage)
Email:alain.namote@hotmail.com

这个询盘虽然包括非常多的需求,但是也属于系统询盘,因为客户并没有针对我们的产品提出任何需求,而是进行了非常广泛的提问。这种询盘一般是群发询盘,或者同行套价格的询盘。

【步骤四】分析与回复询盘内容

我们将系统询盘和没有针对产品提出要求的群发询盘统一定义为普通询盘。

普通询盘的回复内容如图4.16所示。

(1)向客户问好;
(2)对公司进行介绍;
(3)回应对方的需求并进行报价,为避免同行套价,有选择性地进行产品报价;
(4)对客户进行提问,引导客户回复。

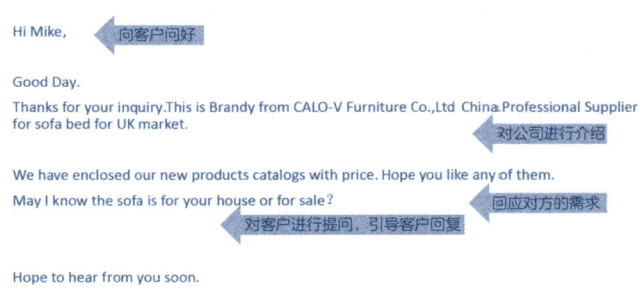

图4.16 普通询盘的回复内容

此外，还可以按照图 4.17 所示的普通询盘回复模板统一回复。

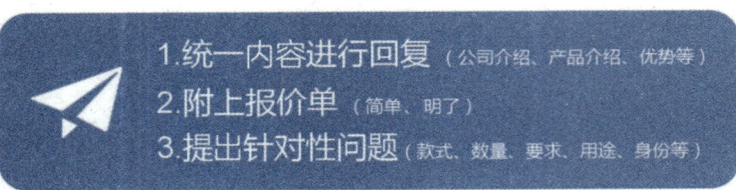

图 4.17　普通询盘回复模板

3. 精准询盘

案例：

Dear Mike,

We are wholesale distribution company located in LA California.I am interested in purchasing your product A25.

Can you please furnish me with additional details such as:

1.What is the MOQ?

2.Can I imprint my Logo?

3.Deliver time to LA?

Thanks.

Ben Jim

E-mail:ben jim@erukee.com

在这个询盘中我们发现客户进行了自我介绍，看准了 A25 这款产品，想进行购买，还对产品提出了额外的需求，比如最小起订量和物流。从客户提出的这些问题中，我们可以发现客户对我们的产品是有兴趣的。还有一个需要注意的地方，客户告诉了我们他的名字，并且是使用公司邮箱发送的这封询盘邮件，因此可以基本确定这个客户是 erukee 公司的职员，可以对这个客户进行转化。这种询盘称为精准询盘。

精准询盘的特征有以下几个。

（1）有明确的感兴趣的产品；

（2）针对感兴趣的产品提出了需求；

（3）客户介绍了自己公司的情况；

（4）使用了公司邮箱。

对于精准询盘，我们应该怎么回复呢？精准询盘的回复解析如图 4.18 所示。

```
Hi Ben,
Thanks for your inquiry.This is Brandy Li from CALO-V Co.,Ltd China.Professional
manufacture for USB disk.HP/DELL/ IBM is our steady partner.All size and style can
be done here.          ← 问好，介绍公司的情况

 Regding your inquiry answer below:
1.MOQ100pcs.
2.Sure.we will sent a sample for you before production.    ← 回答问题
3.Production for 10days and deliver for 15 days by sea.

For the first cooperation we can provide free packaging according to your items.
Hope to hear from you soon.    ← 差异化服务

Guangzhou Liangzhen furniture Co.,Ltd
Contact: Brandy Mo
MOB:0086-150 1179 0416
Website: http://liangzhen.en.alibaba.com
```

图 4.18　精准询盘的回复解析

精准询盘回复模板如图 4.19 所示。

1. 了解客户（姓名、公司名、站外搜索更多信息）
2. 专业回复（解答他提出的问题，回复他关心的问题　体现公司实力）
3. 差异化服务（给出让客户选择你的理由）

图 4.19　精准询盘回复模板

我们有了客户的信息，就可以了解客户所在公司的信息了。

我们可以从哪些方面查找客户的信息呢？（1）客户姓名＋国家；（2）客户邮箱；（3）客户电话；（4）客户姓名＋Facebook；（5）客户邮箱后缀＋国家。通过搜索以上的组合搭配，有可能找到客户的网站，知道客户是做什么的，以及其主营产品是否与我们的产品相关。还有可能找到客户在 Facebook 上的账号，如果客户是做某产品的，那么在 Facebook 上也能找到相关的痕迹。

【知识链接】——询盘分析与回复

一、询盘分析的流程

询盘分析的流程如图 4.20 所示。

二、询盘回复的注意事项

询盘回复的注意事项如下。

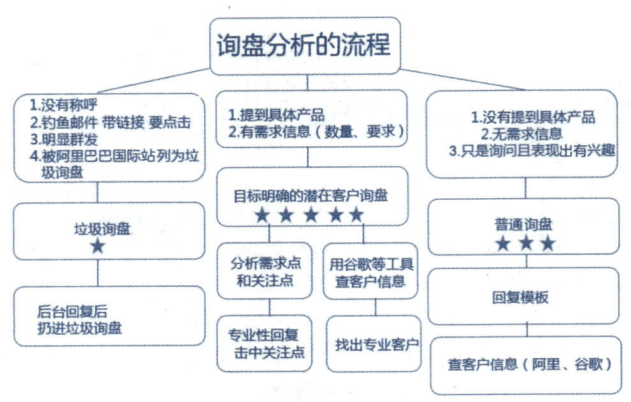

图 4.20　询盘分析的流程

1. 及时性

原则上在 24 小时之内进行回复，否则就会给客户留下怠慢的印象。如果需要一定的时间来计算更精准的价格，可以先告诉客户正在准备报价。

2. 专业性

要准确回复客户的问题，如产品参数、功能、认证等，需要核实的，应准确了解之后再回答。

3. 针对性

根据买家采购数量的不同，进行有针对性的报价，采购量较大的客户比普通采购量的客户在价格上肯定会享受更多优惠。根据客户所属国家的不同进行有针对性的报价，欧美国家的客户注重产品质量，可以多展示合作大客户和产品证书，而亚非拉国家的大部分客户会更注重产品价格，可以挑选价格实惠的产品进行报价，如图 4.21 所示。

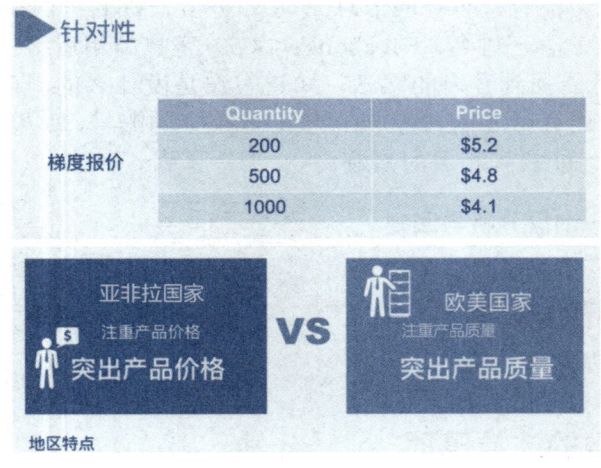

图 4.21　有针对性地回复询盘

【步骤五】跟进询盘

在跟进的过程中要给客户发送有价值的信息，否则我们发送的信息就会被当成骚扰信息。在给客户发送信息时，只有让客户觉得这些信息是有用的（见图4.22），才能激发客户回复，进行下一步的合作。

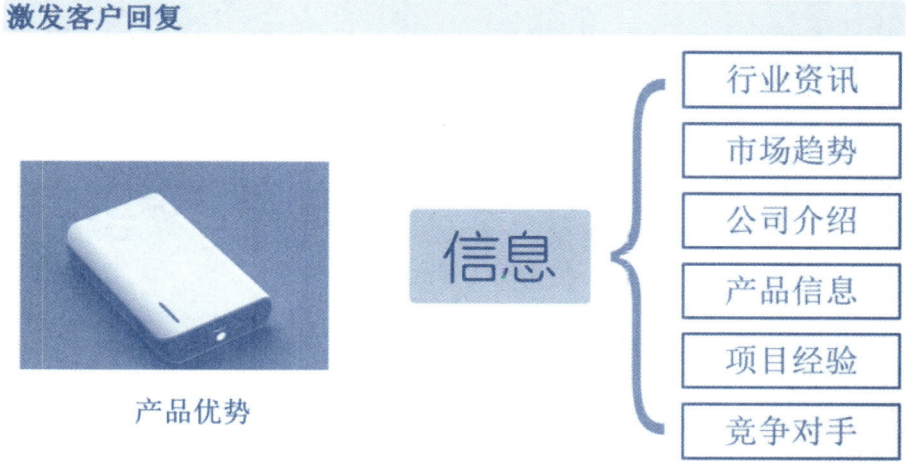

图 4.22　激发客户回复的信息

可以给客户发送以下信息：

行业资讯

- 行业的发展趋势和目前存在的问题
- Google Trends、Keywords搜索展示行业热度
- 行业趋势、行业标准、大事记等行业新闻
- 行业新发布的白皮书和电子书

市场趋势

- 对于某国市场的产品销售分析——热销产品，各种档次的产品对比
- 对于某国市场B2C销售的差评分析，以及改善方案
- 某国市场的竞品销售情况
- 我们的产品与这些竞品的优劣势对比

公司介绍

- 公司简介——工厂认证、产品质量、方案服务、售后条款等
- 公司如何满足客户的需求，为客户提供什么价值
- 目前合作对象——展示某国市场的服务经验
- 目前合作对象——展示我们提供的价值
- 公司未来的发展规划

产品信息

- 产品展示图片——Feature + Benefit
- 产品功能展示视频
- KOL的产品评测
- 终端客户对产品的评价——B2C网站的评价
- 产品详细规格、图片、PPT
- 产品的生产过程、质保手段

我们分析了潜在客户的需求，确认该客户是一个有真实购买意愿的客户，就可以按照合理的节奏与客户联系六次。这种联系客户的方法称为"六次法则"，如图4.23所示。

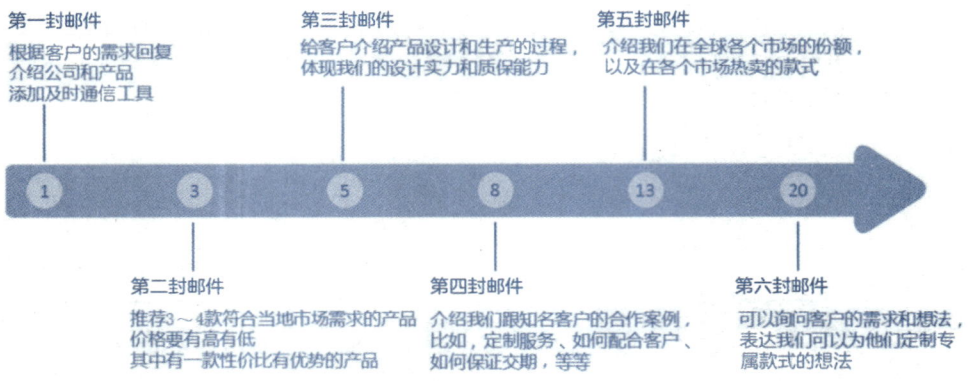

图 4.23 "六次法则"

案例

（1）在给客户回复信息时，最好图文并茂。比如，图 4.24 所示（左侧图片）是给客户提供的新款浴缸的图片，包括型号、价格、尺寸、材质等。

（2）一定要加客户的联系方式，可以通过图 4.24 所示（右侧图片）的社交软件进行添加。如果在这些社交软件中输入客户信息，出现提示可添加，那么说明客户也下载了这个软件，可以加为好友进行沟通。

图 4.24 浴缸图片及常用社交软件

展厅介绍及与合作客户的合影如图 4.25 所示。

图 4.25　展厅介绍及与合作客户的合影

展示实力的工厂车间图片如图 4.26 所示。

图 4.26　展示实力的工厂车间图片

工程案例如图4.27所示。

图 4.27　工程案例

产品促销信息如图4.28所示。

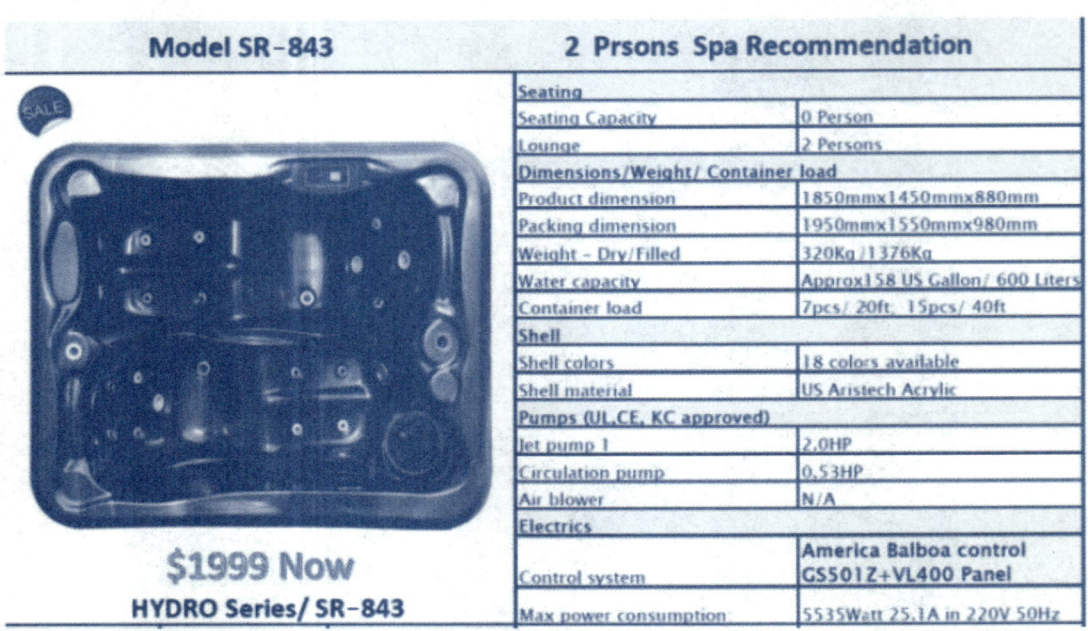

图 4.28　产品促销信息

员工活动图片如图4.29所示。

图4.29　员工活动图片

行业新技术信息如图4.30所示。

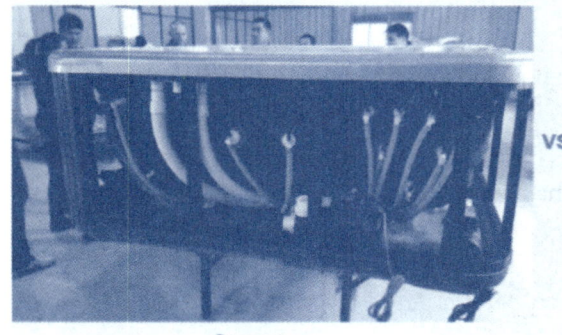

图4.30　行业新技术信息

跟进客户的注意事项如下。
（1）跟进时间：对方上班前1小时。
（2）跟进周期：每周1～2次。
（3）跟进态度：了解客户的需求，帮助客户解决问题。
（4）跟进记录：建立客户跟进管理表（见表4.2）。我们有大量客户需要跟进，每个客户跟进了几次，跟进了什么内容，客户有没有回复，这些信息都要记录下来。如果我们将这些信息填在了客户跟进管理表中，就能很清楚地知道跟进客户的情况。

表 4.2　客户跟进管理表

国家	邮箱	客户名	联系方式	询盘时间	询盘内容	客户背景调查资料	邮件跟进情况
法国	brownbearinc@sbcglobal.net	bearinc		2016.2.3	询B22泳池，问是否带盖子，运费至CALAIS	6年会员 最近搜索建材、家具等	2.3 回邮 2.6 跟进（公司实力） 2.9 跟进（客户反馈） 2.10 回复需3米泳池 2.10 推荐B30
加拿大	PeterLi@gmail.com	Peter Li		2016.2.7	有泳池设备销售经验，想增加spa产品	3年会员 最近搜索spa 有自网站：加拿大市场 网站产品：泳池设备	2.8 回邮 2.10 跟进（推荐spa） 2.13 跟进（公司实力） 2.16 跟进（新技术） 2.19 跟进（北美工程案例） 2.21 回复可否定制 MOQ

任何一个订单对公司来说都来之不易，有时一个订单包括很大的采购数量，那么这个订单一定是公司靠"提供对客户有用的信息 + 真诚的态度 + 坚持服务的精神"获得的。

【实操技能训练】

请根据下面的询盘内容回答问题。

Hi sirs,

My name is mike from R&D Gorp.we are now looking for some Christmas gift.

Pls sent me your D23 with lowest price.

Can I change the colour?

May I know your office?we will visit China next week.

LA R&D Gorp

Contact：Mike Smith

MOB:0046-8895556

1. 这属于一封什么类型的询盘邮件？
2. 在邮件中客户提供了个人相关信息，我们可以用哪些关键词进行客户背景搜索？
3. 假如你是一个玩具工厂的负责人，在收到客户这封邮件后你打算怎么回复？

任务三　客户管理与营销

📖【学习目标】

1. 掌握如何管理客户（分组）；

2. 掌握如何添加客户；
3. 掌握如何设定询盘分配机制；
4. 了解什么是 RFQ；
5. 了解如何获取 RFQ；
6. 掌握 RFQ 报价。

【操作步骤】

【步骤一】将客户进行分组→【步骤二】添加新客户→【步骤三】分配询盘→【步骤四】获取 RFQ →【步骤五】分析 RFQ →【步骤六】RFQ 报价

【步骤一】将客户进行分组

当我们的客户越来越多、邮件也越来越多时，我们可以借助外贸邮对其进行管理。外贸邮的客户管理功能包括以下三种：对客户进行分组管理；添加新客户；分配询盘。

客户分组管理的具体操作如下：进入阿里巴巴国际站的后台→点击"商机沟通"→选择"客户"，如图 4.31 所示。

图 4.31　进入"商机沟通"的"客户"管理功能

接下来，点击"＋"→在出现的对话框里面输入客户组别名称，如图 4.32 所示。

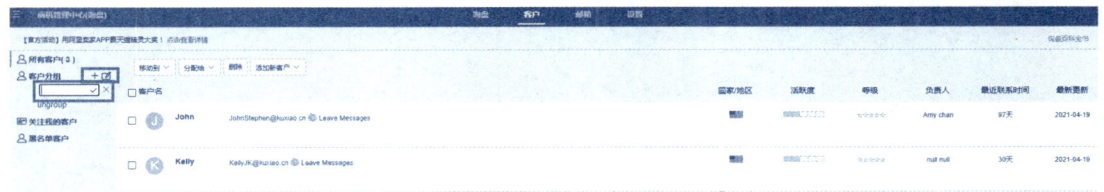

图 4.32　选择"客户分组"功能板块

可以按客户的状态将客户分组，如潜在客户、未回复客户、洽谈中客户、成交客户等。可以将收到了询盘但还未回复的客户列入"未回复客户"；可以将收到了询盘但所需产品与我们的产品不匹配的客户列入"潜在客户"；双方有了接洽，而且客户有下单意向，可以将这样的客户列入"洽谈中客户"；可以将已经交易过的客户列入"成交客户"，如图 4.33 所示。

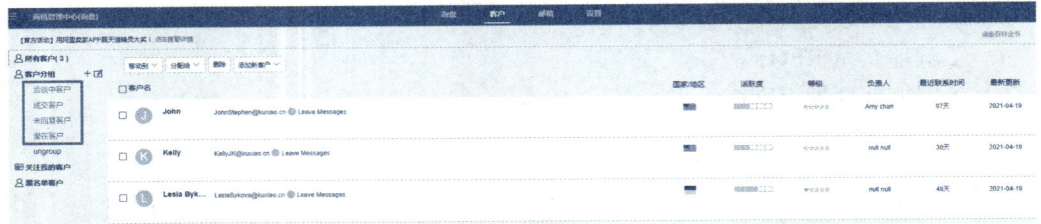

图 4.33　将客户按照其状态分组

【步骤二】添加新客户

外贸邮还具有添加新客户的功能。添加新客户的具体操作如下。

操作一：进入阿里巴巴国际站的后台→点击"商机沟通"→选择"询盘"，如图 4.34 所示。

图 4.34　添加新客户的操作一

操作二：勾选想要添加的客户的询盘→点击"更多"→选择"添加客户"→选择客户的组别，如图 4.35 和图 4.36 所示。

图 4.35　勾选想要添加的客户的询盘→点击"更多"→选择"添加客户"

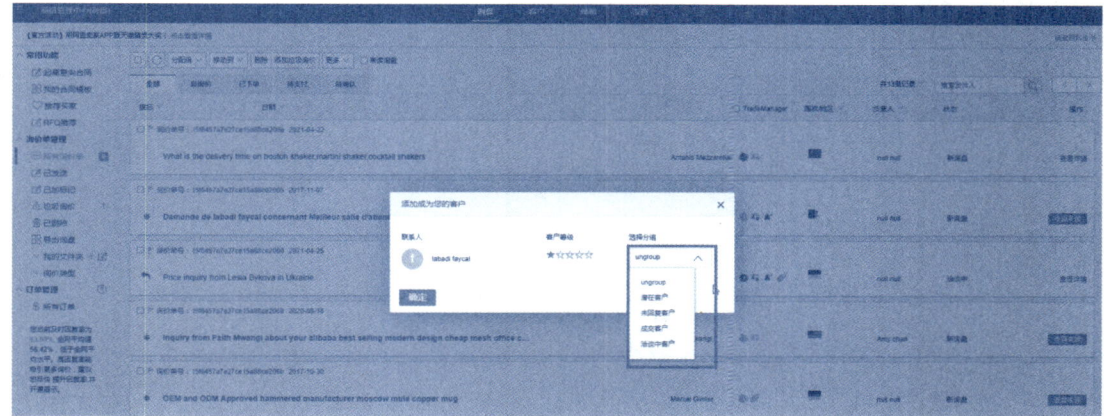

图 4.36 选择客户的组别

【步骤三】分配询盘

分配询盘功能允许主账号和业务经理账号能够根据客户的不同将询盘分配给不同的业务员。

分配询盘的具体操作：进入阿里巴巴国际站的后台→点击"商机沟通"→选择"询盘"→勾选需要分配的询盘→在"分配给"中选择业务员进行分配，如图 4.37 所示。

图 4.37 分配询盘

【步骤四】获取 RFQ

我们除了可以在阿里巴巴国际站上接收和回复询盘这样被动地等待客户上门，还可以主动出击来开发客户。所采取的方法就是获取 RFQ。

获取 RFQ 的具体操作如下：点击"商机沟通"→选择"RFQ 市场"→输入搜索关键词，找到相应的 RFQ，如图 4.38 所示。

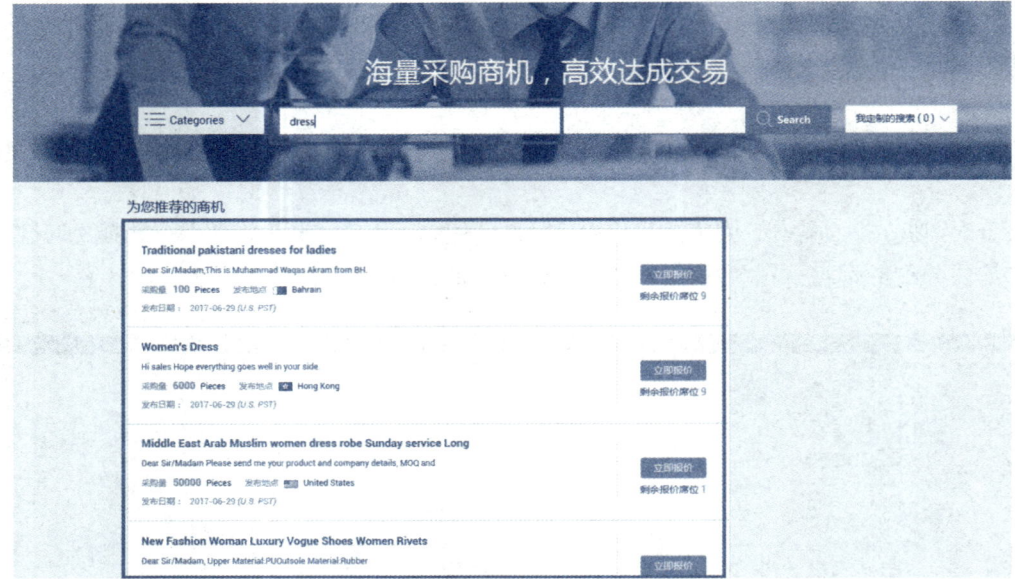

图 4.38 获取 RFQ 的具体操作

📖 【知识链接】——获取 RFQ

一、RFQ 的概念

什么是 RFQ？RFQ 的中文名称是采购直达，英文全称是 Request For Quotation。对客户来讲，采购直达是用来发布采购需求的平台。假如客户想采购一批自行车，不想通过搜索关键词去一个个地寻找供应商，而是希望通过发布采购需求，让更多供应商给他发送报价，那么就可以在采购直达上发布采购需求。在采购直达页面看到客户发布的采购需求后，能够提供产品的供应商就可以进行报价了。对供应商来讲，在采购直达页面可以主动地寻找客户的采购信息，进行有针对性的报价。

二、RFQ 的优势

（1）供应商可以主动出击寻找客户。通过 RFQ，供应商可以直接掌握客户的需求，然后经过分析发送报价，主动开发客户。

（2）客户可以更快捷地找到适合自己的供应商。客户把自己的采购需求展示出来，获得更多供应商的报价，能高效地找到优质的供应商。

（3）方便报价管理和订单管理。RFQ 中有既定的报价表单，为供应商完整地提供报价信息提供了便利；供应商通过其中的订单管理可以清晰地进行交易跟踪和客户管理。

【步骤五】分析 RFQ

因为阿里巴巴国际站的入驻会员每个月只有 20 个通过 RFQ 报价的机会，如果没有提前分析客户的需求，而是一看见采购信息就盲目报价，那么这 20 个报价机会很快就会被用完，所以要对采购信息进行分析，看一看我们的产品是否能达到客户的要求，这样进行精准报价才能让我们获得更多的商机。RFQ 报价关键词搜索页面如图 4.39 所示。

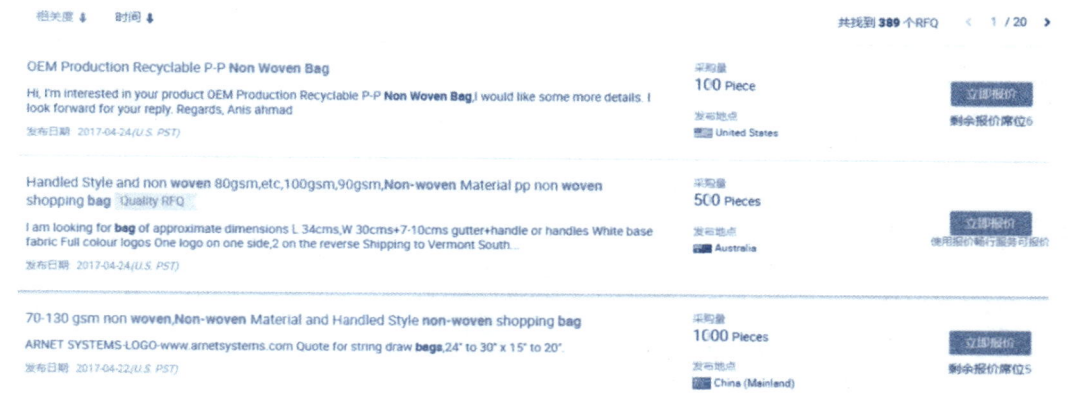

图 4.39　RFQ 报价关键词搜索页面

在采购直达页面，每天会有几百甚至上千条客户发出的采购信息，如何快速判断哪些采购信息的质量更高，值得报价？RFQ 中客户展示的每条信息代表什么意思？如何判断哪些是 RFQ 中有价值的信息？可以从以下三个方面着手。

（1）搜索展示（见图 4.40）。搜索展示是快速判断采购信息质量的第一步，可以看以下几点。①客户样品图。根据客户样品图我们可以判断自己是否可以向客户提供该产品。②标题。根据标题我们可以判断标题中出现的关键词是否与我们的产品匹配。例如，我们的产品是自行车，客户采购标题中出现了 Bike。③附件。要确认客户的采购信息中是否有附件，如果有，一定要下载，附件一般是客户的设计图和具体采购要求。④"Quality RFQ"/"Premier" 标识。查看客户的采购信息中有无该标识，如果有，则说明客户的采购需求达到了一定的采购金额，综合质量好。如果有 "Premier" 标识，则说明客户是通过阿里系统认证的，其发布的采购信息更具备真实性。⑤客户的意向采购数量。对我们来说，客户的意向采购数量越多越好。⑥客户的国别。看客户所属国家是否是我们的主打国家。⑦剩余报价席位。客户发布的采购信息只接受 10 个供应商的报价，当席位为 0 时，我们就不可以进行报价了。

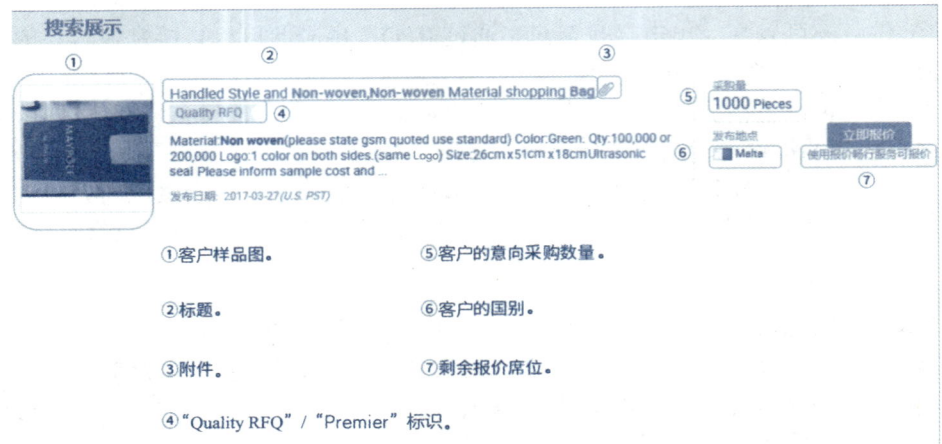

① 客户样品图。
② 标题。
③ 附件。
④ "Quality RFQ" / "Premier" 标识。
⑤ 客户的意向采购数量。
⑥ 客户的国别。
⑦ 剩余报价席位。

图 4.40　搜索展示

（2）详情校对（见图 4.41）。看完首页的展示信息，接下来点击"RFQ 详情"就可以看到更多详细的信息了。这些信息包括：①贸易方式。客户指定的贸易术语和付款方式。②IP 地址。可以在 IP38.com 查询客户 IP 和位置是否一致，避免国内的同行卖家来套取价格。③客户公司名称。如果客户提供了公司名称，可以在网络上搜索一下，看一下是否有更具体的信息，判断客户公司的真实性。④ RFQ 产品细节部分。如果这些信息是客户自己编写的，那么一般包括产品的描述、参数规格及附件等。这些信息越详细，RFQ 的质量就越高。

（3）买家信息（见图 4.42）。RFQ 还记录买家信息，以便供应商了解买家的采购偏好、采购频率等，能够让供应商有的放矢地进行产品推荐和报价。买家信息包括买家的"个人信息"、"采购信息"和"公司信息"，有了这些信息，供应商就可以做到应其所需、投其所好了。

图 4.41　详情校对

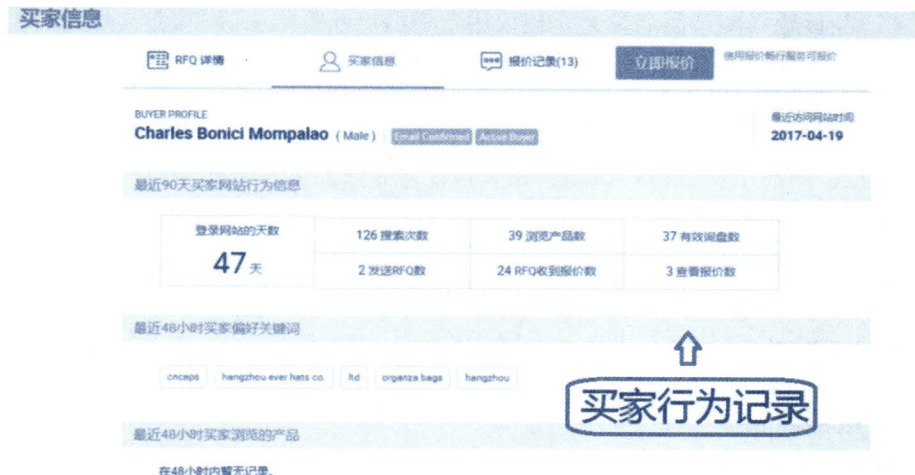

图 4.42　买家信息

【步骤六】**RFQ 报价**

在分析完买家信息后，筛选掉质量不高和我们不能满足的采购信息，对于产品匹配率高、采购需求明确的采购信息，就可以进行报价了。报价这个环节非常重要，它决定了客户是否会给我们进行回复。给客户进行 RFQ 报价需要提供的信息包括产品标题（可以设置营销型产品标题）、产品细节、产品图片、价格详情、报价补充信息等。

RFQ 报价页面。如果发现某款产品是我们可以提供的，并且我们能完全满足客户提出的要求，那么就点击"立即报价"，如图 4.43 所示。

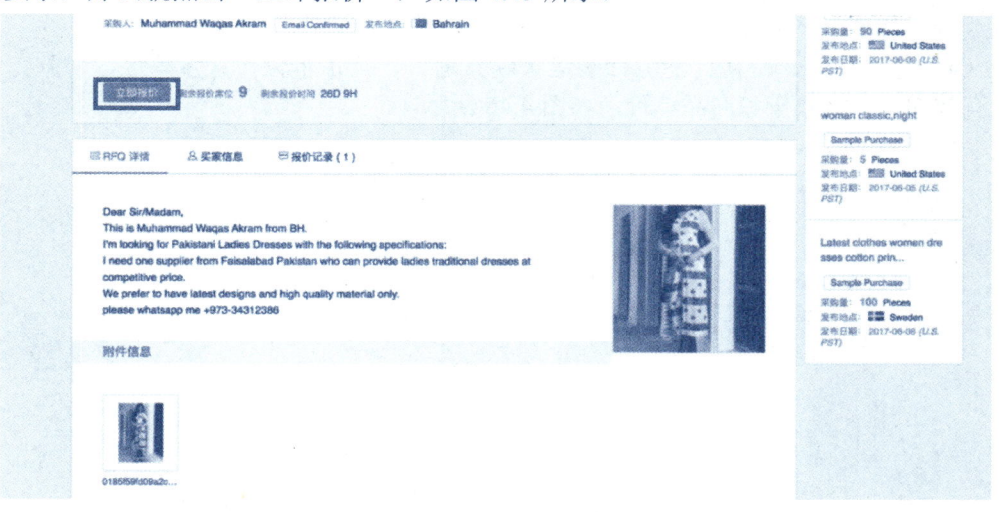

图 4.43　RFQ 报价页面

RFQ 报价的内容主要包括产品标题、产品细节、产品图片、价格详情、报价补充信息（包括提供样品、给买家的信息、附件上传）。

（1）产品标题（即产品名称）。建议用营销型产品标题去吸引客户。

产品标题一般控制在 50 个字符以内，最多不超过 128 字符，如 Women Long Maxi Dress Factory Direct Sales。

（2）产品细节。产品细节的内容要控制在 2000 个字符以内，包括产品参数、产品型号、产品特征、产品用途、出口市场、相关认证等。产品细节示例如图 4.44 所示。

- Age Group:Adults
- Neckline:COLLARLESS
- Dresses Length:Floor-Length
- Style:Casual
- Silhouette:Pencil
- Season:summer
- Sleeve Length(cm):Full
- Decoration:Ruffles
- Supply Type:OEM Service
- Material:Polyester / Cotton
- Fabric Type:polyester/cotton
- Technics:Plain Dyed
- Feature:Anti-Wrinkle, Breathable, Dry Cleaning, Eco-Friendly, Plus Size, Washable

图 4.44　产品细节示例

（3）产品图片。要求提交的产品图片清晰，符合客户的要求。图片尺寸不小于 1000 像素 ×1000 像素。产品图片包括产品的正面、侧面、细节和材质等相关图片。

（4）价格详情。价格详情包括装运条款、港口、货币单位、计量单位、付款方式、报价有效期、订购数量和产品单价，如图 4.45 所示。

图 4.45　价格详情

（5）报价补充信息。报价补充信息包括提供样品、给买家的信息和附件上传，如图 4.46 所示。

① 提供样品。建议将样品费用如何划分、打样时间、寄样时间等信息一并提供给买家。除了规定的内容，还可以在给买家的信息中说明其他未提及的事项。例如，According to our company's rule, sample is freely provided, but freight cost need to be paid by you, but we will return it to you when you place an order with us.

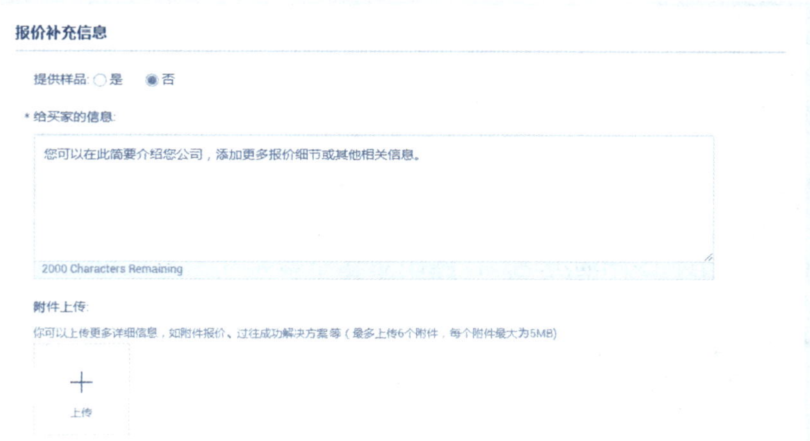

图 4.46　报价补充信息

② 给买家的信息。给买家的信息包括以下内容：针对买家的需求，如面料、尺寸、是否需要定制等，做细节补充；针对 RFQ 中不清楚或者有疑问的信息，与买家进行确认，如付款方式不统一、样品费用划分问题等；针对 RFQ 以外的信息进行提问，如询问买家第一单的货量或者货值是多少。如果价格合适，确认下单时间，同时尽量体现公司优势（如产品供应能力、免费提供设计等）。示例如下。

> Dear XXX,
> This is Jessie from XXX Co., Ltd. Very honored to quote for you. In order to quote accurate price, please inform us the detail specification, such as color, sizes, and so on.
> Our factory offers responsible and clothes solutions to retailers and wholeasalers. We have a range of dress. Our facilities covering 20000 square meters and over 500 employees. More than 10 years' experienced technicians and advanced equipment allow us to ensure superior quality and high efficiency.
> I look forwarder to see your reply!
>
> Jessie
> Marketing Manger

③ 附件上传。在附件中建议向买家提供以下信息：公司相关产品目录；买家关注的信息，如产品证书、重点合作的工厂、生产线能力、参展信、知名品牌合作案例等；公司实力展示，如厂区、流水线、工人工作状态、大型设备、检验仪器、仓库、样品间等。最多不超过 6 个附件，每个附件的大小不超过 5MB。

【实操技能训练】

【实训任务一】 假如你是一名来自达利服装有限公司的外贸业务员，名字为 Jam，需要对买家的采购信息进行报价。根据任务要求，请登录酷校平台完成以下操作。

任务要求

（1）在 RFQ 市场中搜索产品 dress，找到来自 Hong Kong 的买家，并对其发布的女士睡衣采购信息进行报价。

（2）根据买家的要求准确填写产品信息，根据素材包 📎RFQ报价素材包.rar（2.66 MB） 下载（请按照上方提供的网址登录酷校平台进行下载）资料上传产品图片等。

（3）根据要求准确填写价格详情和报价补充信息。

提示

（1）会免费提供样品，但需要买家承担样品寄送运费，样品在 7 元以内寄到。

（2）在给买家的信息中，简单介绍一下公司的情况。介绍要点：公司有 500 名员工，在服装制造领域有超过 15 年的历史，目前有 30 多个系列的服装产品热销全球（备注：需翻译成英文填写在"给买家的信息"中）。

【实训任务二】 在阿里巴巴国际站的运营中，为了适应业务的发展，企业需要对不同的客户进行分组管理。根据任务要求，请登录酷校平台完成以下操作。

任务要求：在商机管理中心的客户管理中，创建一个新的客户分组：加拿大，并将客户 John 添加到该组内。

【实训任务三】 在阿里巴巴国际站的运营中，为了适应业务的发展，企业常常需要对不同的客户进行分配管理。根据题目要求，请登录酷校平台完成以下操作。

任务要求：在商机管理中心的客户管理中，将客户 John 分配给责任人 Amy chan。

【实训任务四】 在阿里巴巴国际站的运营中，为了适应业务的发展，企业需要对不同的客户进行管理，定期维护客户关系。根据任务要求，请登录酷校平台完成以下操作。

任务要求：在商机管理中心的所有询盘页面中，找到来自买家 Lesia Bykova 的询盘，并将此买家添加为客户。

【实训任务五】 在阿里巴巴国际站的运营中，为了适应业务的发展，取得更好的运营效果，企业经常将不同的市场划分给不同的责任人。根据任务要求，请登录酷校平台完成以下操作。

任务要求：在商机管理中心根据设置的询盘分配规则，将北美洲市场分配给业务员 Lucy liu。

任务四　交易履约

📖 【学习目标】
1. 了解信用保障的概念；
2. 了解信用保障的开通方式；
3. 掌握信保订单的操作流程；
4. 了解信保订单的纠纷处理办法。

📖 【操作步骤】

【步骤一】对信保订单的基础认知→【步骤二】熟悉创建信保订单的流程→【步骤三】查询物流费用

【步骤一】对信保订单的基础认知

📖 【知识链接】——信保订单

一、信用保障的基础知识

在淘宝等电商平台购物时，买家支付的款项并非直接到达卖家账户，而是暂存于支付宝等第三方账户。只有买家确认收货后，第三方账户才会将资金转给卖家。若交易出现问题（如卖家不发货），买家可申请退款，第三方账户将冻结资金并介入协调。在阿里巴巴国际站上，信用保障（简称信保）提供的是和支付宝类似的保障服务。信保订单的标志如图4.47所示。

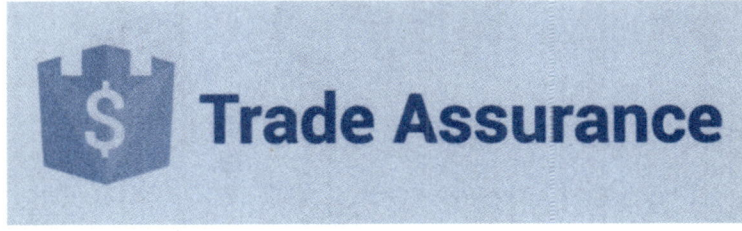

图4.47　信保订单的标志

什么是信保服务？信保服务就是信用保障服务，英文翻译为Trade Assurance。阿里巴巴根据每个供应商在阿里巴巴国际站上的基本信息和贸易交易额等其他信息对其进行综合评定，并给予一定的信用保障额度，用于帮助供应商向买家提供跨境贸易安全保障。简单来说，就是公司在成为阿里巴巴中国供应商后，符合信保基本准入要求，即可享受信用保障服务，会有一定的初始信用保障额度。那么，平台就可以担保公司在这个额度范围内与买家进行安全交易。

贸易现状：买家在下单时，由于对产品有各方面的顾虑，对卖家不信任，导致买卖双方无法达成交易，如图 4.48 所示。

贸易解决方案：一旦出现供应商不诚信的现象（恶意拖欠货物、收钱不发货、货不对版等），买家就可以申请先行赔付。这样大大提升了买家进行交易的信心，增强了买家下订单的欲望，使买家更加放心地在阿里巴巴国际站上进行交易，如图 4.48 所示。

图 4.48　贸易现状及贸易解决方案

对于订单，信用保障在资金、交期、质量三个方面具有优势，如图 4.49 所示。

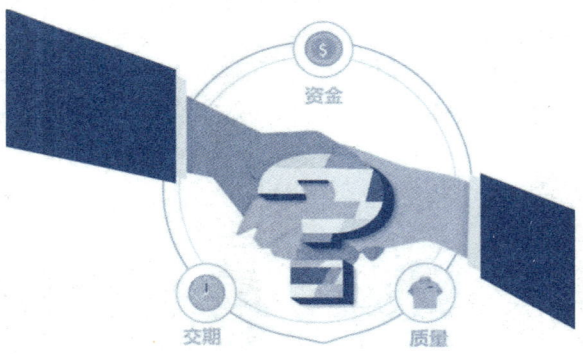

图 4.49　信用保障的优势体现

【步骤二】熟悉创建信保订单的流程

卖家怎样创建信保订单呢？需要经过以下四个环节，如图 4.50 所示。

（1）起草订单。在卖家起草信保订单后，买家才能享受相应的保障服务。

（2）确认订单并支付。卖家在完成起草信保订单后，把订单的链接发送给买家，买家就可以确认订单并进行支付了。

（3）发货。卖家在收到买家支付的货款后，进行发货操作。

（4）收货。买家会在订单保障时间内收到货物，最后对卖家进行评价。

注意：如果卖家没有创建信保订单，买家是无法享受信保订单服务的。如果买家在收货时出了问题，阿里巴巴国际站也是不会进行赔付的，所以卖家在买家下单时要告知买家订单是信保订单，请买家放心。

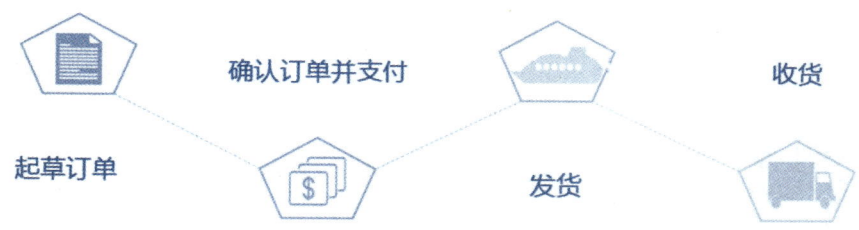

图4.50　创建信保订单的流程

起草信保订单的入口：交易管理→起草信用保障订单，如图4.51所示。

图4.51　起草信保订单的入口

信保订单签订的具体步骤：填写买家信息→填写产品信息→填写运输条款→填写支付条款，如图4.52～图4.54所示。

图4.52　买家信息及产品信息

图 4.53　运输条款

图 4.54　支付条款

【步骤三】查询物流费用

阿里巴巴在线物流服务主要包括海运、快递、空运和陆运，如图4.55所示。

图4.55　阿里巴巴在线物流服务

物流费用查询入口：阿里巴巴国际站后台→物流服务→查询报价并下单，如图4.56所示。

图4.56　物流费用查询入口

查询物流运费的步骤（以快递为例）：选择"快递"→填写"发件地邮编"→填写"货件信息"（包括产品的体积和数量）→填写"目的地"→点击"运价查询"，如图4.57所示。

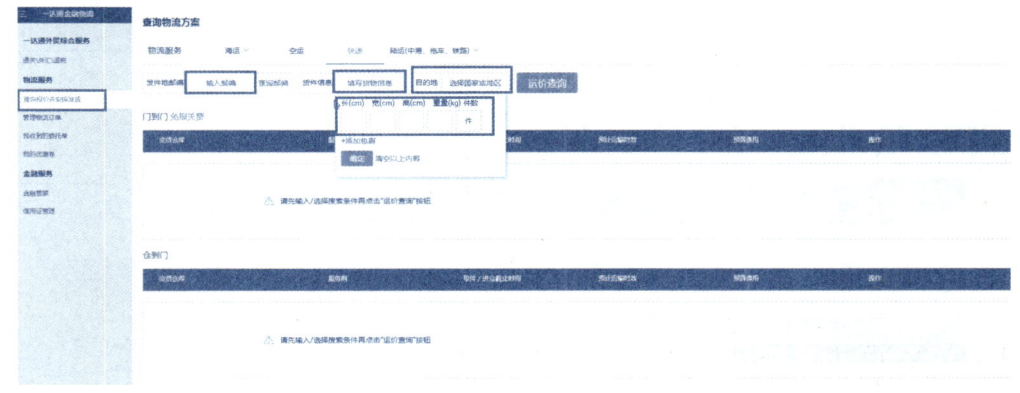

图4.57　查询物流运费的步骤

例如，将要一件重量为 30kg、30cm×20cm×15cm（外包装的长×宽×高）的样品运往澳大利亚，如何查询物流费用？根据以上操作步骤，在阿里巴巴国际站后台输入各种物流信息后查询物流费用的操作如图 4.58 所示。

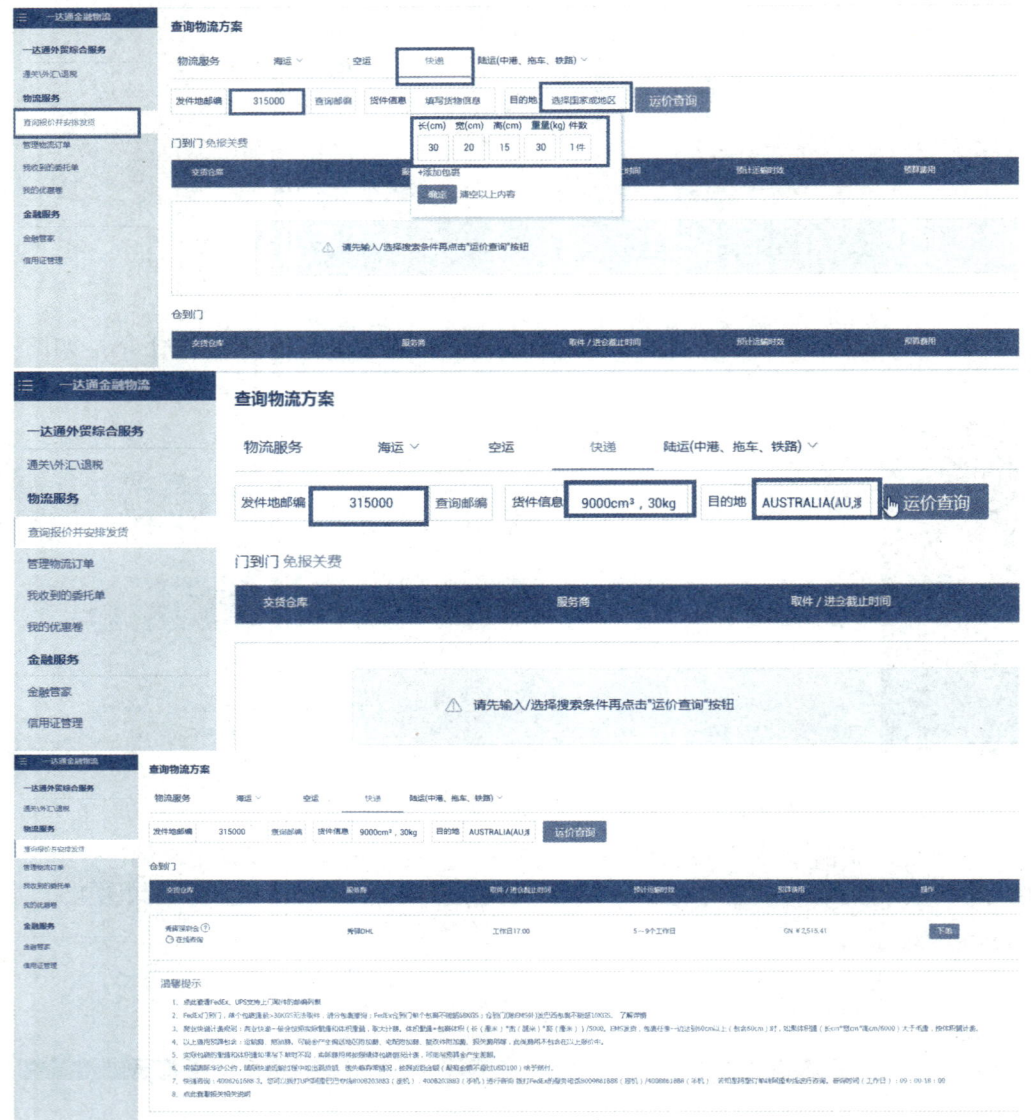

图 4.58 将样品运往澳大利亚的物流费用查询

【实操技能训练】

请登录酷校平台完成以下任务：在阿里巴巴国际站后台找到"信保服务"—起草信保

订单。

客户打算向你司购买 100 双红色高跟鞋，每双的价格是 9 美元，以 CIF 价格成交，预付款为 300 美元。物流方式为海运，物流价格为 300 美元，保险费为 10 美元。要求卖家在对产品进行皮鞋耐磨性质检后再发货，货物需保障到收货后。

根据客户的需求起草信保订单：

（1）选择"起草信保订单"；

（2）使用"在线起草"；

（3）填写买家信息：邮箱及称呼；

（4）填写产品信息：你已发布该产品，请根据客户的需求填写信息；

（5）填写运输条款：根据客户的要求填写；

（6）填写产品要求：根据客户的要求填写；

（7）（买家流程）提交订单并复制链接到浏览器中打开，买家完成付款；

（8）买家已支付，请卖家发货：选择线下发货，并上传海运提单，海运提单号为 11259959；

（9）（买家流程）查看详情，复制链接到浏览器中打开，完成买家收货；

（10）买家已收货，订单完成。

在酷校平台下载海运提单的电子文件。

项目五

跨境新媒体营销

📖【项目学习目标】

【5.1】知识目标

1. 掌握跨境电商常用的社交媒体及其营销推广方式;
2. 了解国外的即时通信软件;
3. 掌握通过各种新媒体渠道开发客户的方法。

【5.2】能力目标

1. 能够利用主流的社交媒体进行引流;
2. 会使用主流的即时通信软件与客户交流;
3. 能够通过各种新媒体渠道开发客户。

【5.3】素养目标

1. 热爱祖国和人民,具有强烈的责任感和敬业精神;
2. 具备与人和谐相处的素质;
3. 具备团队精神和集体荣誉感;
4. 具备坚韧不拔的毅力,弘扬工匠精神;
5. 具备认真、耐心、细致等相关素质;
6. 在与国外客户交往过程中体现文化自信;
7. 展现中国智慧、中国方案、中国力量。

情境导入

宁波诚通国际贸易有限公司要求新入职的三名外贸业务员通过海外社交媒体为跨境 B2B 平台进行引流，开发潜在客户。此外，这三名外贸业务员要学会利用主流的海外社交媒体的付费广告进行营销推广；学会使用海外主流的即时通信软件与客户进行沟通与交流；学会使用海外搜索引擎进行营销推广。

任务一　掌握社交媒体基础知识

【学习目标】

1. 了解什么是社交媒体；
2. 掌握跨境电商常用的社交媒体；
3. 了解企业利用社交媒体进行宣传的必要性。

【操作步骤】

【步骤一】熟悉海外社交媒体的发展情况、受众及基本范式→【步骤二】掌握海外主流社交媒体的付费广告推广模式

【步骤一】熟悉海外社交媒体的发展情况、受众及基本范式

海外社交媒体和搜索引擎是目前跨境电商 B2B 进行海外客户开发与网络营销推广的主要渠道，尤其是海外社交媒体，已经成为企业在做外贸时不得不掌握的一个重要渠道。但并非所有企业的社交媒体营销都能一举成功，如何利用海外社交媒体开发更多的客户成为外贸企业非常关心的事情。下面将针对如何正确利用海外社交媒体进行营销推广与客户开发进行重点介绍。

【知识链接】——海外社交媒体

一、社交媒体的相关定义

1. 社交媒体与社交媒体营销的含义

社交媒体（Social Media），也称为社会化媒体，是指允许人们撰写、分享、评价、讨论、相互沟通的网站和技术。社交媒体是采用移动技术和网页技术而创建的高度互动平台，个体间和社群间都可以通过该平台分享、共创、讨论和修改原创内容。社交媒体允许用户通过在线主页进行信息共享，这已经成为人们在网络社区，以及人际网络中创造、分享、交换信息和意见的重要途径。

社交媒体营销是一种利用社交媒体来进行市场营销、维护公共关系及提供客户服务的方法。企业借助社交媒体，倾听客户的声音，宣传自己的产品，在潜移默化中去影响客户，

这就是社交媒体营销。社交媒体营销是内容营销的一种延伸——将相关信息分享给"合适的"人群。因此,社交媒体营销=受众×内容×渠道。

2. 社交媒体的作用

基于移动互联网的社交媒体成为最贴近人们生活的信息传播平台。随着移动支付功能的普及,社交媒体不仅直接影响消费者的购买决策,还引导并促成消费者在这些平台上的直接购买。社交媒体用户在作为接收端的同时,还是内容的制造者、分享者与传播者。消费者会发布海量的原创评论与信息,在多向互动中理解品牌价值,因此基于社交媒体的品牌传播更是关系链的传播。

社交媒体是帮助用户在虚拟的网络空间中发布与获取信息、建立人际联系和虚拟社区的重要工具。随着信息技术、通信技术的不断发展,以及移动智能终端的不断普及,社交媒体的影响力日益扩大,并逐渐成长为用户创造内容、维护关系、分享与搜寻信息的主要平台。

3. 主流海外社交媒体的出现及发展

主流海外社交媒体包括 Twitter、Facebook、YouTube、Linkedin、Instagram 等。国外客户常用的社交媒体如图 5.1 所示。

图 5.1 国外客户常用的社交媒体

图 5.2 Twitter 的 Logo

(1) Twitter。

Twitter 是微博的始祖,是一个自媒体,在文字数量上是有限制的,一般限制在 140 个以内。当然,用户也可以在上面发布图片或者其他信息的链接。Twitter 的 Logo 如图 5.2 所示。

(2) YouTube。

YouTube 是 Google 旗下的子公司,是全球最大的视频网站。文字、图片、视频是互联网影响商业发展的三大因素,其中视频是具有最高的信誉度与最大的影响力的因素。YouTube 的 Logo 如图 5.3 所示。

(3) Facebook。

Facebook 是当今全球最大的社交网络服务平台,在 2004 年上线之初主要为了满足人们日常生活的娱乐休闲需求,至今已发展成为一个任何用户间可进行对话、展现自我、表达自我个性化需求的门户网站。Facebook 的 Logo 如图 5.4 所示。

（4）Linkedin。

Linkedin 是一个商务型网站，是招聘型的在线猎头。Linkedin 上面的资料信息都比较完整。用户在 Linkedin 上可以找工作，也可以找客户。Linkedin 对外贸企业开发客户特别有帮助。Linkedin 的 Logo 如图 5.5 所示。

（5）Instagram。

Instagram 是一款运行在移动智能终端上的社交应用平台，它以一种快速、美妙和有趣的方式将用户随时抓拍下的图片在平台上进行分享。Instagram 的 Logo 如图 5.6 所示。

图 5.3　YouTube 的 Logo

图 5.4　Facebook 的 Logo　　　图 5.5　Linkedin 的 Logo　　　图 5.6　Instagram 的 Logo

国内外主流社交媒体出现的时间如表 5.1 所示。

表 5.1　国内外主流社交媒体出现的时间

年份	主流社交媒体
1997年	Six Degress.com
1999年	Live Journal, BlackPlanet, Asian Avenue
2000年	Lunar Storm, Mi Gente
2001年	Cyworld, Ryze
2002年	Fotolog, Friendster, Skyblog
2003年	LinkedIn, Tribe.net, Open BC / Xing, Couchsurfing, My Space, Last.FM, Hi5
2004年	Orkut, Dogster, Multiply, a SmallWorld, Catster, Hyves, Dodgeball, Care2, Flickr, Piczo, Mixi, Facebook
2005年	YouTube, Xanga, Bebo, Facebook, Ning, Cyworld, Yahoo! 360, Asian Avenue, BlackPlanet（Relaunch）
2006年	QQ, Windows Live Space, Twitter, Facebook（Everyone），Cyworld, Wy Church
2009年	人人网、新浪微博（中国）
2011年	微信、陌陌（中国）
2012年	Line

未来社交媒体的发展趋势主要为：（1）具有社会意识的受众对社会议题的关注度显著提升；（2）网络虚假信息兴起；（3）社交媒体巨头适应新常态；（4）社交游戏大有发展潜力。

二、企业利用社交媒体进行宣传的必要性

1. 社交媒体可以提高客户对企业的信任度

因为在社交媒体上注册的公司用户的信息是比较透明公开，而且具有一定的影响力的，

所以，如果某公司在海外社交媒体上有账号，那么潜在客户就会通过这些社交媒体搜索该公司的信息，进行初步了解，从而与之建立起信任的关系。

2. 社交媒体可以提高企业的知名度和曝光度

社交媒体将使企业受到新的关注。只需要点击一下，就可以将企业的信息展示给众多人。社交媒体可以帮助企业找到已经在谈论自己主营业务的客户，还可以利用这些信息来吸引更多的客户。

3. 社交媒体可以帮助企业更好地做线上公关

在跨境电商平台上购买了产品的客户如果有什么需要交流的问题，就可能会利用社交媒体与企业的客服人员进行交流，或者在某社交平台上与他人进行交流，影响的范围较广。因此，企业可以利用社交媒体的影响力进行正面的公关宣传，这能收到事半功倍的效果。

外贸企业如何利用多种社交媒体进行宣传呢？

外贸企业可以在 Facebook 上讲自己的品牌故事，上传产品图片，同时把拍摄的视频上传到 YouTube，并持续更新，将现场拍摄的展会视频与图片上传到 YouTube、Facebook、Twitter、Google Plus 或者 Linkedin 等平台上。现在是互联网社交时代，社交媒体的属性就是社交、互动，这样能加深客户对企业的了解，建立起客户对企业的信任，企业也会有更多的商机。

三、主流海外社交媒体的分类

1. 社交网络类

具有代表性的社交网络类社交媒体包括：（1）Facebook，每月活跃用户为 23.8 亿人；（2）Twitter，每日活跃用户为 1.26 亿人；（3）Linkedin，用户超过 5 亿人。

2. 图片与视频分享类

具有代表性的图片分享类社交媒体包括：（1）Instagram，每日活跃用户超过 5 亿人；（2）Pinterest，每日有 2.5 亿个活跃用户。

具有代表性的视频分享类社交媒体包括：（1）YouTube，每月活跃用户超过 19 亿人；（2）Vimeo，每月有 2.4 亿个活跃用户；（3）TikTok，每月有 12 亿+个活跃用户。

3. 其他类

其他类社交媒体如图 5.7 所示。

图 5.7 其他类社交媒体

四、主流海外社交媒体在跨境电商领域的应用及价值分析

1. Facebook

Facebook 与 Google 并称在线广告业主流的两家数字媒体公司。任何出海面向消费者营销的企业都会在其营销传播策略中加上 Facebook。在 Facebook 上企业可以进行付费内容推广和广告展示，扩大传播范围。

营销关键词：
（1）在官方品牌主页发布营销内容。
（2）与消费者互动。
（3）社会化聆听与洞察。

2. Linkedin

Linkedin 是早期的社交平台之一，目前已经成为主流商务沟通平台，也是专业型社交网络平台，其使用人数仍在持续增长中。与其他社交媒体相比，Linkedin 是非常独特的，平台中三分之一的会员担任高级管理职位，大多数财富 500 强企业的员工在使用这个平台。

营销关键词：
（1）在官方主页发布内容。
（2）获得"品牌提及"。
（3）B2B 营销。
（4）本土化广告。

3. Twitter

Twitter 作为沟通渠道，具有无可替代的重要性。企业可使用这个平台与客户沟通，以巩固 Twitter 在主流社交媒体中的地位。

营销关键词：
（1）通过官方账号发布内容。
（2）监测品牌提及率。
（3）挖掘推文价值。

4. Instagram

2012 年，Facebook 收购了广受欢迎的图片分享平台 Instagram，并取得巨大成功。到目前为止，Facebook 仍将 Instagram 作为一个独立的社交平台进行运营。在 Instagram 上，用户可以发布包含照片和短视频的帖子，并附有标题。

营销关键词：
（1）通过官方品牌账号分享图片，发布营销内容。
（2）用图像分析在 UGC 中识别品牌。
（3）原生广告。
（4）付费推广。

5. YouTube

YouTube 是海外视频内容产出的重要渠道，是以视频内容为营销核心的网络影响者（通俗来说就是 YouTuber）的首选平台，企业也越来越多地选择这一平台发布视频内容。

营销关键词：

（1）通过官方频道进行视频内容营销。

（2）通过视频评论与用户互动。

（3）视频广告内容。

（4）付费推广。

五、海外社交媒体营销的基本范式

（一）海外社交媒体的受众

1. 海外社交媒体的用户画像

（1）用户画像的定义。开展任何社交媒体营销活动的第一阶段都是确定目标用户，如果不知道目标用户是谁，我们就无法从任何渠道找到用户，"营销"就更无从谈起了。用户画像在这里是指对社交媒体目标用户真实特征的勾勒，是真实用户的综合原型，是对产品使用者的目标、行为、观点等进行研究，并将这些要素抽象综合为一组对典型产品使用者的描述。以 Linkedin 为例，其用户画像示例如图 5.8 所示。

图 5.8 Linkedin 用户画像示例

（2）创建用户画像的目的。创建用户画像可以帮助企业创造内容，确立期望；可以帮助企业理解客户的需求；促进企业对客户进行理解，从而进行更好的决策。

（3）主流海外社交媒体的用户画像。各主流海外社交媒体的用户画像如表 5.2 所示。

表 5.2　各主流海外社交媒体的用户画像

主流海外社交媒体	主要用户年龄段	特点
Facebook	25~49岁	全年龄段群体
Twitter	18~29岁	以"Z世代"为主要用户群体
Instagram	18~34岁	35岁以下的年轻人，图片偏好
LinkedIn	30~64岁	职场、决策群体
YouTube	全年龄段	全年龄段群体、视频偏好
Snapchat	20岁以下	年轻人

2. 精准客户定位

精准客户定位是实施社交媒体营销的基础。一些社交媒体会鼓励会员填写真实的个人资料，这些真实的个人资料是进行精准客户定位的基础。此外，在很多社交媒体平台上，用户会分享购物信息，并发布动态。企业根据这些可以判断客户的兴趣、技能等，从而实现对客户的进一步细分。例如，Linkedin 定位客户的维度包括工作经验、公司信息、教育背景、兴趣与特质、人口统计特征，如图 5.9 和图 5.10 所示。

图 5.9　Linkedin 定位客户

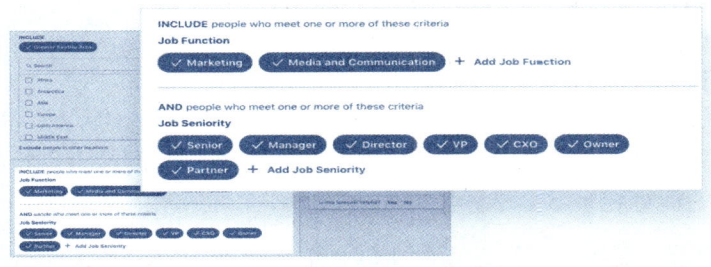

图 5.10　客户定位示例

3. 基于海外社交媒体的客户关系管理

（1）利用海外社交媒体管理客户关系的优势。

客户关系管理（CRM）是指企业以关系或客户为中心，与客户进行一对一的对话，从企业对客户最有价值的点开始，与客户建立终身关系。客户关系的价值不仅仅体现在营销上，还体现在通过提供让客户满意的服务来延长客户的生命周期上，最终实现企业与客户的"双赢"。利用海外社交媒体进行客户关系管理的优势主要表现在以下四个方面。①沟通的便捷。海外社交媒体为企业和客户提供了快速、便捷且直接的沟通方式。②客户的主动选择。基于客户的意愿所建立的关系更加稳固、牢靠，客户也愿意接收来自企业的信息。③管理的人性化与互动性。互动的易实现性也是海外社交媒体突出企业形象、引领大众消费的一种优势。④信息的开放、透明。海外社交媒体给予了客户发声的渠道。

(2) 通过海外社交媒体进行客户关系管理。

建议采用以下方式来通过海外社交媒体进行客户关系管理：①以"产品为导向"，利用价格因素增加客户的经济利益，把单一的产品尽可能地推送给更多的客户；②企业的官方微博等应尽量使用人性化、互动式的语言去与客户交流，有趣的配图或者逗人开心的段子和事件更能增强沟通的效果；③妥善应对客户的疑虑，海外社交媒体的应用给危机公关带来了挑战和机遇。海外社交媒体的信息分享迅捷、信息呈裂变式传播，能为企业与客户进行良好沟通创造可能。④展示企业履行社会责任的良好形象，不仅要宣传企业文化、企业产品、企业活动，还要展示企业在社会各个领域的所作所为，及其在履行社会责任方面所做的努力。

(二) 海外社交媒体的营销内容

1. 海外社交媒体营销内容的类型

(1) 文字信息。展示正面情绪的文字信息。具有积极性、高情感价值的文字信息，能很好地提升用户的活跃性和参与性。

(2) 有主题的图片。Facebook 上带图帖的阅读量和评论数比无图帖的阅读量和评论数平均高出 53% 和 104%，Twitter 包含图像的帖子的点击率比一般帖子的高出 18%。

(3) 视频。视频分为转发视频和原创视频。原创视频当然是最好的，但大多数企业无法保证高频地制作和发布原创视频。不过企业可以转发与企业形象和产品相关的热点视频。

(4) 播客内容。播客内容以音频为主，视频其次。品牌播客的音频节目越来越受到大公司的青睐，此类播客主要起到品牌建设作用。播客内容主要以娱乐内容为主，但会在开头和结尾处插播一些产品的促销信息。

(5) 转载的新闻。转载与产品类目相关或与社会热点相关的新闻。例如，数码类产品可以转载新技术突破或业界龙头发布新产品的新闻；时尚类产品可以转载明星动态或者流行趋势等新闻。注意要转载权威媒体的相关新闻，不要转载来源不明、未经核实的自媒体信息。

(6) 信息图表。信息图表用简单、明了的方式为客户提供信息。例如，将产品的性能参数与其他产品的进行比较的结果；公司产品的销量数据等。直观的数据更容易吸引客户的注意力，并使其对产品产生信任感。

(7) 产品评测结果。产品评测结果是发布新产品的操作指南，如数码类产品的相关使用说明、时尚类产品的穿搭造型设计等。可以采用图文并茂或者拍摄视频的方式，把产品的细节和功能展示在客户面前，引起互动讨论。

(8) 用户互动。用户互动包括抽奖、调研或鼓励用户发布 UGC 内容。UGC 是"User

Generated Content（用户原创内容）"的缩写。用户可以将自己的原创内容通过互联网平台进行展示或者提供给其他用户。例如，鼓励用户对产品进行拍摄并发布视频，之后对结果进行投票评选；或根据主题创作短视频等。

2. 海外社交媒体营销内容的创作原则

（1）围绕关键词创作。海外社交媒体营销的目的是进行传播，为了使内容被搜索引擎轻松搜索到，并将有价值的信息传达给用户，最好的办法是先确认搜索引擎中出现最多的关键词是什么，再围绕这个关键词去创作内容。

（2）主题明确。在每次创作内容之前，我们都需要了解产品解决了用户怎样的痛点，根据痛点来确定每一篇运营内容的主题。

（3）创作真实的内容。从一开始就在各个网站上发布已经被验证过的、真实的内容，杜绝随意转发未经证实的内容。只有这样做，用户才会尊重这个品牌与相关的社交媒体平台。

（4）发布的内容要保持一致性。保持所发布内容的一致性可以营造一个让用户喜欢并产生期待的阅读环境。用同一账号在不同社交媒体平台发布的所有内容最好保持一致的语气、形式，以及发送时间，因为内容的一致性可以让用户对每次的文章都保持合理的期待。

3. 海外主流社交媒体的内容类型

（1）Instagram。

Instagram 是最受欢迎的海外社交媒体平台之一。此外，Instagram 还是三分之二的营销者的首选渠道。运营内容：①教学视频、数码产品信息及 DIY 小贴士等内容在 Instagram 上大受欢迎。② Instagram 是一个视觉平台，因此，质量高、精美的图片容易引起用户的注意。IGTV 和现场视频可用于主持采访和问答。备忘录、GIF 图和其他幽默帖子在 Instagram 上也有专门的受众群体。

（2）YouTube。

YouTube 是世界上最大的视频搜索引擎和视频共享平台。视频是最吸引用户的内容形式，视频的类型多种多样。YouTube 是共享视频内容的最佳平台。运营内容：①任何形式的中、长视频都可以在 YouTube 上发布。②教程、拆箱、产品评审等类型的视频。③产品或品牌宣传片。

（3）Facebook。

按用户数量来说，Facebook 是全球最大的社交媒体平台。Facebook 商业功能的发布，使它从一个社交网络平台变成了一个成熟的营销平台。任何具有网络影响力的企业都可以在 Facebook 上创建一个官方主页。运营内容：①带有短视频的帖子。②带有图片的帖子，其比只使用文字的帖子能够产生更好的效果。③使用表情包来突出内容的文章。④直播视频。

（4）Twitter。

Twitter 的特点在于频繁地推送内容。它是非常动态的，如果要将其用于营销，则需要提升发布频率。许多品牌的创始者都利用 Twitter 来获得大量受众，并亲自进行营销。运营内容：①简短、频繁更新的动态或品牌发生的任何事宜。②幽默的消息、表情包、笑话等。③有用的行业资讯。④与粉丝互动的内容。⑤转发的其他平台上的内容。

（5）Linkedin。

Linkedin 是一个针对职场人士的社交媒体平台，同时也是 B2B 营销的优秀平台。Linkedin 在 B2B 营销方面更具有优势。这是一个让业界专家分享他们对当前话题的意见的平台。对 B2B 企业而言，Linkedin 是一个重要的开发客户和招聘人才的平台。

【步骤二】掌握海外主流社交媒体的付费广告推广模式

Facebook

在 Facebook 上，公共主页是商家、品牌、个人、公益组织触达受众的一种免费方式。Facebook 的个人主页可以设为私密，而公共主页却是公开的。Google 可能会收录公共主页，以便用户能够轻松地找到。创建公共主页的作用主要有三点：首先，讲述品牌故事；其次，和客户建立持久的关系；最后，将互动用户转化为实际交易的客户。

【Step1】在 Facebook 上创建公共主页

在 Facebook 上创建公共主页大致可以分为五个步骤，具体如下。

（1）打开 Facebook 的主页（www.facebook.com），点击"新建账户"进行注册，如图 5.11 所示。

图 5.11　Facebook 的主页

（2）根据页面提示填写相关资料，如图 5.12 所示。

图 5.12　Facebook 的账户注册页面

(3)在填写完资料后,邮箱会收到验证码,填写验证码即可完成注册,如图5.13所示。

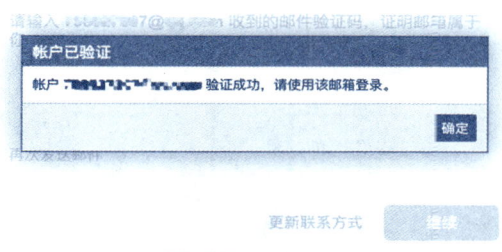

图 5.13　Facebook 的账户验证页面

(4)在注册账户成功后需要在个人主页上完善个人资料等基本信息,如图5.14所示。

图 5.14　Facebook 新账户的个人资料完善

(5)在注册账户之后,点击页面右上角的"+",选择"公共主页",根据页面提示填写公司信息,完成公共主页创建,如图5.15所示。

图 5.15　Facebook 新账户的公共主页创建

【Step2】公司信息发布

可以在公共主页上发布公司信息，让用户了解公司的基本概况；也可以发布帖子，让用户知晓公司的最新动态；还可以设置店铺，进行产品销售，如图5.16所示。

图 5.16　Facebook 账户的公共主页

在虚拟的网络世界中，"山寨货"层出不穷，为了让用户能够更好地辨别公司的"真身"，我们可以通过 Facebook 的验证功能打消用户的顾虑，让公司发布的信息具有真实性、权威性。

公司须使用 Facebook 的商务管理平台（网址为 Business.facebook.com）进行验证，验证后该公司的 Facebook 公共主页和个人主页上的账户名称旁会出现一个蓝色徽章（见图5.17），这意味着 Facebook 平台确认此账户是真实账户。验证功能除了让公司的公共主页具有权威性，还让公司获得 Facebook 的特定功能，如公共主页信息公示、WhatsApp Business、广告账户特定的功能等。

图 5.17　公司公共主页上的蓝色徽章

【Step3】产品发布

1. Facebook 店铺设置

（1）进入店铺设置入口：需要先进入创建好的公共主页，再点击左侧栏中的"管理店铺"，进入设置店铺页面，如图 5.18 所示。

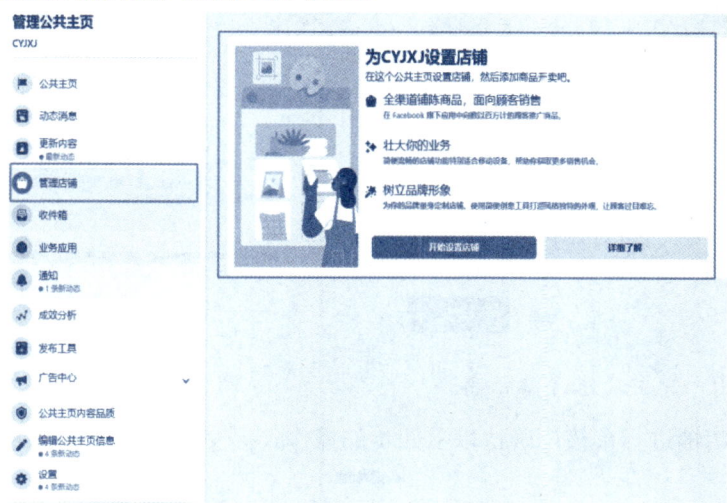

图 5.18　Facebook 店铺设置入口

（2）选择结账方式：在设置店铺页面，需要为客户选择一种支付方式。可以让他们直接在 Facebook 上下单，也可以跳转到商家的网站上下单，如图 5.19 所示。

图 5.19　选择结账方式

（3）提供商家详细信息：无论选择哪种结账方式，客户都会进入显示商家详细信息的页面，系统要求输入商家名称及邮箱，如图 5.20 所示。

（4）创建目录：在店铺中添加产品，如图 5.21 所示。

图 5.20　提供商家详细信息 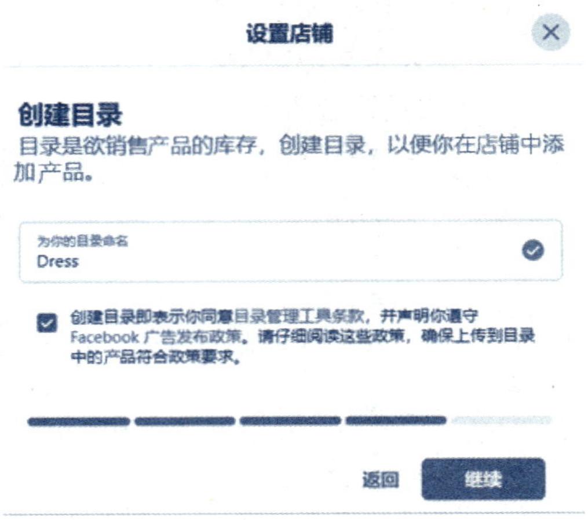　　　　图 5.21　创建目录

（5）提交店铺进行审核：确认以上四步的操作，提交店铺进行审核，如图 5.22 所示。

图 5.22　提交店铺进行审核

2. 产品信息发布流程

（1）将主页地区设置为美国，每次最多只会展示产品系列中的 1000 款产品，以及精

选系列中的 10 款产品。在设置店铺后,点击"添加产品"即可进入添加产品页面,如图 5.23 所示。

图 5.23　店铺添加产品

（2）在添加产品页面,先至少添加一张产品图片,再根据企业的需求选择是否添加视频,并需要填写产品名、价格、产品描述等信息,最后点击"Add Product"发布产品信息,如图 5.24 所示。

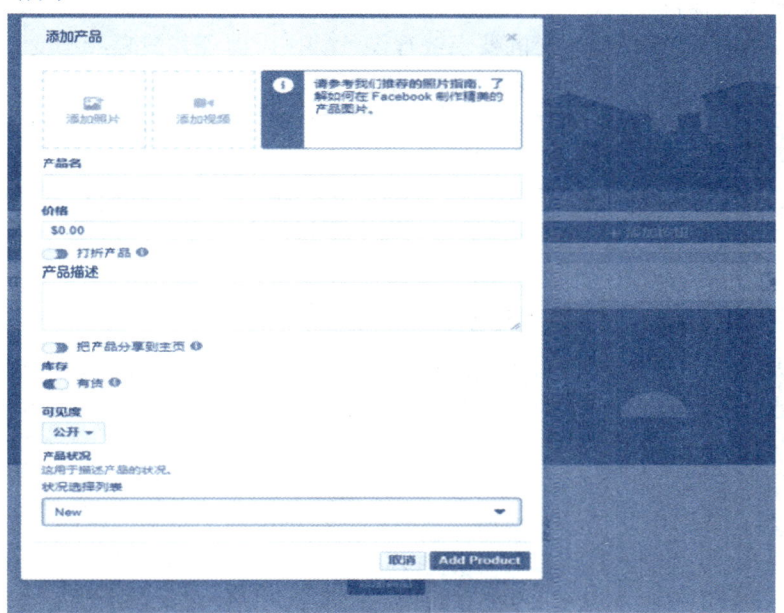

图 5.24　发布产品信息

【小贴士】产品信息发布要求

对于产品信息的发布，Facebook 有严格的规定，如果企业出现违规现象，则有账户被封的风险。

（1）图片要求：①图片大小不小于 1024 像素×1024 像素；②图片的宽高比为 1∶1；③图片必须是产品本身的实拍图；④图片必须与产品的描述一致；⑤图片上不能出现文字、优惠码、时效性信息、水印等；⑥图片上不能出现违反道德、法律的内容（如暴力、色情等）。

（2）标题要求：①最多能输入 150 个字符；②使用文明用语；③使用阿拉伯数字；④确保拼写与语法正确无误。

（3）产品描述要求：①描述时使用纯文本；②描述内容为 30～5000 个字符；③注意拼写、标点和语法的正确性；④在描述时提供与产品有关的信息，突出产品的特点；⑤不能出现链接、富文本；⑥不要使用过多的标点符号；⑦不能出现配送信息或公司信息、手机号和邮箱。

【知识链接】——Facebook 营销推广

一、Facebook 营销内容制作要点

（1）插入链接。在帖子中插入公司的官方网址、店铺等，便于用户更深入地了解企业、参与帖子中的活动，并把用户引导到我们希望用户关注的网页上。

（2）标题制作。一个好的标题能够快速吸引用户的眼球，让用户查看企业的内容。因此，制作一个好的标题至关重要。建议标题不超过 60 个字符，简洁明了且朗朗上口，让用户能够迅速抓住核心内容。

（3）图片制作。要根据用户的要求进行图片制作，保证其清晰、不变形。

（4）内容制作。内容是 Facebook 营销推广的核心，Facebook 营销推广一般通过一个激发用户兴趣的内容将产品信息输送给用户。我们可以通过讲好故事激发用户的好奇心，让用户产生消费的冲动；在用词上要准确，可以多用动词，驱动用户的行为；利用数字及口语词（如 you）拉近与用户的距离；适当使用"话题标签"关联用户具体的生活需求，创建社交和话题的交叉场景。

二、Facebook 发帖技巧

（1）开展竞赛或有奖参与活动。通过开展竞赛或有奖参与活动，吸引更多人参与互动。

（2）适当分享积极评价。商家可适当地分享用户的积极评价，促进其他用户的转化。

（3）动态发布业务消息。当业务有最新消息时，如促销消息，在主页发布此消息可方便用户查看。

（4）从用户反馈中总结经验教训。请求用户提供反馈，并利用这些反馈改进业务。

（5）邀请用户做出选择。即使在没有需要分享的业务相关内容时，也可以与用户展开互动。一个比较有趣的方式是，邀请用户做出选择，如选出自己的最爱或二选一。

（6）分享行业动态。分享行业动态会让用户觉得商家不仅关心业务发展，而且还不忘向主页粉丝传递与之相关的最新资讯。

（7）加入节庆。无论是在国家法定节假日，还是在社交媒体上大热的节日，企业都可以把握机会，在公共主页上发布与节庆相关的帖子。

（8）速推反响最热烈的帖子。如果发布到公共主页的某个帖子获得了大量的评论、赞和分享，其原因很可能在于它和受众息息相关或具有实际价值。

（9）建立推广小组。在公共主页上建立推广小组，随后与用户分享该推广小组，并围绕行业建立社群。

（10）使用主页快拍。可以使用主页快拍分享图片和短视频，将幕后故事呈现给用户，让用户对业务有更加详尽的了解。

（11）分享轶事。触动人心的轶事可帮助商家与用户建立情感联系，引起用户对公司、业务或品牌的情感共鸣。

三、Facebook 付费营销

（一）Facebook 付费广告简介

1. Facebook 的优势

Facebook 广告引流一直被跨境电子商务的从业者所推崇。Facebook 本身具有以下优势。（1）巨大的活跃用户基数。2017 年 6 月 Facebook 全球月活跃用户数首破 20 亿人；2019 年 Facebook 全球月活跃用户数达 23.75 亿人，约占世界人口的三分之一；Facebook 经常与旗下两大社交平台 Messenger 和 Instagram 进行广告联动。（2）精准定位用户。Facebook 采用 News Feed 算法精准抓取数据。商家在投放广告时根据自己产品的用户画像，对投放目标的特征进行选择（即受众选择）。（3）多样性的广告形式。Facebook 的广告形式多种多样，而且还为视觉类广告提供水印等功能。

2. Facebook 的受众

Facebook 的受众大体可以分为核心受众、自定义受众、类似受众、保存的受众及特殊广告受众。核心受众是指根据投放产品的类型自行选择出来的在目标国家、年龄、语言、兴趣等方面符合条件的用户。自定义受众是指根据网站数据及自有数据来定位的用户。类似受众是指与目标受众类似的用户。保存的受众是指使用前期设置好并保存的常用定位选项而选择的用户。特殊广告受众是指与最具价值用户拥有相似网上行为的新用户，仅适用于特殊广告类别下的广告。

（二）Facebook 的广告类型

1. 推广主页广告

推广主页广告主要是指主页赞广告，如图 5.25 所示。主页赞广告可将公司的主页广告信息推送给可能喜欢该主页的用户。如果企业的广告目标是提升业务知名度，则可通过这类广告向对该内容或同类业务感兴趣的用户推广企业的主页。

例如，云之家（Slack）刚刚创建了一个商家主页，希望将该信息推送给对其业务还不了解的用户。主页赞广告可以帮助云之家吸引想要及时了解主页信息以及相关帖子的新用户。

图 5.25 Facebook 的推广主页广告

2. 速推帖子广告

速推帖子广告也称为速推帖广告，以帖子形式、图片形式、视频形式、活动形式展示，是根据企业在 Facebook 主页上发布的帖子的具体内容而创建的广告。用户可以通过速推帖子广告到企业的主页上留下心情、分享和评论。此外，速推帖子广告还能吸引对企业的主页或业务感兴趣，但目前尚未关注企业主页的新用户。

速推帖子广告会增加以下方面的可能性。

（1）用户可以在自己的动态消息中看到企业的内容。

（2）用户会更积极地响应折扣优惠或促销活动。

（3）帖子在获得用户的响应和评论后会被他们的好友看到。

例如，Dollar Shave Club（剃须刀品牌）发布了关于新产品的帖子，其中以图片的形式展示了最新的产品形象。速推帖子广告能帮助 Dollar Shave Club 吸引可能喜欢男士美容产品的用户或已经对男士剃须刀给出评论的用户。

3. 行动号召广告

行动号召广告的主要目的是引导用户采取特定的行动，这种广告通常包含特定的行动号召按钮或链接，鼓励用户做出点击、注册、购买、下载、分享等行为。例如，如果在主页中添加"去逛逛"按钮，将会吸引用户进行购物。对应的行动号召广告会向更多潜在用户推广"去逛逛"按钮。行动号召广告可以根据企业的业务目标分成下面几个类别：预订服务、联系我们、下载、详细了解和购物。

4. 网站访客广告

借助网站访客广告（见图5.26），企业可以通过在Facebook上的公共主页推广特定网址。用户在点击网址链接后，就会转到相应的广告页面，从而提升特定广告页面的知名度和访问量。

例如，云之家的博客每周都会根据店内促销产品发布一份打折促销清单。网站访客广告可帮助云之家在Facebook上推广博客，这样云之家就可以向想要了解更多内容的用户展示广告了。网站访客广告还可以推广打折促销清单中的特定产品，并引导用户在线购买。

图 5.26　Facebook 的网站访客广告

5. 线索广告

企业可以在Facebook的公共主页上投放线索广告，即通过Facebook公共主页或广告管理工具创建线索广告。在通过Facebook公共主页创建线索广告时，企业可以使用发布工具选项获得线索广告的完整设置功能，也可以使用公共主页旁边的推广按钮获得部分设置功能。当然，使用推广按钮的方式设置线索广告的步骤更少，操作更简便。

6. 网站购物广告

网站购物广告能够让企业通过获取产品或服务的用户来优化线上销量。网站购物广告根据Facebook Pixel像素代码来锁定已在企业的网站上查看过产品或添加支付信息的用户。Pixel像素代码会根据网站访问量等数据分析用户在企业的网站上执行的操作。随后，网站购物广告会根据Pixel像素代码的分析结果自动形成促成用户拜访及购买的最佳路径。

例如，Dollar Shave Club可以通过Pixel像素代码来记录用户浏览产品页面、将产品加入购物车及完成购买的情况。当Pixel像素代码发现访问量不足但无法分析已经购买的用户的信息时，企业的广告将自动被推送给正在浏览产品或将产品加入购物车的用户。除了使企业网站获得足够的访问量，网站购物广告还能自动优化购买流程。

【Step4】Facebook 付费广告投放

1. Facebook 付费广告投放流程（见图 5.27）

图 5.27　Facebook 付费广告投放流程

（1）创建 Facebook 公共主页（见图 5.28）。

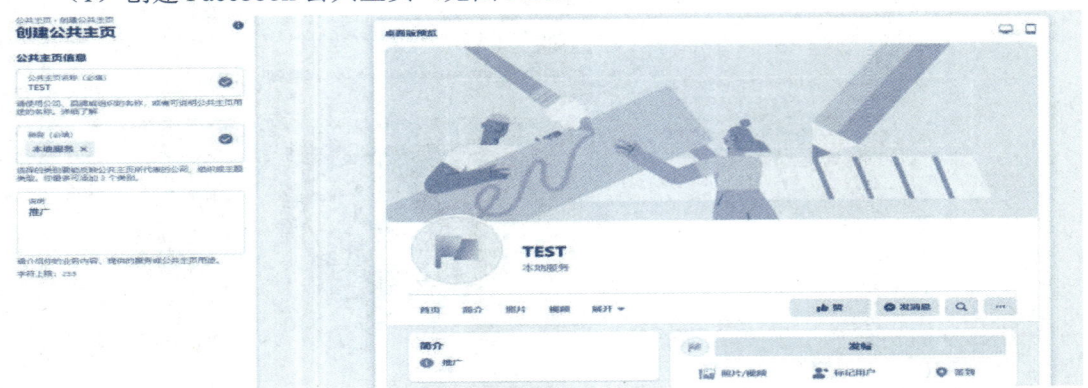

图 5.28　创建 Facebook 公共主页

（2）选择 Facebook 广告账户（见图 5.29）。

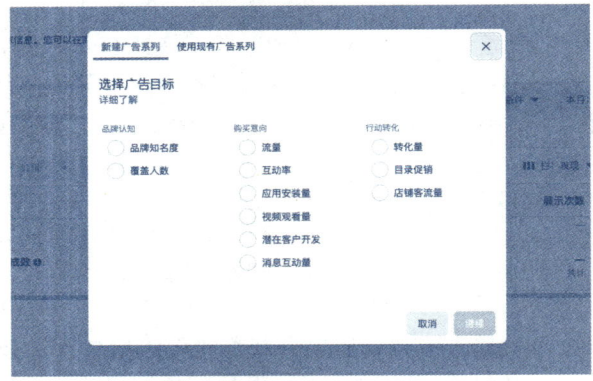

图 5.29　选择 Facebook 广告账户

（3）创建 Facebook 广告（见图 5.30、图 5.31）。
（4）添加素材（见图 5.32）。
（5）设置广告预算和广告投放及曝光排期（见图 5.33）。

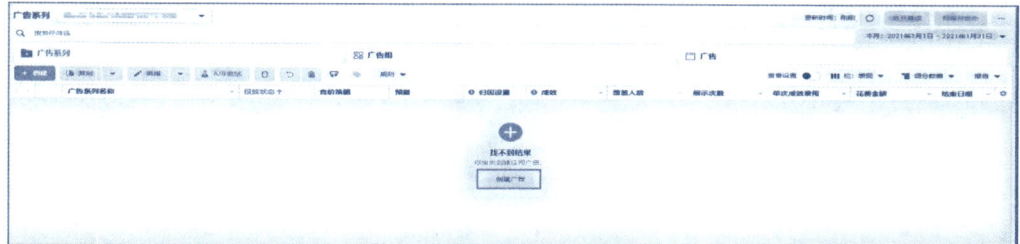

图 5.30 创建 Facebook 广告

图 5.31 Facebook 广告行动转化

图 5.32 添加素材

图 5.33 设置广告预算和广告投放及曝光排期

项目五 跨境新媒体营销 **197**

（6）设置目标受众（见图5.34）。

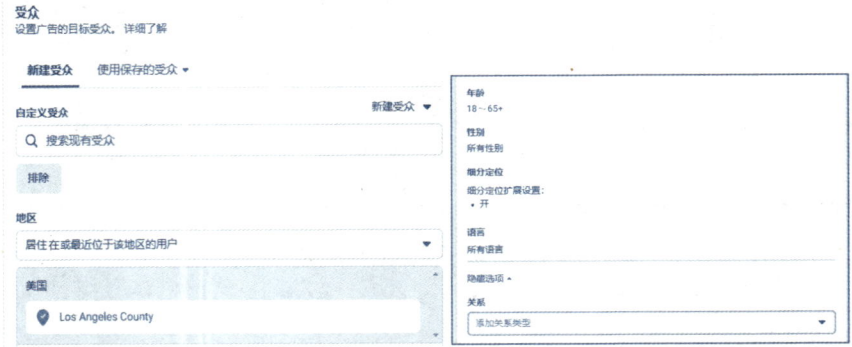

图5.34　定义目标受众

（7）优化与投放（见图5.35）。

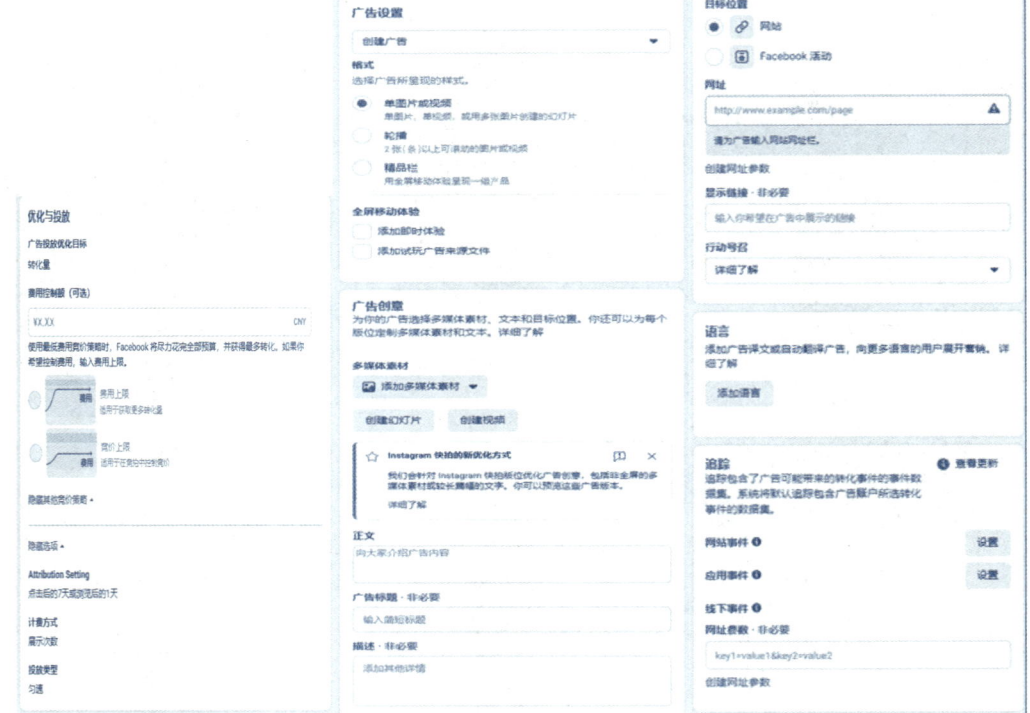

图5.35　优化与投放

【小贴士】Facebook付费广告设计技巧

　　Facebook付费广告设计技巧包括：挑选有趣的拍摄对象；注重图片质量；DIY摄影技巧SALE+时间；罗列产品的好处，合理使用表情包和符号；折扣和包邮（Free Shipping）；在图片上加"赞"和"大爱"；巧用小测试（Quiz）；轮播广告（如幻灯片广告、快拍、速推帖子广告等）。Facebook 付费广告设计案例如图 5.36 和图 5.37 所示。

图 5.36　Facebook 付费广告设计案例 1

图 5.37　Facebook 付费广告设计案例 2

【Step5】解读 Facebook 付费广告数据

1. 查看 Facebook 付费广告的数据表现

Facebook 付费广告的数据表现（见图 5.38）包括以下内容。（1）表现类别（Performance，见图 5.39）。表现类别下会显示广告整体的表现。我们可以看到在选定期间，这条广告总共带来的转化数、覆盖人数、展示次数、单次成效费用、链接点击次数、广告花费回报（ROAS）等。广告费占比 =（单次成效费用）/（单次成效费用 × 广告花费回报）。（2）展示类别（Delivery，见图 5.40）。展示类别显示广告在投放方面的数据。其中有两个数据指标比较重要：频次（Frequency）和千次展示费用（CPM）。（3）参与度类别（Engagement）。该类别显示目标用户在广告帖子下的互动程度。

图 5.38　Facebook 付费广告的数据表现

图 5.39　表现类别

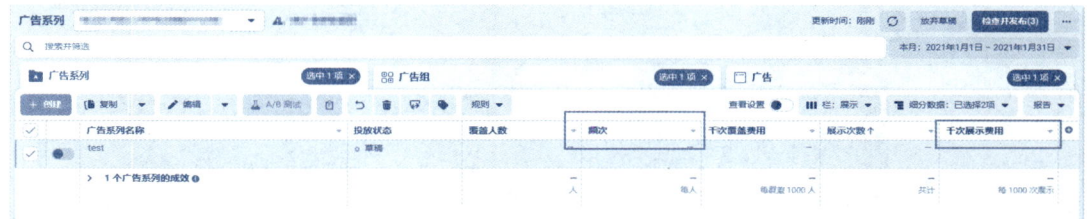

图 5.40 展示类别

2. 查看 Facebook 付费广告目标用户特征的细分数据

在付费广告目标用户特征的细分数据这一栏，Facebook 把它按时间、投放、操作分为三类。每一类里又分为多个维度，如图 5.41 所示。

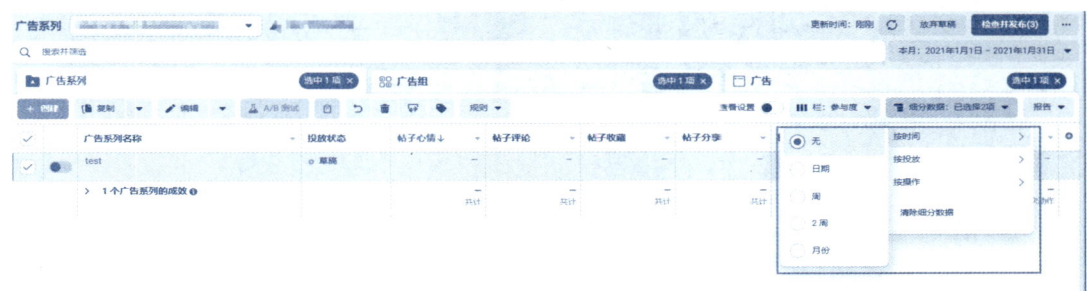

图 5.41 付费广告目标用户特征的细分数据分类

YouTube

YouTube 于 2005 年 2 月在美国加利福尼亚州成立，供用户下载、观看及分享影片或短片。

YouTube 的功能很强大，与其他社交平台保持良好的连接性，这确保了视频的病毒式扩散。它主要依靠广告盈利。

【Step1】创建 YouTube 账户

（1）打开 YouTube 官网，点击主页右上角的"SIGN IN"按钮，如图 5.42 所示。

（2）点击登录页面上的"创建一个新账户"按钮，并填写电子邮件地址、用户名等信息，然后点击"下一步"，如图 5.43 所示。

（3）输入有效手机号码，确认身份，如图 5.44 所示。

（4）进入账户，设置账户信息，如图 5.45 所示。

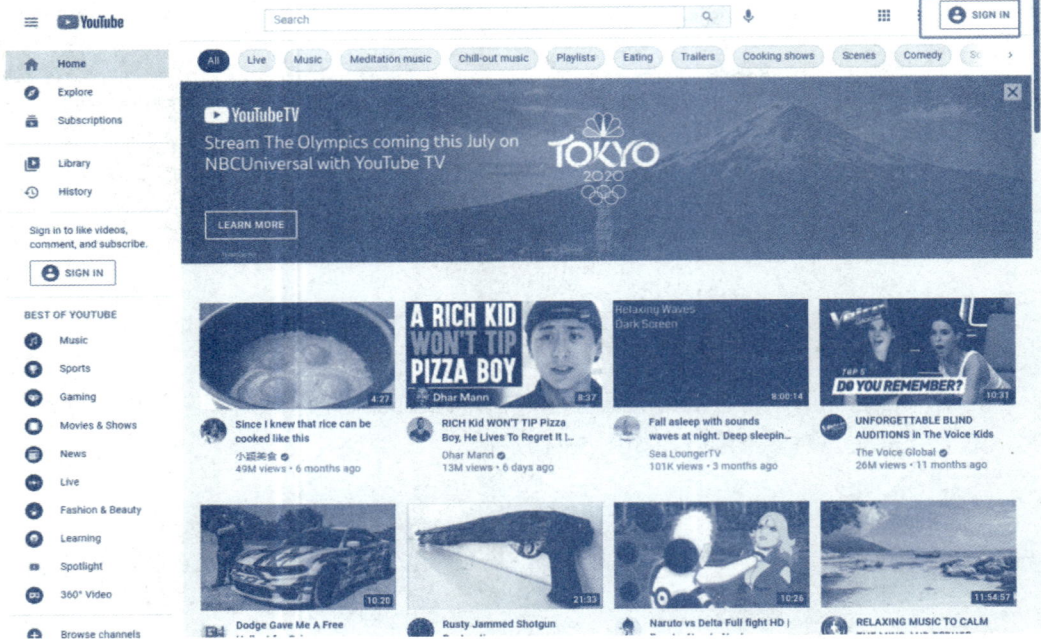

图 5.42 登录 YouTube

图 5.43 YouTube 创建新账户页面

图 5.44 输入手机号码以确认身份

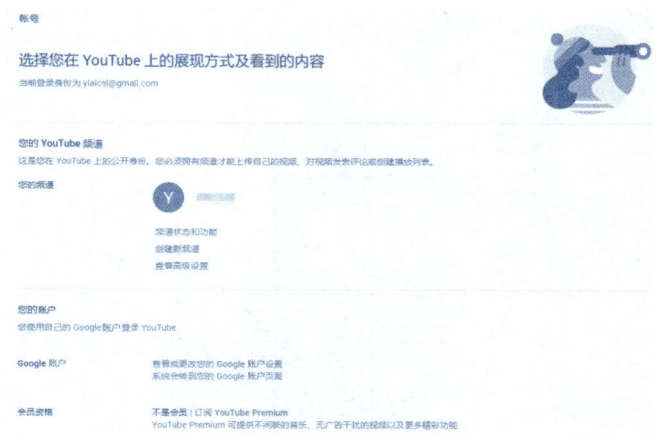

图 5.45　设置账户信息

【Step2】创建 YouTube 频道

YouTube 频道主要包括两种类型。(1) 个人频道。在个人频道，只能通过个人的谷歌账户去管理视频。(2) 品牌频道。商家可以将其他谷歌账户添加为管理员，一同管理这个频道。

(1) 点击 YouTube 主页右上角的"登录"(SIGN IN)，在登录页面输入账户名与密码，访问 YouTube 官网，如图 5.46 所示。

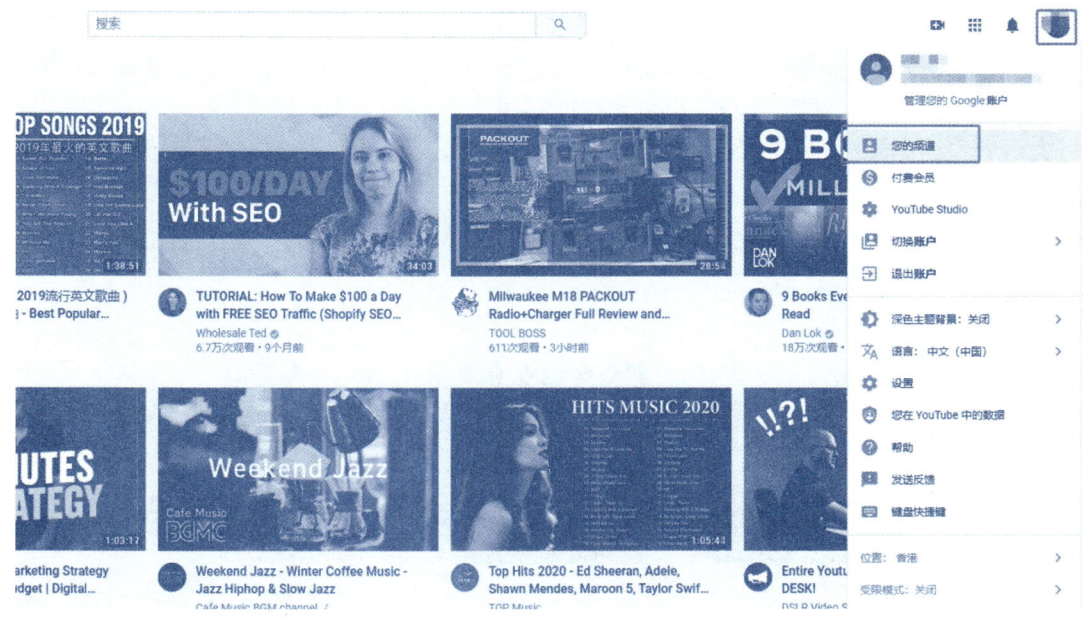

图 5.46　YouTube 账户登录页面

(2) 点击"您的频道"，弹出的窗口自动将账户名作为频道名称，点击"创建频道"

项目五　跨境新媒体营销

（CREATE CHANNEL），即完成了个人频道的创建，如图 5.47 所示。

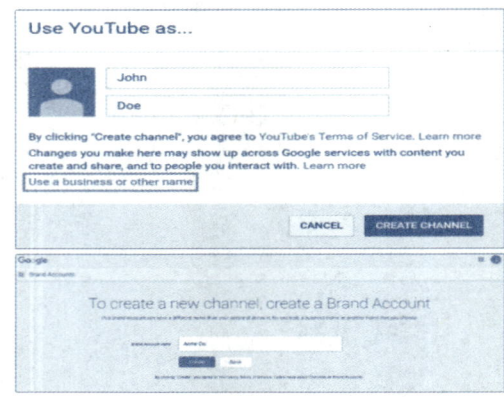

图 5.47　YouTube 个人频道创建

（3）设置 YouTube 频道栏目。

① 设置频道图标：请将鼠标悬停在左上角的正方形上，单击弹出的小笔以更改图片，如图 5.48 所示。

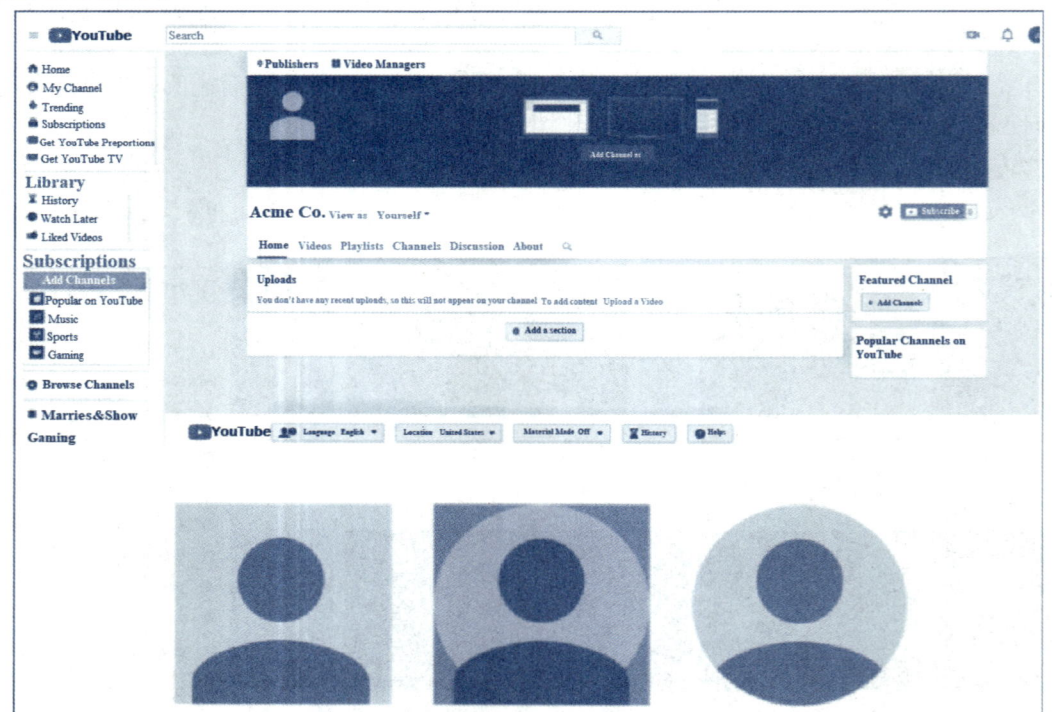

图 5.48　设置频道图标

② 设置频道图片（品牌推广图）：点击"添加频道图片（Add channel art）"并上传文件，如图 5.49 所示。

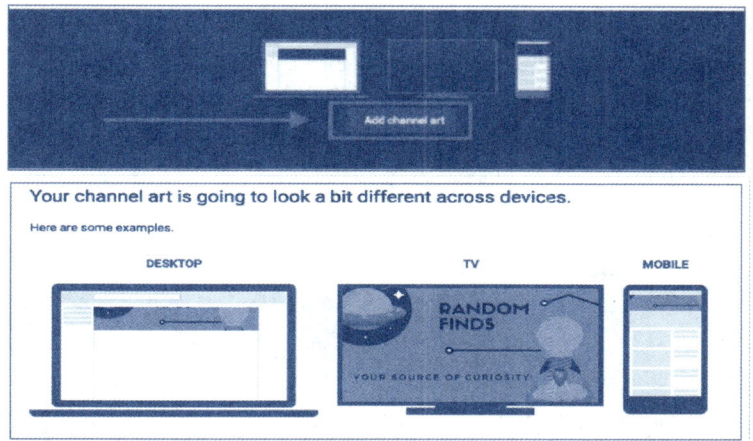

图 5.49 设置频道图片

③ 设置频道简介:点击"About",就可以填写商家的一些基本业务信息了,如图 5.50 所示。

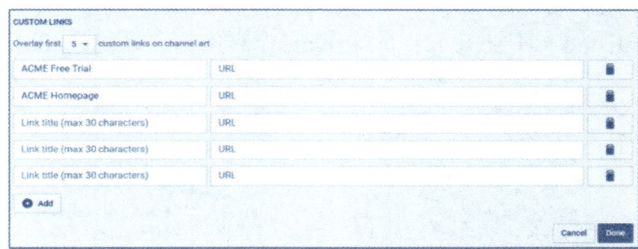

图 5.50 设置频道简介

【Step3】上传自制视频

现在 YouTube 频道设置已完成,可以上传自制视频了。YouTube 上传视频入口如图 5.51 所示。

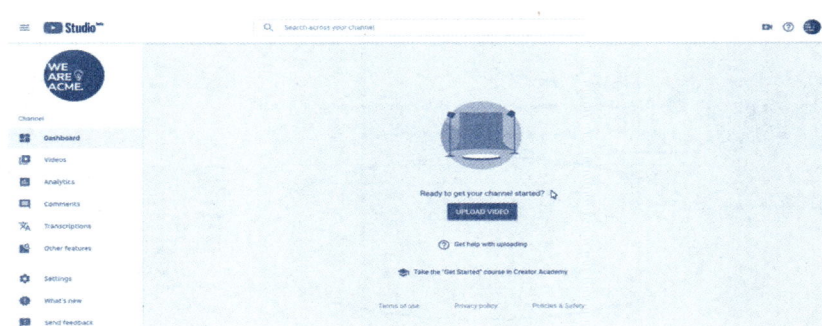

图 5.51 YouTube 上传视频入口

YouTube 支持的视频格式：mov、mpeg、mp4、avi、wmv、mpegps、flv、WebM、3GPP，推荐的视频分辨率：240p（426 像素×240 像素）、360p（640 像素×360 像素）、480p（854 像素×480 像素）、720p（1280 像素×720 像素）、1080p（1920 像素×1080 像素）、1440p（2560 像素×1440 像素）、2160p（3840 像素×2160 像素）。

（1）登录 YouTube 后，在主页右上方选择摄像头按钮，点击"上传视频"（UPLOAD VIDEO），如图 5.52 所示。

图 5.52　YouTube 主页

（2）如图 5.53 所示，进入上传视频页面，进行视频隐私设置：① Public（公开）；② Unlisted（不公开）；③ Private（私密）；④ Scheduled（计划）。

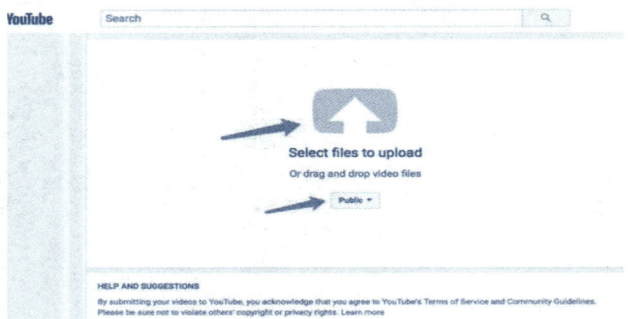

图 5.53　进行视频隐私设置

（3）接下来，进入视频上传进度页面，如图 5.54 所示。

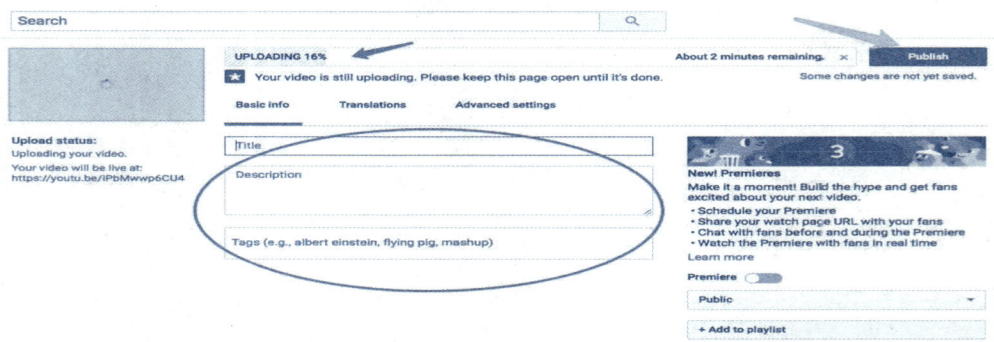

图 5.54　视频上传进度页面

【Step4】与拍客合作推广

1. 寻找拍客

（1）直接在 YouTube 站内搜索。

在 YouTube 站内的搜索框内输入关键词进行搜索，假设商家卖的是手机产品，就可以在搜索框内搜索"Smartphone review"。

在搜索过后，会出来很多做 Smartphone review 的拍客。以 Unbox Therapy 为例，Unbox Therapy 是 3C 界的拍客，点击他频道中的"简介"按钮，查看他的信息，如图 5.55 所示。

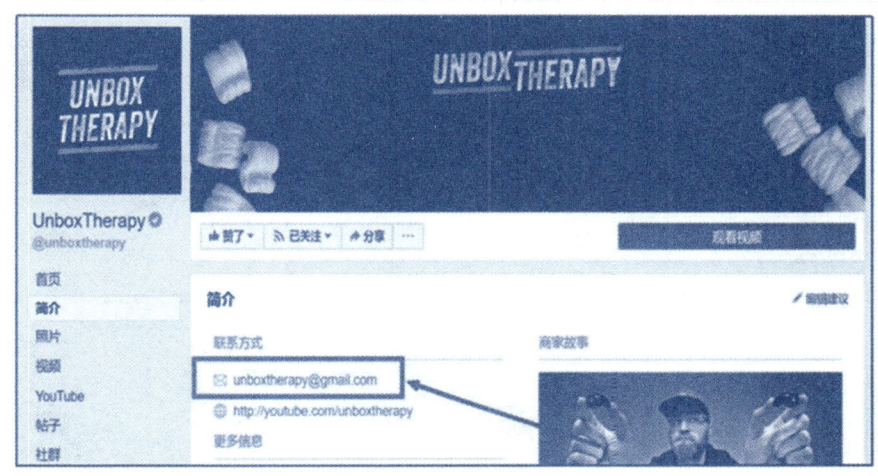

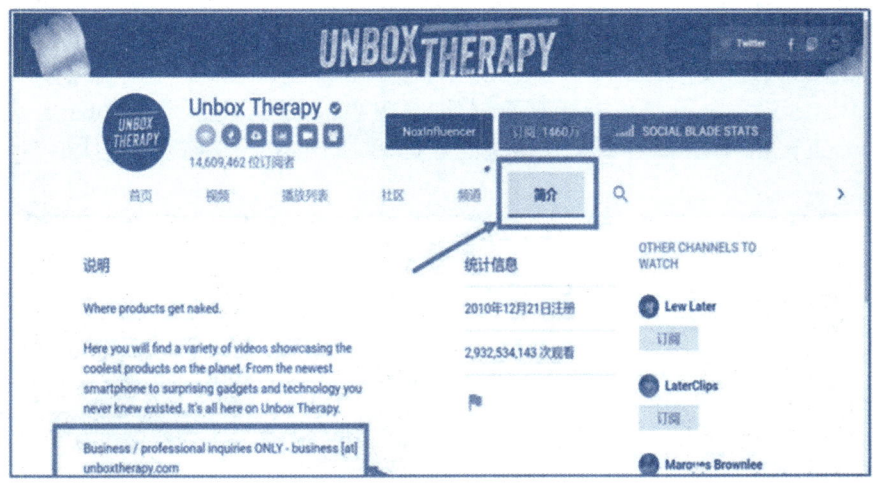

图 5.55 查看拍客信息

在 YouTube 站内搜索时建议使用筛选功能。其主要有 5 个筛选功能，即"上传日期""类型""时长""功能""排序依据"，如图 5.56 所示。

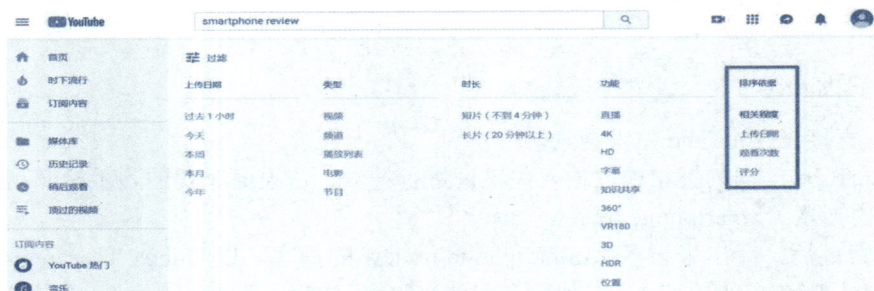

图 5.56　在 YouTube 站内搜索拍客的筛选功能

商家也可以点击自己的 YouTube 账户，选择"地区和语言"，切换为自己所要找的拍客所使用的语言和所在的国家，这样就更方便查找所需要的拍客了，如图 5.57 所示。

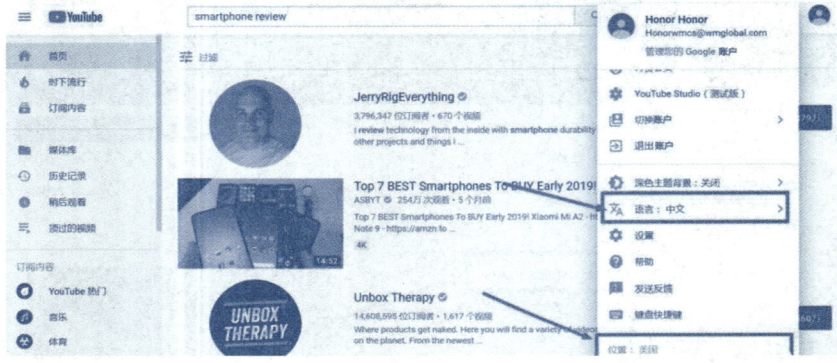

图 5.57　通过地区和语言查找拍客

（2）使用第三方工具搜索。

SocialBlade 是一个跟踪分析社媒数据的美国网站，可以分析 YouTube 上的数据，也可以分析 Instagram、Twitter 等社交媒体上的数据，帮助商家查找拍客、评估拍客，如图 5.58 所示。

图 5.58　SocialBlade

点击 SocialBlade 首页的 Top Lists 搜索功能，会出现一些国家的 Top 拍客，在右侧栏还有相对应的分类。比如，要找 UK 的 Top 拍客，直接点击"Top 250 from United Kingdom"，就会出现 UK 的前 250 个拍客，如图 5.59 所示。

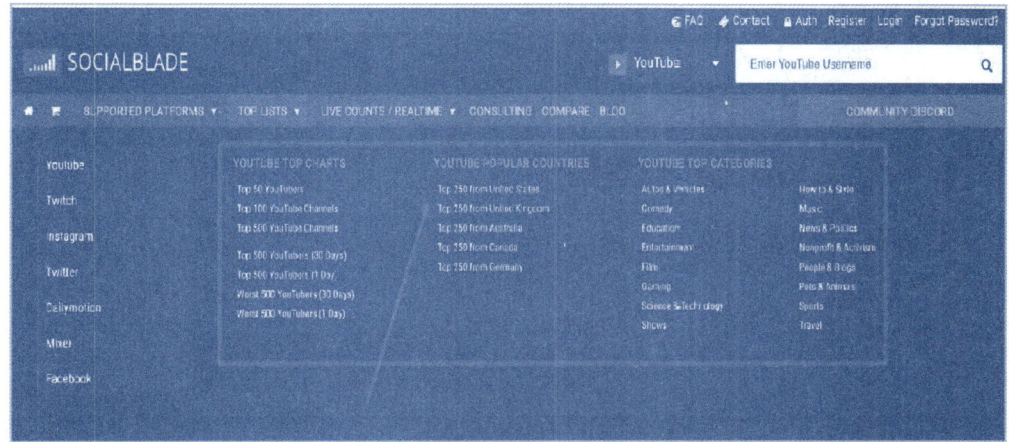

图 5.59　SocialBlade 首页的 Top Lists 搜索功能

还可使用 NoxInfluencer 按区域、类别、粉丝数、语言等来筛选拍客，NoxInfluencer 能通过关键词找到 YouTube 头部、中部及小网红。另外，还有很多类似的第三方工具，如 ChannelCrawler、Upfluence、NeoReach、Julius、Tagger Media、AspireIQ、Hypr、Open Influence 等。

2. 与拍客合作推广

与拍客合作推广的流程如图 5.60 所示。

图 5.60　与拍客合作推广的流程

【小贴士】与拍客合作推广的注意事项

　　YouTube 视频排名的影响因素包括完整观看视频的粉丝数量、点赞数和评论数、上榜时间。因此，与拍客合作推广的注意事项包括：（1）不能单纯看粉丝数量，视频要和自己的产品匹配；（2）追踪视频效果；（3）给视频设置一个吸引眼球的标题。

【知识链接】——YouTube 简介

一、YouTube 的推广形式

YouTube 的推广形式主要有以下几种。

（1）自拍视频。商家将热门产品制作成视频放在 YouTube 频道。买家可以通过某些关键字或 YouTube 的相关视频推荐功能找到商家的视频。

（2）买家推广。在一定成交量的基础上，商家可以联系买家，在进行售后的同时请其帮忙做 YouTube 视频评论。商家可以给买家一些优惠券或以其他方式表示感谢。

（3）拍客推广。拍客是与 YouTube 建立合作伙伴关系的用户，有自己的粉丝群体，利用拍客进行推广也是常见的推广形式。

二、YouTube 的广告类型

1. YouTube 刊头广告（Masthead，见图 5.61）

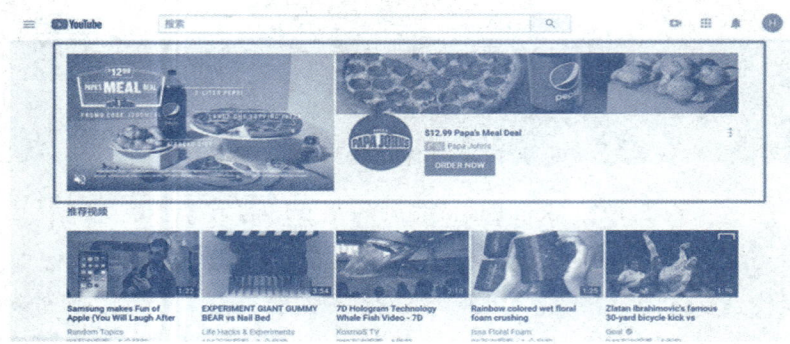

图 5.61　YouTube 的刊头广告案例

2. TrueView 插播广告（TrueView In-stream，见图 5.62）

图 5.62　YouTube 的 TrueView 插播广告案例

3. TrueView 发现广告（TrueView Discovery，见图 5.63）

图 5.63　YouTube 的 TrueView 发现广告案例

4. 导视广告（Bumper Ad，见图 5.64）

图 5.64　YouTube 的导视广告案例

5. 不可跳过的插播式广告（Non-skippable in-stream，见图 5.65）

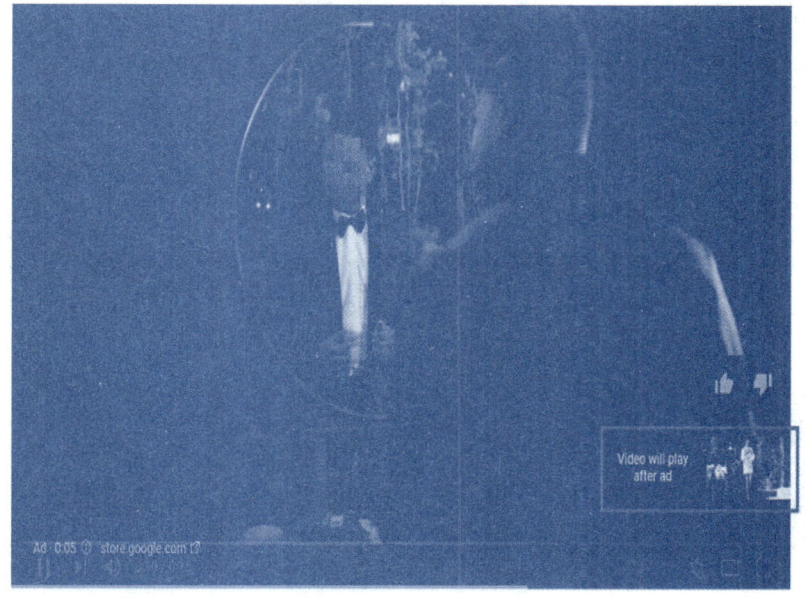

图 5.65　YouTube 的不可跳过的插播式广告案例

6. 搜索广告（Search，见图 5.66）

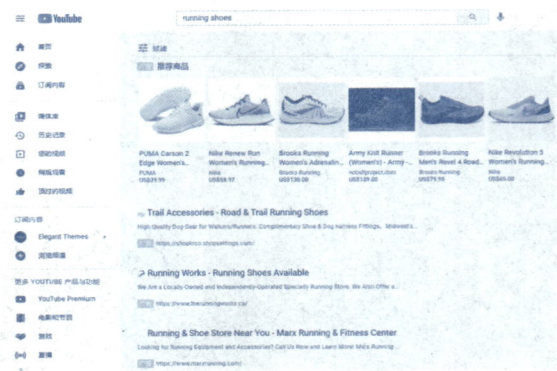

图 5.66　YouTube 的搜索广告案例

7. 重叠式广告（见图 5.67）

图 5.67　YouTube 的重叠式广告案例

8. 赞助商卡片广告（见图 5.68）

图 5.68　YouTube 的赞助商卡片广告案例

三、YouTube 营销数据分析与优化

YouTube 具有内置的专用数据分析工具,用这些数据分析工具可以衡量视频在 YouTube 中的表现。YouTube 数据分析工具主要有三个:收入报告(Revenue reports)、观看时间报告(Watch time reports)和互动报告(Engagement reports)。

YouTube 默认显示过去 28 天内视频的表现情况,包括观看次数、观看时长和观看人数等,如图 5.69 所示。

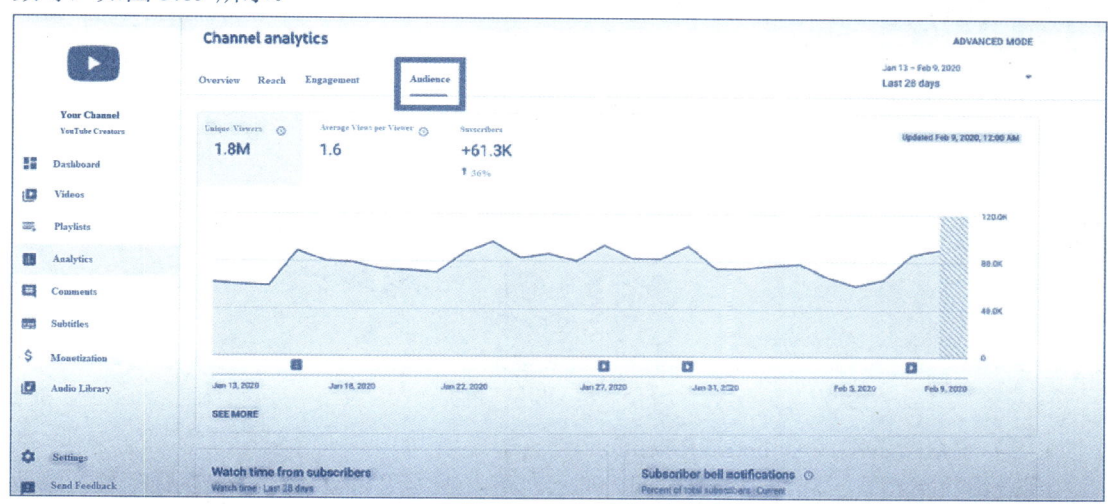

图 5.69　YouTube 视频的表现情况

在视频发布初期,需要密切关注频道的实时报告,可以了解频道或特定视频在过去 48 小时(两天)和过去 60 分钟(一小时)的预估观看量,以此来了解和分析视频营销效果、推广渠道等,如图 5.70 所示。

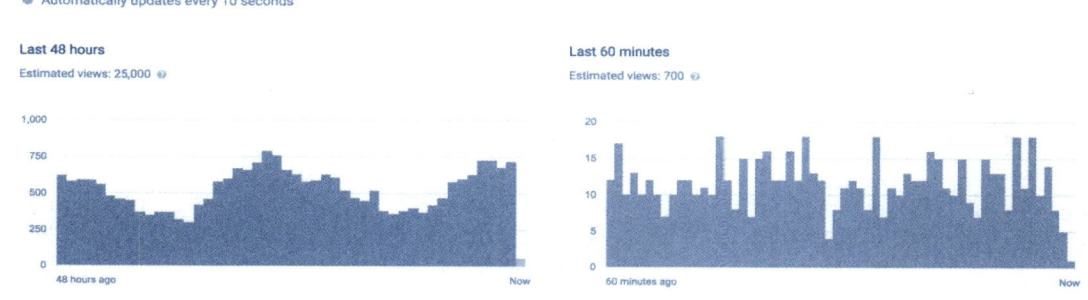

图 5.70　YouTube 的实时报告

1. 收入报告

收入报告跟踪两个主要统计数据:预计收入与估算广告收入。与其他 YouTube 视频分析一样,用户可以按日期和地理位置筛选这些数据。预计收入是指所有 Google 销售的广

告的预计总收入。估算广告收入是指 AdSense 和 DoubleClick 广告的预计收入。

2. 观看时间报告

（1）观看时间（Watch Time）。

观看时间报告主要提供常用的统计信息，如观看时间（见图 5.71）、观众续看率、受众特征、播放位置、流量来源和播放设备等。观看时间报告记录了用户在 YouTube 移动应用程序中的所有行为。在这里有两个关键指标：观看次数和平均观看时长。

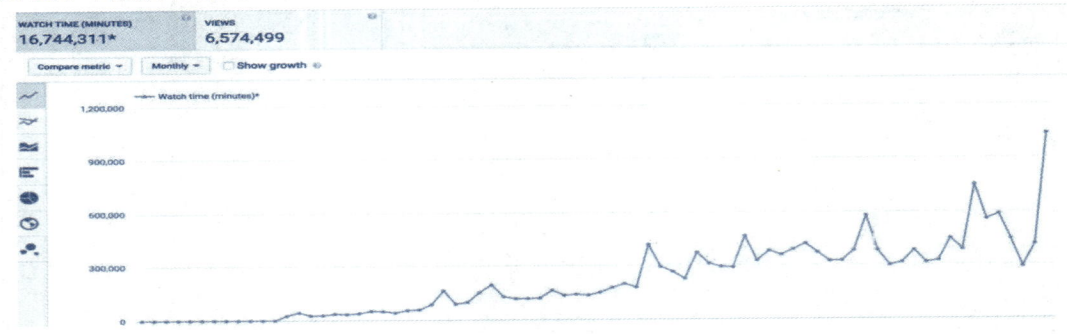

图 5.71 观看时间

（2）观众续看率（Audience Retention）。

观众续看率反映了观众在一段时间内的参与度。在这里可以找到平均观看时长的统计信息、表现最佳的视频列表，并深入了解视频在 YouTube 上与其他视频的叠加方式，如图 5.72 所示。

Geography	Watch time (minutes) ↓	Male	Female
California	121,418 (15%)	73%	27%
Texas	80,625 (10%)	70%	30%
Florida	63,354 (7.9%)	72%	28%
New York	57,714 (7.2%)	72%	28%
Georgia	38,234 (4.8%)	66%	34%
Illinois	33,679 (4.2%)	73%	27%
North Carolina	28,328 (3.5%)	66%	34%
Pennsylvania	25,668 (3.2%)	70%	30%
New Jersey	23,982 (3.0%)	73%	27%
Michigan	22,184 (2.8%)	72%	28%
Ohio	19,484 (2.4%)	71%	29%
Washington	18,792 (2.3%)	70%	30%

图 5.72 观众续看率

（3）受众特征（Demographics）。

YouTube 的受众特征报告可以让你了解受众的年龄、性别和地理位置等，如图 5.73 所示。YouTube 受众分析能够更精准地将定向广告内容推送给潜在的目标用户。因此，当商家在寻找拍客时，应尽量获取每个拍客的档案数据，分析受众特征。如无法获取，也可通过第三方工具来查看拍客详情页的受众特征。

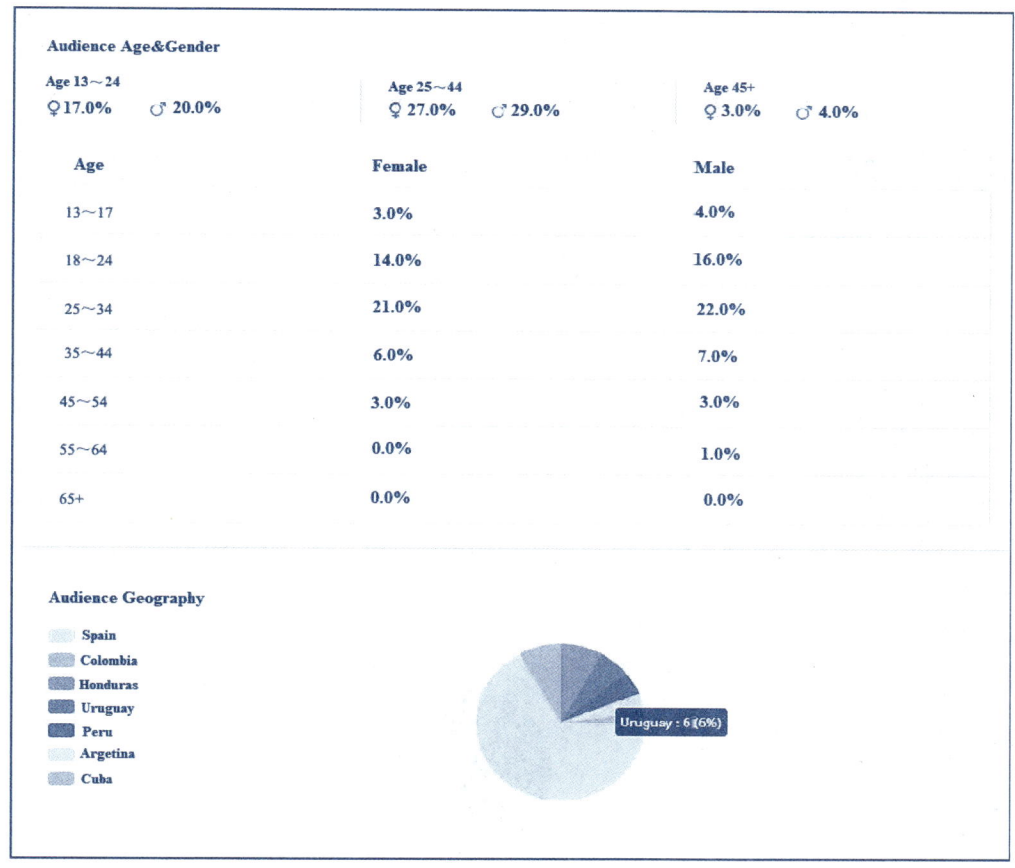

图 5.73　受众特征报告

（4）播放位置（Playback Locations）。

通过 YouTube 数据分析工具可以发现每个视频播放位置的总播放次数，其中播放位置分别为 YouTube 频道页面、YouTube 观看页面、嵌入的外部网站或 App 和其他，如图 5.74 所示。从播放位置数据中你可以知道视频在哪里是最受欢迎的，以便根据实际情况对 YouTube 的视频播放渠道进行优化。

Playback location	Watch time (minutes)	Views	Average view duration	Average percentage viewed
YouTube watch page	608,718 (76%)	380,817 (71%)	1:35	65%
YouTube other	155,473 (19%)	138,535 (26%)	1:07	81%
Embedded in external websites and Apps	37,028 (4.6%)	16,886 (3.1%)	2:11	55%
YouTube channel page	1,000 (0.1%)	889 (0.2%)	1:07	22%

图 5.74　播放位置

（5）流量来源（Traffic Sources）。

在 YouTube 数据分析工具的流量来源中，有图 5.75 所示的各种流量来源的数据，根据这些数据可以了解用户是如何找到商家的视频的。

图 5.75 YouTube 的流量来源统计

（6）播放设备（Devices）。

商家需要知道观众正在使用哪种播放设备观看视频，如手机、计算机、电视、平板电脑等，可以根据这些数据决定是否对特定的视频进行优化。YouTube 的播放设备使用统计如图 5.76 所示。

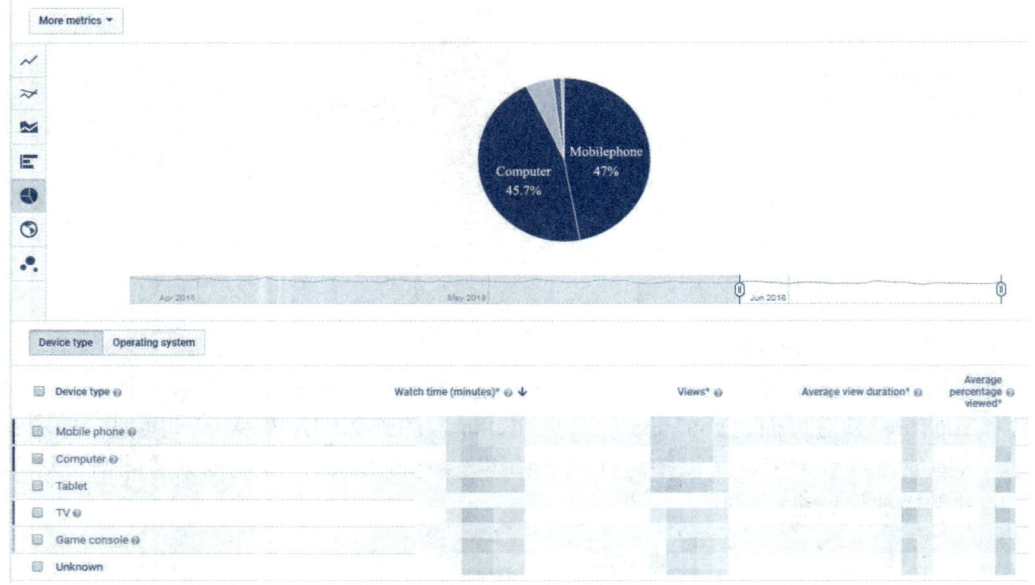

图 5.76 YouTube 的播放设备使用统计

3．互动报告

（1）订阅人数（Subscribers）。

互动报告可以让商家了解什么内容让用户产生了共鸣。商家可以看到用户点击、分享、评论和宣传的内容，也可以看到卡片和片尾画面在互动报告里的表现情况。有三个主要指标：订阅人数、获得的订阅人数和流失的订阅人数。YouTube 的订阅人数统计如图 5.77 所示。

图 5.77　YouTube 的订阅人数统计

（2）点赞数和点踩数（Likes and Dislikes）。

YouTube 的点赞数和点踩数统计如图 5.78 所示。

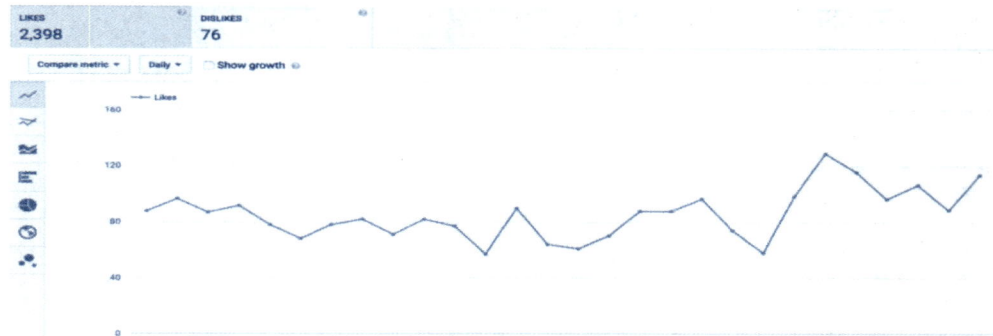

图 5.78　YouTube 的点赞数和点踩数统计

（3）播放列表（Videos in Playlists，见图 5.79）。

Video	Videos in playlists* ↓	Videos adeed to playlists*	Videos removed from playlists*
	238	300	62
	206	327	121
	181	266	85
	170	198	28
	128	201	73
	80	103	23
	80	90	10
	72	91	19
	59	81	22
	55	74	19
	54	67	13
	46	64	18
	43	60	17
	39	51	12

图 5.79　YouTube 的播放列表

项目五　跨境新媒体营销

（4）评论（Comments）。

评论是衡量用户参与度的重要依据之一，如图 5.80 所示。商家可以关注哪些用户在评论、他们评论了什么内容，以及考虑是否可以将这些用户转化为客户。

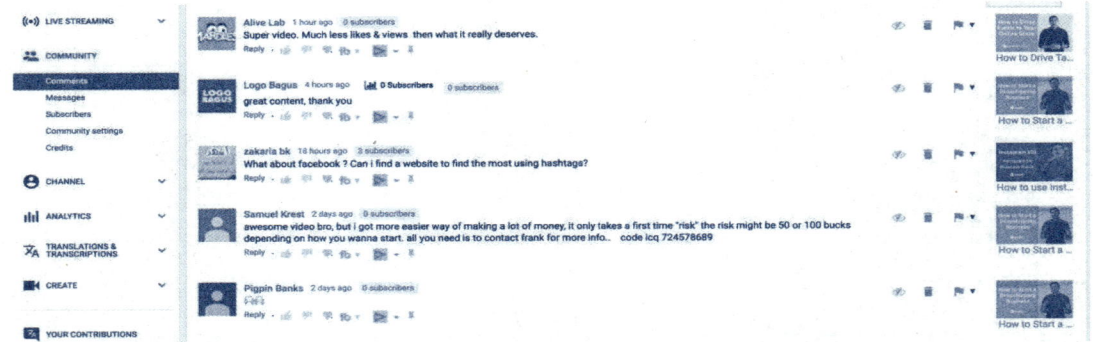

图 5.80　YouTube 的评论功能

（5）分享（Sharing，见图 5.81）。

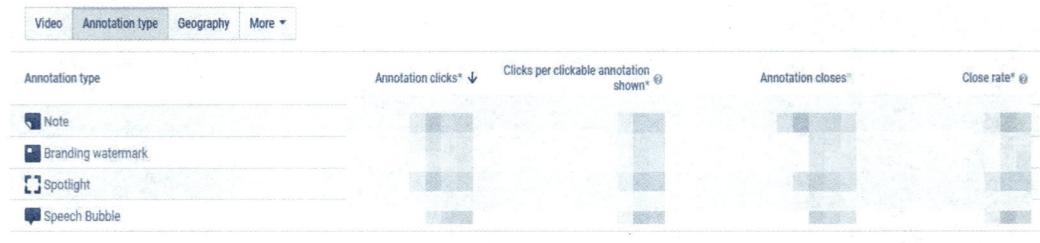

图 5.81　YouTube 的分享功能

（6）注释（Annotations，见图 5.82）。

图 5.82　YouTube 的注释功能

（7）卡片（Cards）。

卡片是 YouTube 的一项新功能，它能够改善视频的用户互动性，并加快互动速度。卡片作为号召性用语，告知访问者相关网站、播放列表、视频、民意调查和社区贡献等方面的信息，如图 5.83 所示。

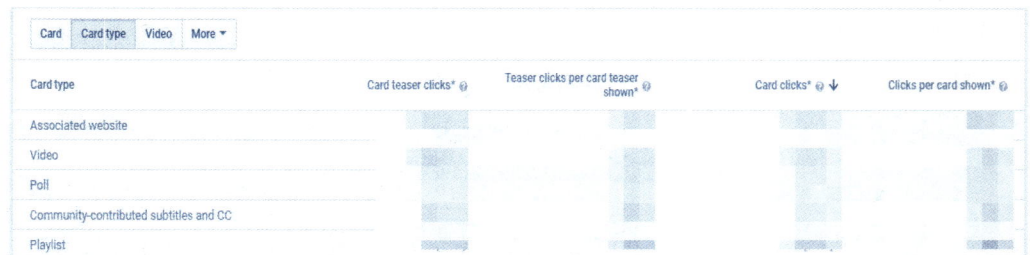

图 5.83　YouTube 的卡片功能

（8）片尾画面（End screens）。

片尾画面能让商家了解用户互动的内容，这样就可以优化以后的视频的行动号召语了。它可以让商家明白自己的用户是谁，了解用户是从哪里找到自己的视频的。在分析的过程中，通过一段时间的对比，商家如果发现其中一个主题的视频的流量上涨很快，而且转化率不错，那么就可以制作更多的这个主题的视频，增加流量和收入。同时，还可以在流量大的视频中推介新的视频，以旧带新，这也是一种深挖利基潜力的方法，值得商家好好利用。

Instagram

Instagram（照片墙）是一款运行在移动终端上的 Facebook 公司旗下的社交应用，以快速、美妙和有趣的方式将用户随时抓拍下的图片在线分享。该应用于 2010 年 10 月发布，创始人是 Kevin Systrom 等人。Instagram 的核心是用户生成的优质图片。

【Step1】Instagram 官方账户注册

1. Instagram 官方网站注册

（1）打开 Instagram 的官方网站，在主页上点击"注册"，如图 5.84 所示。

图 5.84　Instagram 的主页

（2）按注册页面的提示填写手机号或邮箱、全名、账户及密码等信息，如图 5.85 所示。注意，在填写手机号时需要填写国家区号，如果你所在的国家为中国，那么要在手机号前

项目五　跨境新媒体营销　**219**

加"+86"。

图 5.85 Instagram 的注册页面

（3）填写出生日期，在确认信息无误后，点击下一步，如图 5.86 所示。
（4）输入发送到手机或邮箱的验证码，如图 5.87 所示。

图 5.86 填写出生日期　　　　　　　　图 5.87 注册信息验证

2. Instagram 手机 App 注册

使用苹果手机的用户，从 App Store 下载 Instagram 应用；使用装有安卓系统的手机的用户，从 Google Play 商店下载 Instagram 应用。

在安装 Instagram 应用后，点击 Ins 图标打开。在手机上注册 Instagram 账户的流程和在官方网站注册 Instagram 账户的流程相似。用邮箱或手机号注册，按提示输入邮箱或手机号（要求输入验证码），然后点击下一步，输入账户和密码，并填写个人主页信息，最后提交完成。

也可以使用 Facebook 的账户登录，用 Facebook 的账户注册。如果使用 Facebook 的账户登录，系统将在用户退出 Facebook 账户的情况下提示登录账户。

【Step2】Instagram 主页基础设置

1. 重视 Instagram 个人资料的填写

姓名：应该考虑包含拟推广产品或品牌的关键词，这样做的好处是当用户在 Instagram 的搜索框中搜索相应关键词时会被搜索到，可以大大提升账户的曝光度。

账户：可以是品牌标识、公司名称、行业名称等。以美妆为例，如果是一个与化妆相关的博主，或者服务于这个行业、计划推广美妆产品的博主，那么其账户应带有类似化妆这样的关键词。这样在用户搜索的时候，该账户被搜出的概率就会大大提升。

网站：网站是 Instagram 主页（即个性签名）设置中唯一可以放置链接的地方。建议链接至有号召性的落地页，而不是直接放网站首页链接。

Instagram 个人资料展示如图 5.88 所示。

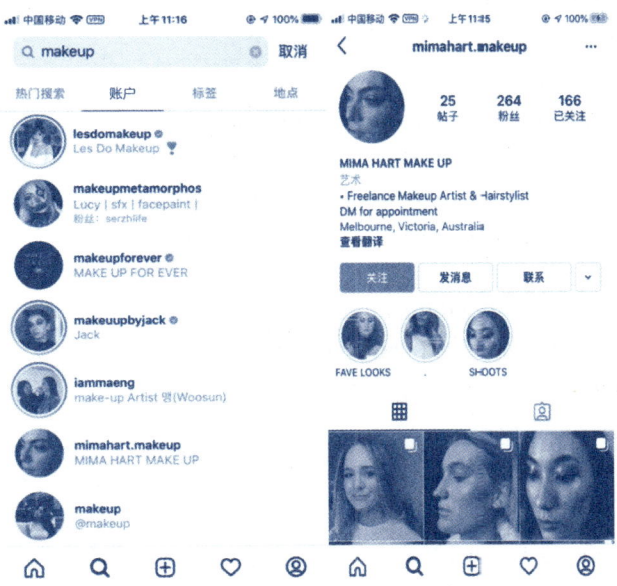

图 5.88　Instagram 个人资料展示

2. 重视 Instagram 个性签名

（1）向访客介绍自己。
（2）增强个性签名的权威性。
（3）使用标签和表情符号。
（4）在 Instagram 简介中加入号召性用语。

Instagram 个性签名展示如图 5.89 所示。

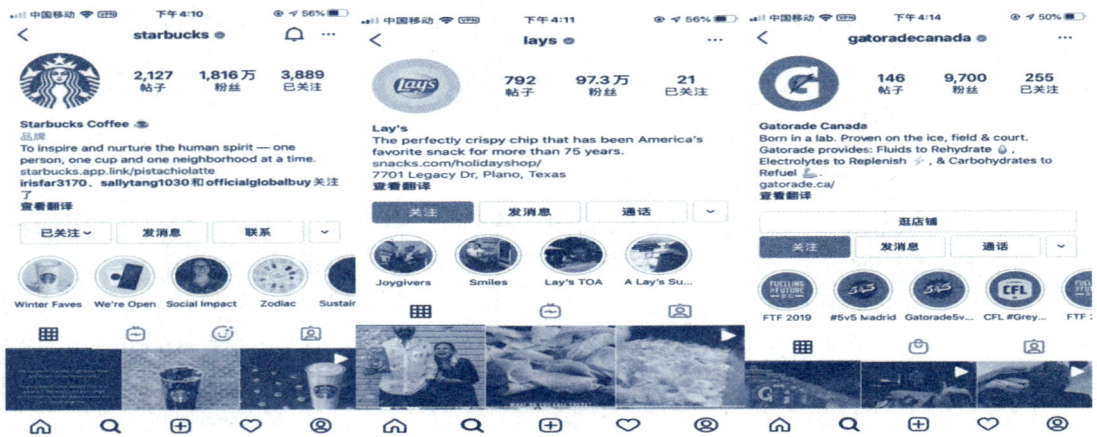

图 5.89　Instagram 个性签名展示

一份具有个性的 Instagram 签名能让用户印象深刻，对该账户产生兴趣并关注。以下是一些个性签名示例。

- Bad decisions make for the best stories.
- The future is shaped by your dreams. Stop wasting time and go to sleep!
- Believing in yourself is the first secret to success.
- You are never too old to set another goal or to dream a new dream.
- Never forget, the world is yours. Terms and conditions may apply.
- Born to shine.
- Chasing destinations around the globe.
- Better to see something once than hear about it a thousand times.
- Travel far enough you meet yourself.

【Step3】创建付费广告

1. 通过 Facebook 创建付费广告

商家可以使用 Facebook Ads Manager 来创建 Instagram 付费广告，具体方法如下。

（1）在申请了 Facebook 企业账户后，进入 Ads Manager，点击"+Create（创建）"。商家可以选择两种不同的流程来创建和管理 Instagram 付费广告。

（2）默认使用"Guided Creation（向导创建）"，向导创建会引导商家完成典型的 Instagram 付费广告的创建，比较适合新手。

（3）另一种是"Quick Creation（快速创建）"，有经验或以前创建过 Instagram 付费广告的用户可以选择这种流程。

具体过程如下。

第一步：选择广告目标。Ads Manager 提供了目标列表。在选择广告目标后，系统会提示给广告系列命名。

第二步：确定目标受众。利用已掌握的受众信息（如年龄、地区、人口统计特征、兴趣与行为及其他具体信息），选择与广告目标最相符的受众。

第三步：选择广告投放位置。可以选择 Facebook、Instagram、Messenger、Audience Network 作为广告的投放位置，或同时在以上所有平台投放。在此步骤中，还可向指定的移动设备投放广告。

第四步：设置预算和投放时间。在预算上可以设置每日最高预算，也可以设置整个广告系列的生命周期预算。在投放时间上可以设置连续几天或仅在一天的特定时间投放广告。

第五步：制作广告。制作广告包括选择广告类型、选择图片或视频、制作广告文案、选择广告付款方式、选择 CTA 按钮等。

如果要跟踪广告转化效果，可以在"跟踪（Tracking）"部分设置。在点击确认后，就完成了一条 Instagram 付费广告的创建。

2. 推广现有帖子

推广现有帖子的流程如图 5.90 所示。

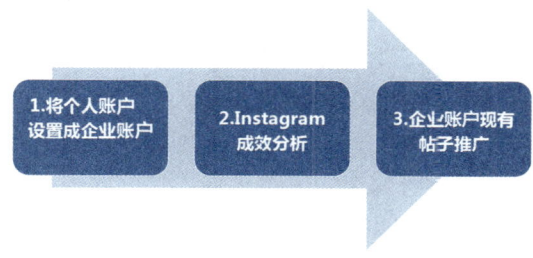

图 5.90 推广现有帖子的流程

（1）将个人账户设置成企业账户。

在 Instagram 应用程序内直接推广现有帖子，需要先将个人账户设置成企业账户。企业账户比个人账户拥有更多的营销推广功能。将个人账户设置成企业账户的操作非常简单，点击 Instagram 主页右下角的人头图标，跳转到个人主页（见图 5.91），然后点击个人主页的右上角进行设置。

图 5.91 Instagram 的个人主页

（2）Instagram 成效分析。

在将个人账户设置成企业账户后，可以查看 Instagram 帖子的成效分析情况。根据成效分析情况可以了解粉丝及互动用户的情况。Instagram 成效分析包括商家主页的成效分析、帖子的成效分析和快拍的成效分析。

查看帖子的成效分析情况的步骤如下。

第一步是前往企业主页。

第二步是点击您想要查看其成效分析情况的帖子。在查看帖子的成效分析情况时，您可以了解"互动次数"和"发现"指标。

查看快拍的成效分析情况的步骤如下。

第一步是前往快拍。

第二步是在图片或视频上向上滑，点击图标。

第三步是查看快拍的成效分析情况。快拍会将帖子按时间自动排序，以便反映用户的互动情况。

（3）企业账户现有帖子推广。

第一步是在企业账户主页点击推广。

第二步是根据提示，选择现有帖子或者创建新帖。

第三步是按照提示选择用户将前往的位置。有三个位置可以选择，分别是企业账户的个人主页、设置的网站、企业账户的 Direct 消息。

第四步是定义你的受众，有"自动"和"自行创建受众"两种方式。"自动"选项定位于有过互动，并可能有兴趣查看更多内容的用户。

第五步是设置预算与投放期，该项根据广告推广预算设定。一般建议预算不低于 50 港元。

第六步是创建推广，完成帖子的推广设置，如图 5.92 和图 5.93 所示。

图 5.92　企业账户现有帖子推广的步骤（一）

图 5.93　企业账户现有帖子推广的步骤（二）

📖【知识链接】——Instagram

一、Instagram 简介

　　Instagram 的优点体现在以下几个方面：一是以年轻用户居多，可精准辐射到目标用户；二是标签、探索功能可以让即使没有关注企业账户的用户也可以看到其发布的内容，有利于内容的扩散；三是用户可以与粉丝在线聊天互动，大大提高与粉丝的互动率。

　　Instagram 的主要功能包括发帖、快拍和直播。发帖功能类似于微博的发帖。用户通过照片和视频可查看及分享每日精彩时刻。除非对其进行保存，否则这些照片和视频会在 24 小时后被删除。Instagram 在 2016 年推出直播功能。

　　利用 Instagram 进行产品营销推广，首先需要分析适合推广的品牌或产品的类型。根据 Instagram 的受众情况，Instagram 一般比较适合推广珠宝、宠物、服饰鞋包、影视周边等产品。有两种简单的方法可以判断产品是否适合在 Instagram 上进行营销推广。第一种方法是直接在 Instagram 上输入产品的核心词，查看排在前面的账户的粉丝有多少、质量如何，以及图片的点赞数和讨论数有多少，这种方法比较简单、直接。第二种方法是通过分析同品类竞争对手的营销推广情况，查看竞争对手产品的流量来源渠道中有多少来自 Instagram，了解同品类产品使用 Instagram 推广的情况，并将其作为在 Instagram 上推广产品的参考。

　　Instagram 的营销推广流程如图 5.94 所示。

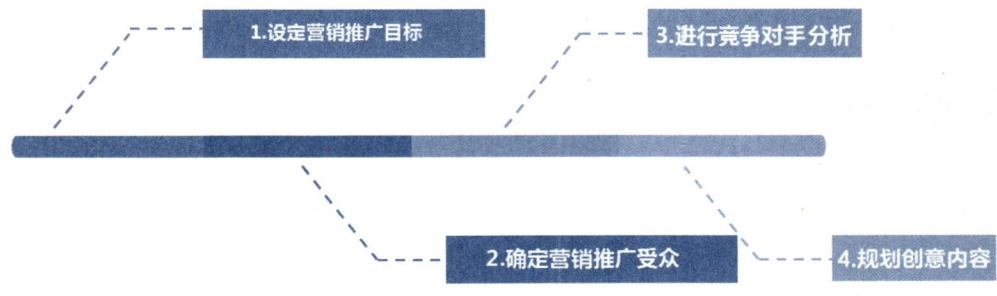

图 5.94　Instagram 的营销推广流程

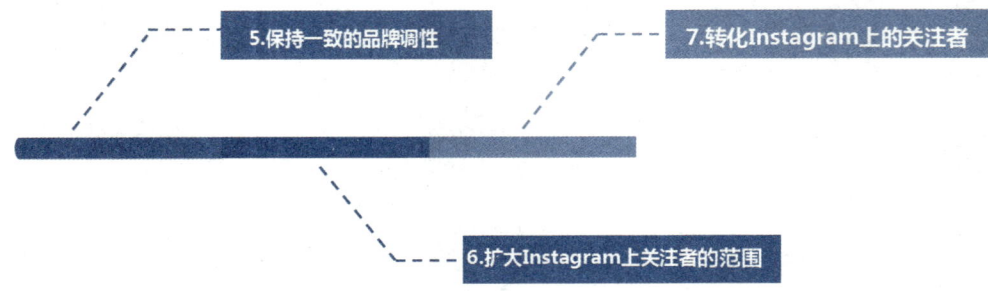

图 5.94　Instagram 的营销推广流程（续）

二、Instagram 基础设置的注意事项

（1）日常与其他账户保持互动：点赞和发表评论是获得关注者的好办法。多关注一些红人，并对他们的帖子进行高质量的回复。

（2）选择合适的时间发布帖子：Instagram 上最有效的发布时间是当地时间的周五和周末。一天中，美东时间下午五点左右发布的帖子能得到相对较高的曝光率与活跃度。可以根据大数据分析结果安排发帖，找到最合适的发布时间。

（3）及时回复用户的评论：该做法至关重要。因为回复评论不仅能够激发原始帖子的后续评论，还能迅速开启对话，提升用户的参与度。这样一来，既能扩大帖子的覆盖范围，又能增加评论数量。

三、Instagram 基础营销

1. 图片营销

（1）一致性品牌营销，建立图片品牌。

Instagram 用户的品牌调性具有一致性。这种一致性并不代表内容同质化，而是指运营频道的视觉效果具有品牌特色，让用户产生记忆点。Instagram 图片品牌案例如图 5.95 所示。

（2）精美且带有启发性的图文营销。

Instagram 是基于共享图片而建立的，图片是核心的驱动力。要想制作一些优质且富有启发性的图片，企业需要具备以下几个要素：学习平台上 KOL 和品牌方的创作方式与灵感；结合自己的产品进行创意头脑风暴；使用一些在线工具，如 Photoshop 和 Canva 等。Instagram 图文营销案例如图 5.96 所示。

2. 标签营销

Instagram 是社交媒体，也是搜索引擎。当帖子使用某个标签时，搜索引擎会把帖子收录在该标签下，当用户使用该标签获取新帖时，已收录的帖子可能会获得曝光，故标签能提升帖子的曝光量。一个帖子最多可以使用 30 个标签，具体应结合帖子的内容设置。Instagram 标签营销案例如图 5.97 所示。

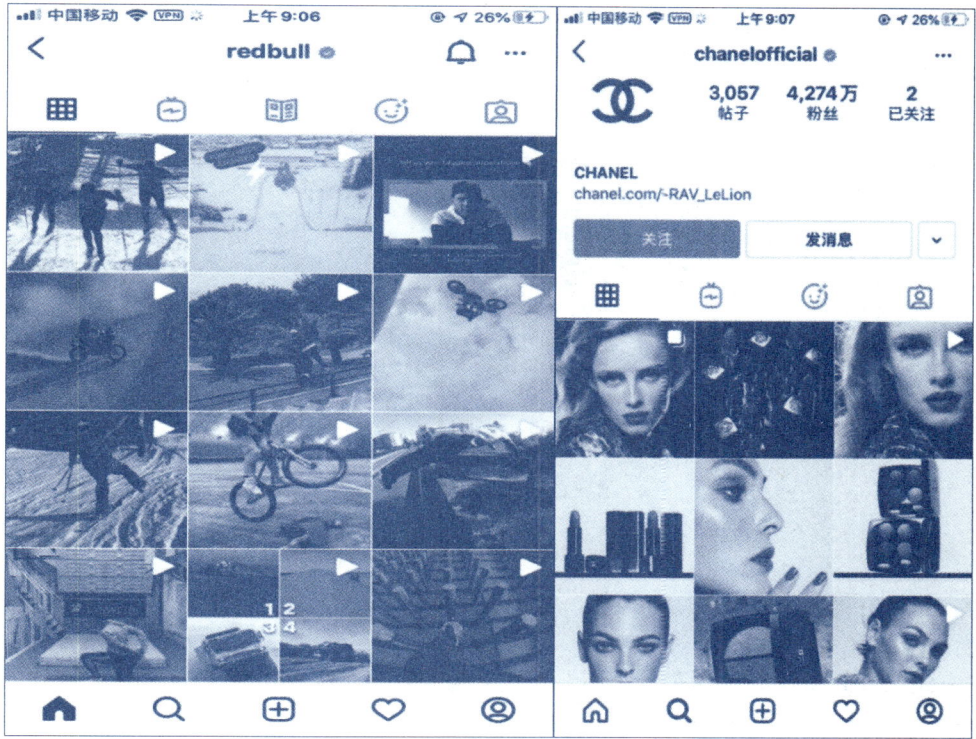

图 5.95 Instagram 图片品牌案例

图 5.96 Instagram 图文营销案例

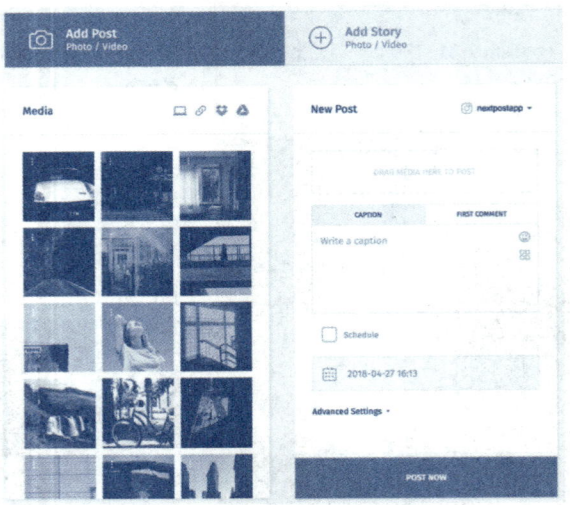

图 5.97　Instagram 标签营销案例

点击某个标签，会有"人气"和"最新"选项卡。刚发布的帖子会出现在"最新"中，这相当于一波免费的流量。

Instagram 支持自定义标签，只需要使用 # 号加上标签名即可，如 #apple。在进行品牌推广时，要最大限度地使用标签来扩大影响力。可以 @ 名人进行引流，也可以在请达人分享图片时，让其 @ 要推广的品牌名，或者 @ 要推广的活动名，甚至 #xmas 来蹭圣诞节的热度。# 的应用很丰富，需要结合品牌特色或营销目标灵活应用。Instagram 自定义标签营销案例如图 5.98 所示。

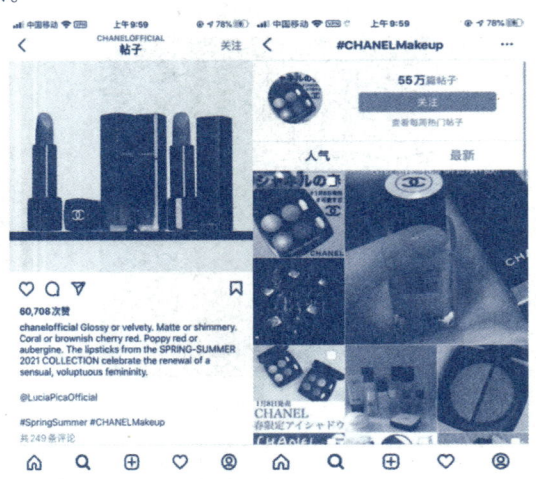

图 5.98　Instagram 自定义标签营销案例

3. 活动营销

与一般的图文帖子相比，采用竞赛、提供赠品、有奖竞猜等活动可以带来更多的关注。

如图 5.99 所示，活动设置了用户感兴趣的奖品。在进行活动营销时，指令应尽可能简练、清晰。比如，点赞你的照片、关注你的账户、转发你的帖子并 @ 一位好友、加上相关的主题标签等活动，就有可能激发网络效应，形成"病毒式"传播，从而达到期望的营销效果。

图 5.99　Instagram 活动营销案例

4. 红人营销

红人（Influencers）是指在 Instagram 上具有影响力的人。与红人合作进行产品的营销推广可以快速有效地提升产品的关注度和店铺销量。可以在 Instagram 上寻找合适的红人，也可以通过红人平台，如 iFluenz、Open Influence 和 Tribe 等，寻找最佳的合作伙伴。Instagram 红人营销案例如图 5.100 所示。

图 5.100　Instagram 红人营销案例

红人营销的步骤如下。

（1）选择待推广的产品。

通过速卖通、eBay 和 Pinterest 等渠道分析用户会对同类品牌的哪些产品感兴趣。同时，分析自有品牌产品中的哪些产品在跨境电商平台上最受欢迎，然后主推这些产品。

（2）寻找红人。

确定待推广的产品后，应寻找合适的红人进行营销推广。寻找红人的方法有很多种，可以在专门的红人资源网站上搜索，也可以直接在 Instagram 上寻找。①分析红人账户语言是否适合。②分析红人粉丝的数量和质量。③分析红人账户内容的质量。④分析红人发布的帖子的用户参与度。

（3）联系红人。

在选定了红人后，需要联系红人进行沟通，可以在 Instagram 上直接联系红人。如果有红人的电子邮箱，可以向红人发送电子邮件。

（4）磋商价格。

一般来说，红人营销的价格是每 1 万个粉丝 1 美元。不过，有些热门红人营销的价格很高，有时报价 1 万个粉丝 5 美元都是正常的。因此，需要跟红人讨价还价，并且根据产品的实际情况进行选择。

（5）支付费用。

在确定好价格和广告内容后，就应向红人付费了。付费方式多样，可以使用 PayPal 的"产品或服务付款"付费，采用这种付费方式就代表着向红人购买产品或服务。如果红人提供的营销存在问题，可以向 PayPal 申请退款。使用 PayPal 付款会产生交易费用，一般由品牌方支付。

（6）确定推广时间。

红人营销的推广时间一般为 12 小时，超过 12 小时，效果就会差很多。应了解红人发布的帖子一般在什么时候会被更多人看到。

（7）发布内容。

在确定好推广时间、广告内容、受众群体，以及红人营销的价格后，还需要确定红人发布的具体内容。

在撰写营销推广内容的标题时，要加上标签。在红人开始做广告之前，应先将广告转发到自己的账户。同时在给红人的广告标题中，要记得 @ 自己的账户，这样感兴趣的用户就可以通过点击直接跳转到企业的账户了。在红人开始做广告后，要及时跟进自己的账户和红人的账户，如果用户有问题，要及时回复。最后就是分析具体数据，以便评估此次红人营销的效果。

5. IGTV 视频营销

Instagram 电视（俗称 IGTV，见图 5.101）提供了在 Instagram 上共享长视频的功能。视频是 Instagram 营销策略的重要部分。相对于 YouTube，IGTV 的优势包括视频制作更容易、没有广告、可竖屏观看视频、更适合品牌做营销等。Instagram 对视频有格式、尺寸、长宽比和时长的限制，制作视频前应查询相关规则。

（1）发布系列短片。

IGTV 最受欢迎的用途之一是发布与特定主题相关的系列短片，如图 5.102 所示。例如，Madewell 的沙发秀系列记录了艺术家在家里举办小型表演活动的故事。周日晚餐系列是在饮食行业有影响力的人分享食谱的视频。这些系列短片均广受欢迎。

（2）提供深入的教程。

用视频展示产品的深度使用教程也很受欢迎。Lightroom 使用 IGTV 共享 #LrInsider-Tips，提供 Lightroom 的使用教程。

图 5.101　IGTV

图 5.102　发布系列短片

（3）发布有趣的访谈。

邀请与品牌相关的人，让其分享有趣的见解或回答用户的问题，能吸引大量对此有兴趣的用户。

6. 使用 Instagram 购物帖子

（1）购物功能简介。

通过 Instagram 购物功能，商家可以为用户提供沉浸式的购物体验。用户可通过商家主页的购物帖子和快拍获得产品信息，也可在"搜索与发现"中发现产品。当用户点击购物帖子中的产品标记或快拍中的产品贴图时，将跳转到相应的产品描述页面，甚至直接打开购买链接。这种把产品"陈列"在应用场景中的用户体验，非常有利于商家推广产品，如图 5.103 所示。

图 5.103　Instagram 的购物功能演示

（2）创建 Instagram 购物帖子的步骤。

创建 Instagram 购物帖子的步骤如图 5.104 所示。

图 5.104　创建 Instagram 购物帖子的步骤

（3）购物功能应用。

① 标记产品。

创建购物帖子或快拍，点击"标记产品"，从产品目录中添加产品即可。商家主页上的旧帖也可以添加产品标记，颜色和文本均可修改。但多图片购物帖子不支持发布后再编辑或删除产品标记。

② 查看购物成效分析情况。

访问商家主页的"成效分析"，可以查看产品浏览次数（用户点击产品标签查看产品详情页的总次数）及购买链接点击次数（用户点击产品详情页上购买链接的总次数）。

③ 购物功能应用注意事项。

从产品目录中删除产品：在将某产品从产品目录中删除后，就无法在 Instagram 上主推该产品了。并且，在删除该产品后，相关成效分析也将被删除。

切换产品目录：如果更改 Instagram 购物功能的产品目录，现有产品标记不会被更改。商家可以在"商务管理平台设置"中切换产品目录。

缺货产品：如果产品缺货，将移除相关的产品标记。目前，在补货后，相应的产品标记不会重新显示。

产品标记：目前产品标记仅在购物帖子和快拍中可使用，无法在付费广告中使用。

产品审核：产品目录中的每款产品都必须接受审核，以符合 Instagram 的商业交易要求。如果商家想要标记的产品没有显示出来，可能是因为此产品未获得批准或被认为是重复产品。

四、Instagram 付费广告

Instagram 的广告成本相对较高。其 CPC（Cost Per Click，即点击广告每点击一次的费用）约为 0.70 美元。Instagram 的广告成本受到许多因素的影响，这些因素包括但不限于以下因素。①年龄。CPC 较高的广告受众的年龄段为 18～24 岁、25～34 岁和 35～44 岁，如果 Instagram 的用户正处于这些年龄段，那么其也处于营销推广中最有价值的年龄段。②性别。以女性为目标用户的品牌在 Facebook 上做广告的成本要高于以男性为目标用户的品牌在 Facebook 上做广告的成本。在行业内人们普遍倾向于认为 Instagram 的用户群体中女性占比较大（数据来源于科技博客网站 Business Insider2023 年的报道、Statista2023 年和 2024 年两年的调查数据）。这导致了竞争的加剧和广告成本的增加。③其他影响广告成本的因素，包括国家、兴趣定位、广告材料等。

Instagram 的付费广告（见图 5.105）根据计费方式可分为两大类型：CPM 广告（以广告的展现量或曝光量来计费的广告，CPM 为 Cost Per Mille 的缩写）和 CPC 广告（以用户的点击次数计费的广告）。Instagram 付费广告与 Facebook 广告捆绑，由 Facebook 广告进行后台管理，相关操作方法均可以参考 Facebook 广告。

图 5.105　Instagram 的付费广告案例

五、Instagram 付费广告的类型

从表现形式上来看，Instagram 付费广告主要包括以下八种类型。

（1）快拍广告。

快拍广告是指将照片、影片等编辑成短片，能够全屏显示的广告。在发布快拍后，除非主动保存，否则系统会自动在 24 小时之后将其删除。

（2）图片广告。

高质量的图片广告会吸引更多的访客和用户。

（3）视频广告。

Instagram 的视频广告时长最长不超过 1 分钟，在播放结束后自动重播。视频信息量大，能让用户更全面地了解公司的品牌、业务和产品。

（4）轮播广告。

通过使用轮播广告，可以展示多种产品、分享一个由多部分内容构成的快拍、深入展示一项服务，最多可显示 10 张图片或 10 条视频。

（5）聚合广告。

聚合广告提供了引人注目的电子商务功能，用户可以选择直接从广告中购买产品。

(6) 发现页广告。

"Explore"是 Instagram 中的一个标签，用户可以在其中发现新的内容。每个月都有过半数的 Instagram 用户访问该页面。

(7) IGTV 广告。

IGTV 是 Instagram 旗下的长视频平台。

(8) Instagram 购物广告。

如果安装了 Instagram Shopping，则可以将购物帖子作为 Instagram 广告投放。

Linkedin

Linkedin 是一个面向职场的社交平台。Linkedin 的注册用户大多是受过良好教育的专业人士，且以外贸、互联网等行业的人士居多。

【Step1】Linkedin 公司主页创建

1. 公司主页布局

在 Linkedin 上创建公司主页需要使用个人账户。公司主页的内容包括公司名称、页面背景图、公司头像、公司 Logo、公司描述和业务领域等。

公司主页左上方醒目的位置放有公司 Logo 和公司名称，以及关注（Follow）等按钮。在点击关注按钮之后，用户就关注了该公司，其能看到公司所发布的最新资讯。苹果公司在 Linkedin 上的主页如图 5.106 所示。

2. 公司主页创建流程

（1）找到公司主页创建入口，如图 5.107 所示。进入 Linkedin 主页，选择窗口右上角个人资料图标右侧的"Work"标签，在弹出的页面中找到 Create a Company Page。

图 5.106　苹果公司在 Linkedin 上的主页

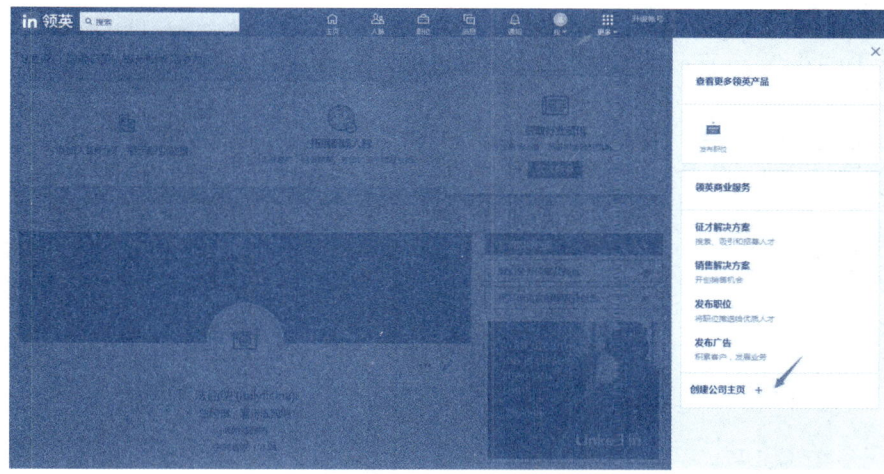

图 5.107 找到公司主页创建入口

(2)选择页面类型。选择"Create a Company Page",进入页面类型选择页面,如图 5.108 所示。一共有 Raise brand awareness、Promote career opportunities、Build relationships 三种类型供选择。根据公司的类型选择其中一种即可。

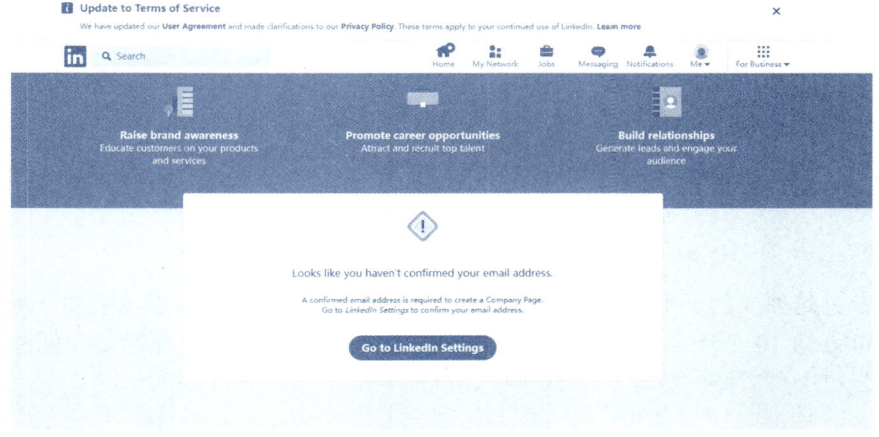

图 5.108 页面类型选择页面

(3)填写公司主页资料。在选择页面类型之后,进入公司主页资料填写页面,如图 5.109 所示。

主页名称。请确保主页名称是公司官方名称,可以填写公司的英文名或者用汉语拼音拼写的中文名,不要出现汉字。

公司详细信息。确保公司详细信息准确无误,尤其是行业类型。所有这些信息都会影响公司主页的可见性。

公司 Logo。请确保选择与品牌一致的公司 Logo。Logo 要符合 Linkedin 的规则,即大小为 300 像素×300 像素,格式为 jpg、jpeg 或 png。

对于标语，一般使用企业统一的品牌口号或标语。

（4）提交资料。在提交资料之后，会出现邮箱确认页面，确认后即可完成公司主页的创建。

（5）完善公司信息。当公司信息需要完善时，选择页面右侧的蓝色 Edit，就可以进入编辑页面更新信息了。

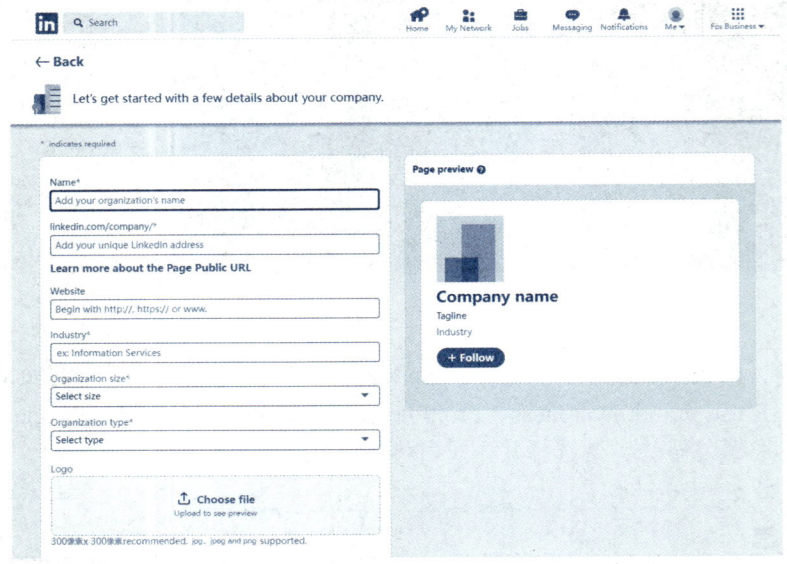

图 5.109 公司主页资料填写页面

【Step2】专页管理

1. 产品专页（Showcase Pages）管理

产品专页是独立的子页面，用于宣传公司旗下的产品或短期的市场活动。每个公司主页下最多可创建 10 个产品专页，公司可以根据自己的产品分类进行设置。创建产品专页的入口在公司主页右侧的管理员工具—创建产品专区，如图 5.110 所示。

图 5.110 创建产品专页的入口

2. 附属公司主页（Affiliated Company Pages）管理

如果你的公司一个多元化的集团公司，旗下有多个子公司，那么可以通过"附属公司主页"来互相链接。例如，三星就是采用附属公司主页的方式来展示多个子公司的。如果要进行附属公司主页的设置，请联系公司的账户经理。每个公司主页都有相应的账户经理。

【Step3】创建广告账户与推广活动

在投放 Linkedin 广告前，需要创建一个广告账户。登录个人账户，点击首页顶部的"工作"，选择"发布广告"。在 Campaign Manager 页面输入账户名称、选择币种，并关联 Linkedin 主页，点击"创建账户"即可，如图 5.111 所示。

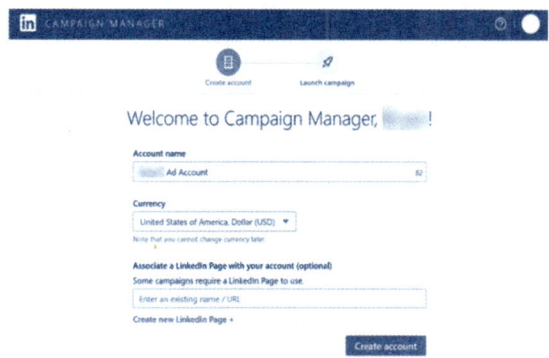

图 5.111　Linkedin 广告账户的创建

1. 创建推广活动群组

在创建广告账户后，首先需要创建推广活动群组。在创建推广活动群组时，需要设置推广活动群组的名称、状态、开始日期和结束日期等，如图 5.112 所示。

图 5.112　创建推广活动群组

2. 设置推广活动

（1）选择推广目标。在设置推广活动时，需要从七个目标中选出推广目标，如图 5.113 所示。通过这些目标，可以设置层层推进式的推广活动。

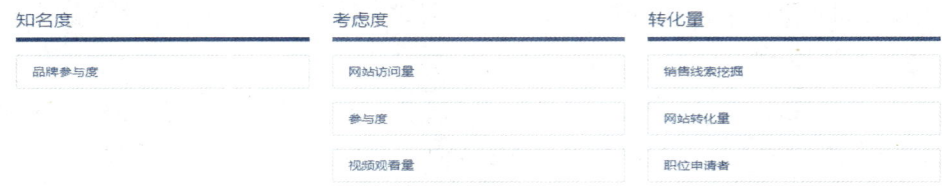

图 5.113　选择推广目标

（2）选择目标客户。接下来，需要从目标客户类型中选择要投放的目标客户。一般来说，可以通过地点、目标客户特征等进行目标客户的精准定位，如图 5.114 所示。

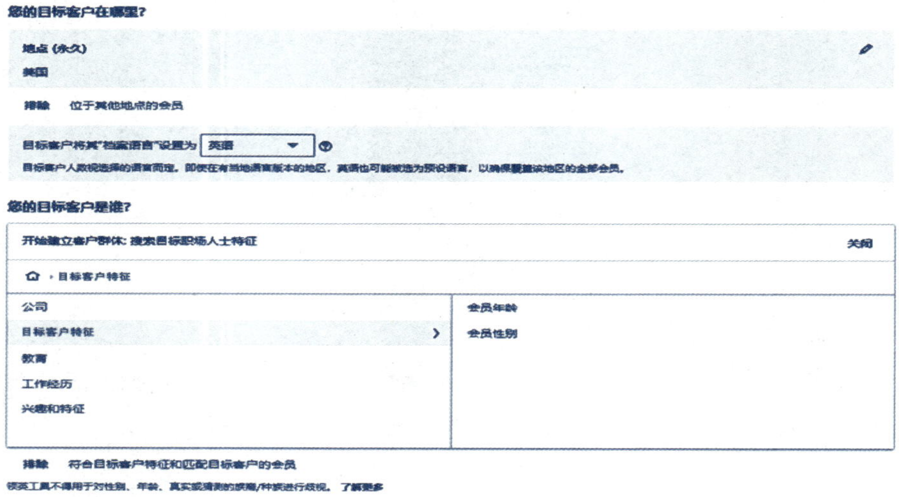

图 5.114　选择目标客户

（3）选择广告形式。在七种广告形式中选择一种，如文字广告，如图 5.115 所示。

图 5.115　选择广告形式

(4)确定广告投放,如图 5.116 所示。

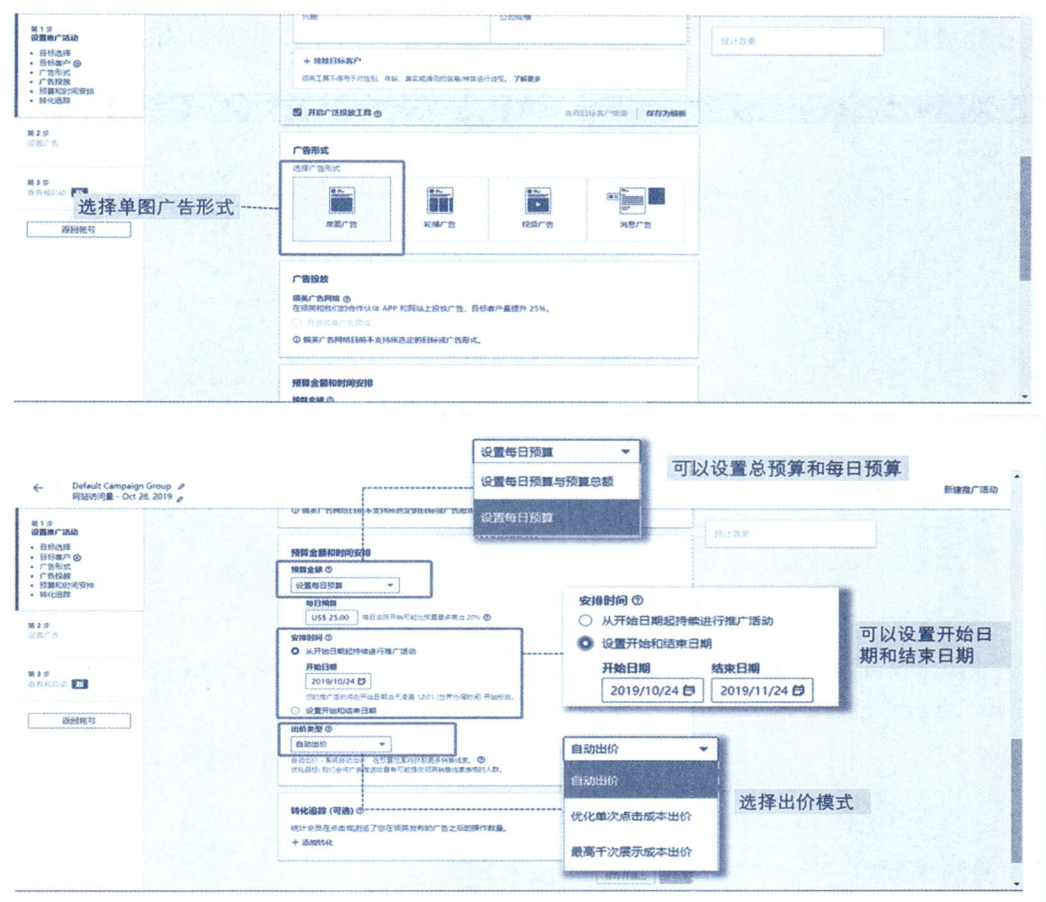

图 5.116　确定广告投放

(5)设置预算金额和进行时间安排。需要设置每日预算、开始日期和结束日期,如图 5.117 所示。

图 5.117　设置预算金额和进行时间安排

3. 填写广告内容

在完成设置推广活动之后，点击"新建广告"进入广告内容填写页面，如图5.118所示。

图 5.118　新建广告

在弹出的对话框中填写广告内容，右侧将进行广告内容的预览，如图5.119所示。填写完毕，点击"创建"进入下一步。

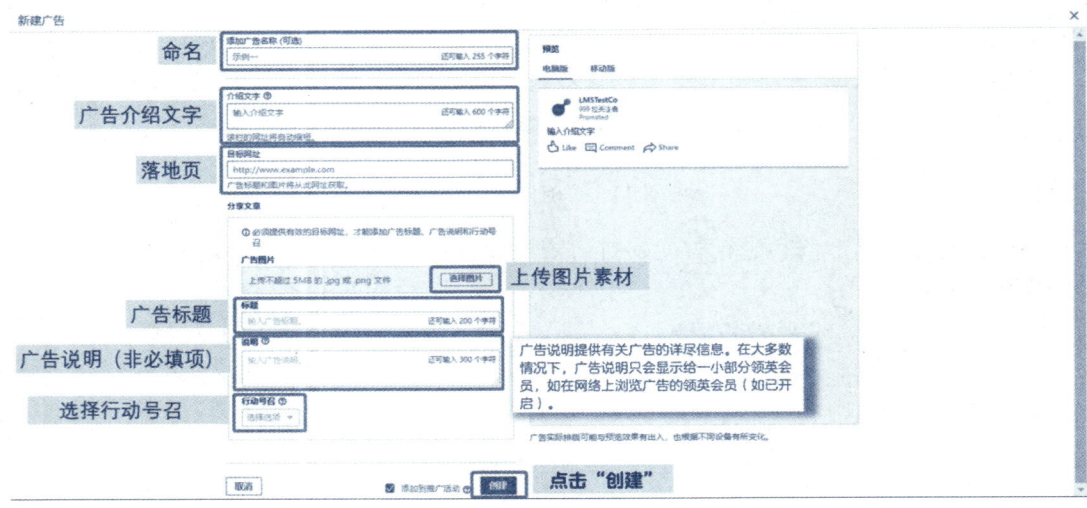

图 5.119　设置广告内容

4. 查看和启动推广活动

最后，点击"开始推广活动"即可完成推广活动的创建，如图5.120所示。

图 5.120　启动推广活动

【知识链接】——Linkedin

一、Linkedin 简介

Linkedin 目前可以通过 20 种语言提供服务，包括汉语、英语、法语、德语、意大利语，以及其他小语种。基于其职场社交的特性，企业在 Linkedin 上同样可以拓展人脉网络，建立商务联络，获取询盘。因此，Linkedin 同时也是市场营销和销售平台。报告显示，Linkedin 有大约 25% 的收入来自市场营销活动。Linkedin 的公开数据显示，Linkedin 上约有 7.4 亿名职场人士，其中包括约 1000 万名 CEO、8600 万名有影响力的行业资深人士和 1700 万名意见领袖。

二、Linkedin 在跨境电商营销中的作用

据统计，国外 80% 的 B2B 营销线索可能来自 Linkedir，营销线索可以是求职者、职场网红、客户、高管等。调查显示，94% 的 B2B 内容营销人员使用 Linkedin 开展内容营销工作，92% 的 B2B 营销人员更喜欢使用该平台，而不是其他平台。Linkedin 营销具有以下三个特点：拥有类型丰富、优质的受众；值得信赖的环境让营销更有效；拥有强目标性的互动。

三、Linkedin 公司主页的重要性

使用 Linkedin 营销，首先需要建立公司主页。公司主页可以关联个人档案中的公司或产品介绍，并且可发布产品和进行广告信息推送，与公司的粉丝开展互动和营销活动。Linkedin 公司主页的作用和 Facebook 公司主页的作用非常类似，也是公司发布动态消息、与粉丝开展互动的工具。

四、Linkedin 付费广告

1. Linkedin 付费广告形式

（1）文字广告。

文字广告出现在营销管理工具的导航栏或许多页面的顶部横幅上。文字广告仅包含文字。点击文字即可跳转到指定的页面。

（2）单图广告。

单图广告包括一张图片，在受众的 Feed 中显示。

（3）轮播广告。

轮播广告可以连续显示多个图片或视频。轮播广告可在桌面或移动设备上讲述交互式故事，并展示多种产品和服务、分享洞察，以获取销售机会。

（4）视频广告。

视频广告适合讲述品牌故事，可以将自己定位为思想领袖，分享客户成功的故事。

（5）推广消息广告。

推广消息广告包括消息广告和对话广告，在 Linkedin 会员的消息或对话中显示。推广消息广告一般面向最重要的用户，及时、便捷地推送为他们量身定制的内容。

（6）定制广告。

定制广告是 Linkedin 的一种动态广告形式，能够根据用户的个人资料（如职位、公司、行业等）自动生成个性化的广告内容，从而提升广告的相关性和点击率。

2. Linkedin 付费广告策略

（1）Linkedin 付费广告目标。

Linkedin 付费广告一般有三个目标：提升认知度、提升考虑度、提升转化量，如图 5.121 所示。

① 提升认知度：推广活动通过展示次数最大化提升品牌认知度。

② 提升考虑度：推广活动鼓励潜在用户采取行动，了解公司更多具体的业务。常见的表现形式为点击链接访问落地页，或者点赞、评论、分享、关注 Linkedin 主页等互动操作。

③ 提升转化量。推广活动以挖掘销售线索为目标，用户从网站上可以获取和追踪线索，如白皮书的下载量等。

图 5.121　Linkedin 付费广告目标

（2）Linkedin 付费广告效果评估。

Linkedin 付费广告效果评估从认知度、考虑度、转化量三个维度进行，如图 5.122 所示。

① 评估认知度。评估付费广告的认知度有三个指标，包括视频观看完成率、视频完成成本、广告触达次数及平均触达频率。

② 评估考虑度。评估考虑度可以从参与度、参与质量两个方面进行。参与度的评估指标是点击率或参与率。参与质量的评估指标是页面停留时长、跳出率、网页浏览或网站点击分布。

③ 评估转化量。可以根据销售合格线索、销售线索数量、销售线索转化量等后端指标评估转化量。

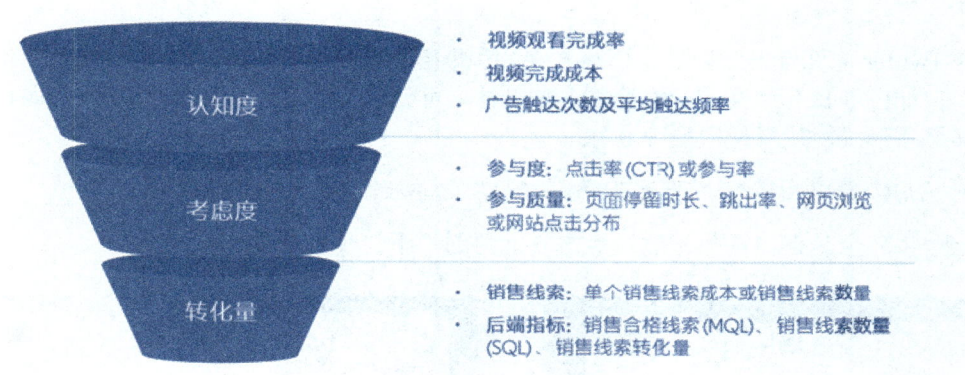

图 5.122　Linkedin 付费广告效果评估维度

（3）Linkedin 付费广告营销组合策略。

Linkedin 付费广告营销组合策略如图 5.123 所示。

广告目标	广告形式			广告定向
	动态汇总	消息	右栏广告	特征及匹配目标用户
品牌 （提升认知度）	视频广告 单图广告 领英广告网络	对话广告	定制广告	职能类别 + 职位级别 技能或职位头衔 兴趣定向 相似目标用户
互动 （提升考虑度）	单图广告 轮播广告 领英广告网络	对话广告	定制广告 关注者广告 文字广告	职位头衔 + 会员特征 上传清单 网站再营销 基于参与度再营销
效果 （提升转化量）	单图广告 轮播广告 领英广告网络	消息广告	定制广告 关注者广告 文字广告	上传清单 网站再营销 基于参与度再营销

图 5.123　Linkedin 付费广告营销组合策略

Twitter

Twitter（推特）是一家提供社交网络及微博客服务的公司，致力于服务公众对话，由比兹·斯通（Biz Stone）、埃文·威廉姆斯（Evan Williams）和杰克·多西（Jack Dorsey）共同创建。

【Step1】创建 Twitter 账户

Twitter 是介绍新产品和服务、接触新受众并推广品牌的理想工具。一方面，全球有 13 亿人拥有 Twitter 账户。其中 74% 的人使用 Twitter 追踪喜欢的品牌，而 47% 的追随者在看到某篇推文后有可能访问对应的网站。另一方面，许多人使用 Twitter 来抱怨自己不喜欢的公司。如果该公司不在 Twitter 上，这些抱怨将被分享，并且可能形成破坏性的宣传。以下有关 Twitter 的图片内容的截止时间为 2024 年 6 月。

1. 创建 Twitter 账户

在 Twitter 首页点击"注册"，填写名字、手机号码或电子邮件、出生日期，然后点击"下一步"，如图 5.124 所示。在注册商业账户时，可使用公司名称，如果公司名称很长，则使用其缩写形式，或者使用品牌名称。

2. 决定是否勾选"跟踪用户在网络上看到 Twitter 内容的位置"

这一步完全是自愿选择。然后点击右上角的"下一步"，如图 5.125 所示。

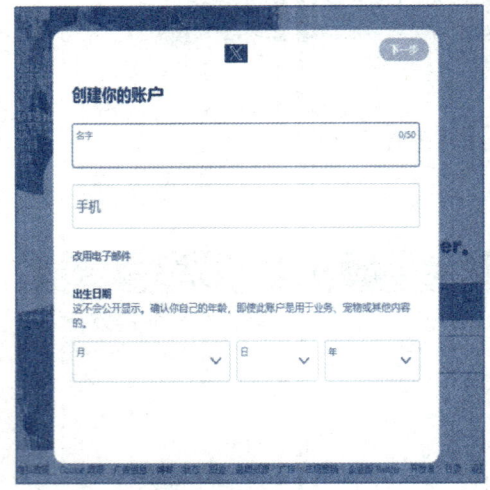

图 5.124　Twitter 账户的创建

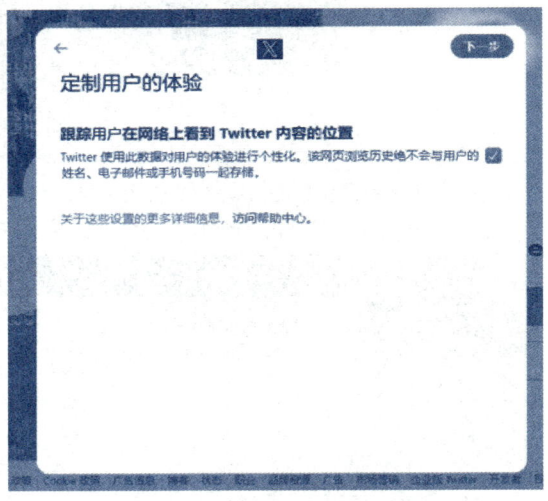

图 5.125　决定是否勾选"跟踪用户在网络上看到 Twitter 内容的位置"

3. 确认账户相关信息

在确认账户相关信息无误后，即可点击"注册"，如图 5.126 所示。

4. 选择关注的用户，然后进行邮箱验证

Twitter 将要求用户确认电子邮件，单击来自 Twitter 的电子邮件链接即可。在邮箱验证完毕后，Twitter 账户就创建完成了，如图 5.127 所示。

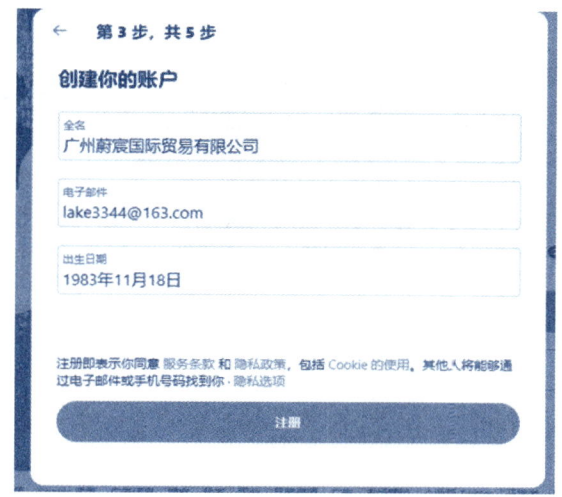

图 5.126 确认账户相关信息

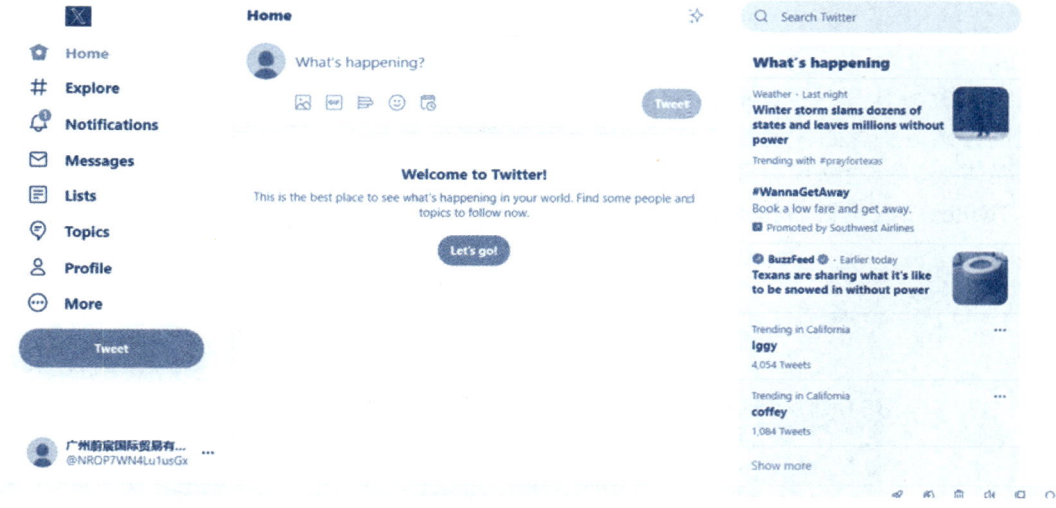

图 5.127 Twitter 账户创建完成

5. 设置账户资料

在进行初步注册后，Twitter 会引导用户完成一些账户资料的设置，如账户头像、自我描述、关联通讯录、兴趣、关注建议等。建议尽量完善这些资料，因为资料的完善度和真实度越高，越有利于后期账户的运营。

6. 填写个人资料

专业的个人资料可以给新关注者留下良好的第一印象，应利用好个人资料中的每个元素。图 5.128 所示为宝洁公司的品牌页面，其展示了日化用品的图片及公司悠久的历史。

项目五 跨境新媒体营销

图 5.128　宝洁公司的品牌页面

个人资料具有一定的品牌营销价值。首先是公司账户，这是用户在 Twitter 上找到该公司的方式。头像照片最好是品牌的标志或体现品牌特性的标志。另外，标题图片的设置也非常重要。标题图片会显示在个人资料页面上，可频繁地对其进行更新来反映当前的活动。Twitter 个人资料品牌营销的案例如图 5.129 所示。

图 5.129　Twitter 个人资料品牌营销的案例

【Step2】Twitter 内容创建与发布

1. 移动端内容创建及发布

在 Twitter 移动端创建内容非常简单，只需要在 Twitter 首页的右下角点击带"加号和羽毛"的圆形蓝色图标，进入编辑页面，输入需要营销的内容，然后点击"发推"即可。

Twitter 移动端内容创建及发布的案例如图 5.130 所示。

图 5.130　Twitter 移动端内容创建及发布的案例

2. 网页端内容创建及发布

在电脑上登录 Twitter，在账户主页最左侧显示了各项功能，点击下部的"Tweet"进行内容的编辑和发送。Twitter 网页端内容创建及发布的案例如图 5.131 所示。

【Step3】Twitter 推文转发

转推是 Twitter 上最常用的功能之一。此功能可以促进用户间交流并在 Twitter 上发展熟人网络。

一种情况是简单推文转发。简单推文转发的操作步骤如下。

登录 Twitter，通过新闻提要或主题标签选择要转发的推文，点击位于相关推文底部的"转推"即可。简单推文转发的案例如图 5.132 所示。

另一种情况是在转发信息中添加一条信息。

点击"带有评论的转发"，将打开一个编辑窗口，添加一条信息，然后点击"转发"，如图 5.133 所示。

在营销过程中，建议选择带有评论的转发，可以在这里体现自己的思想和提供有价值的信息。有效的方法是选取转发的文章中最有代表性和价值性的文字，这样会让用户更想阅读。

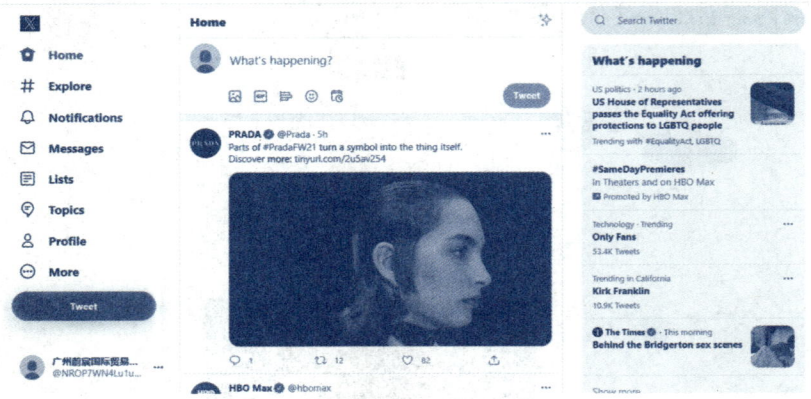

图 5.131　Twitter 网页端内容创建及发布的案例

图 5.132　简单推文转发的案例

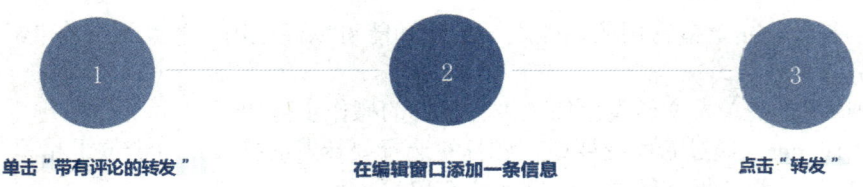

图 5.133　在转发信息中添加一条信息的步骤

【Step4】Twitter 营销应用

1. 获得 Twitter 粉丝

要想在 Twitter 上获得更多的粉丝，需要做到以下几点。

（1）内容有用、有趣。确保所发布的内容有用、有趣，是获得粉丝的基础。
（2）多关注其他人。这样他们也关注你的账户。
（3）推广 Twitter 账户。
（4）在 Twitter 个人资料中体现 SEO 关键字。
（5）将 Twitter 链接放在新闻通讯中。
（6）将 Twitter 的 Logo 添加到公司网站，将 Twitter 作为联系选项。
（7）激励 Twitter 追随者。

2. 增加帖子互动

（1）使用热门标签。

#标签功能最早是由一位叫作 Chris Messina 的网友在 2007 年提出并使用的，当时 Chris Messina 本人在 Twitter 上的粉丝已经达到 75000 人。在社交媒体帖子中加入具有趋势性的热门 Twitter 标签，可以让推文的传播不再局限于自己的粉丝范围。当在帖子中使用主题标签时，该帖子的内容将会被展示给讨论该主题的所有人。根据统计数据，当推文包含两个标签时，互动率能大幅度提升。但当标签数超过两个时，互动率反而会下降。Twitter 使用热门标签的案例如图 5.134 所示。

图 5.134　Twitter 使用热门标签的案例

（2）Twitter 本地查询标签功能。

查看趋势标签最显而易见的地方是 Twitter，因为它拥有关于某个主题的准确信息。Twitter 不仅是数据的最佳来源，而且还根据用户的位置和关注对象为每位用户提供量身定制的趋势标签。进入搜索标签，Twitter 将显示账户中个性化的热门话题。Twitter 本地查询标签功能的案例如图 5.135 所示。

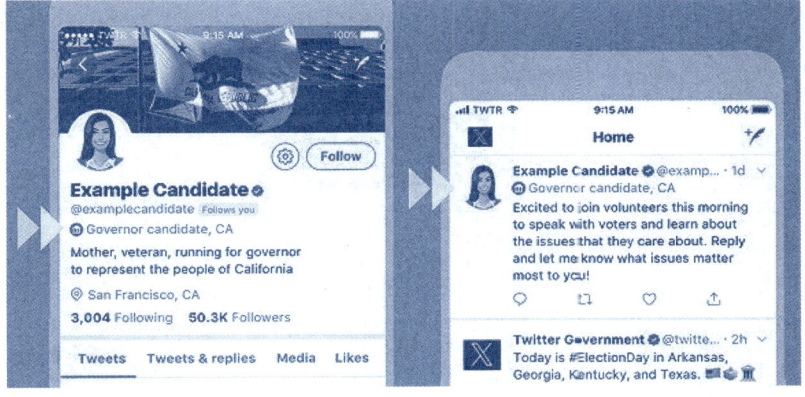

图 5.135　Twitter 本地查询标签功能的案例

3. 创建列表

创建列表的方式包括：直接在 Twitter 上创建列表；利用第三方工具创建列表；寻

找潜在用户；查看有影响力账户的列表。

（1）直接在 Twitter 上创建列表。

直接在 Twitter 上创建列表，可以将列表设置为公开的（任何用户都可以看到它）或私有的（只有自己可以看到它）。在 Twitter 个人资料页面，点击"列表"，进入创建你的列表页面，输入相关内容，然后点击"创建"，如图 5.136 所示。

图 5.136　直接在 Twitter 上创建列表

在创建列表后，Twitter 会提示搜索用户，让其访问正在关注的账户的页面，进行列表用户的添加。通过点击想要添加的账户主页右侧的三个垂直排列的圆点，可完成列表用户的添加，如图 5.137 所示。

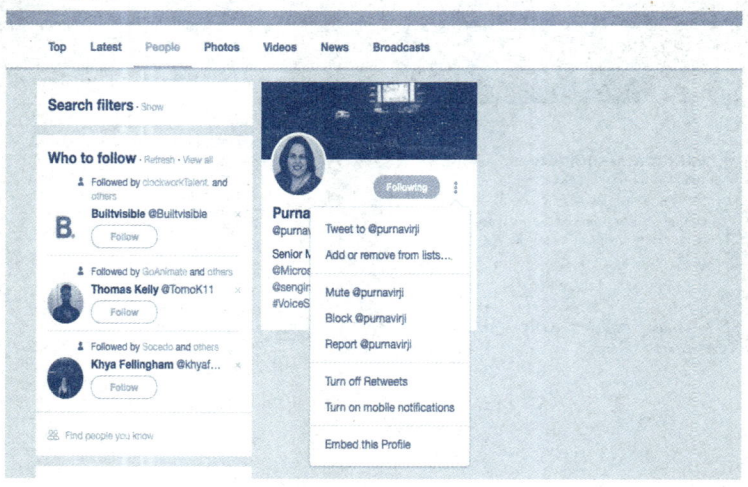

图 5.137　Twitter 列表用户的添加

（2）利用第三方工具创建列表。

一是 Listpedia 工具，专门用于在 Twitter 和 Instagram 上搜索和创建列表。

二是 ScoutZen 工具，使用特定的 hashtag 或搜索、查询、共享某些内容，并进行批量添加。与 Listpedia 工具不同的是，ScoutZen 工具可以查看即将添加的用户列表，并分析是否值得将这些用户加入列表。

（3）寻找潜在用户。

在开发用户时，可以将潜在用户的 Twitter 账户添加到列表中，利用 Twitter 列表追踪潜在用户的线索。另外，查看竞争对手的追随者，对其账户资料进行研究，也能发掘潜在用户。

（4）查看有影响力账户的列表。

在 Twitter 上查找在本行业内有影响力的人，查看他们的个人资料页面，点击其 bio 上方带有三个点的图标，然后选择"查看列表"，可以看到他们创建的列表，其中包括他们的账户列表和他们订阅的列表。点击要关注的列表并订阅，对这些列表进行分析，有利于发现市场商机。

【知识链接】——Twitter

一、Twitter 简介

Twitter 被形容为"互联网的短信服务"。这项服务是由杰克·多西在 2006 年 3 月与合伙人共同开发并在当年 7 月启动的。Twitter 是一种鸟叫声，其创始人认为鸟叫声应该是短、频、快的。

Twitter 是提供当下全球实时事件和热议话题讨论的平台，有 34 种语言版本。在 Twitter 上，从突发事件、娱乐信息、体育消息、政治新闻，到日常资讯、实时评论，全方位地展示了故事的每一面。Twitter 的标识在 2024 年 7 月发生了变化，如图 5.138 所示。

图 5.138　Twitter 标识的变化

二、Twitter 在跨境电商营销中的作用

企业在 Twitter 上可以通过内容营销提升品牌影响力，与用户进行更加有效的互动，提高用户满意度，增加公司业绩，提升品牌形象。众多品牌通过使用社交媒体来提供更好的客户支持，使企业能够实时响应客户。而通过电子邮件获得品牌控制权有时可能需要 48 小时。因此，Twitter 成为跨境电商的重要营销渠道之一。

【案例】阿里巴巴国际站通过应用 Twitter 平台的视频提升业绩

阿里巴巴国际站需要在有采购需求的中小型企业中获取优质的销售线索，为其供应商引流，尤其是在每年 3 月和 9 月全年最主要的采购季期间。2020 年 9 月的采购季为阿里巴巴国际站和 Twitter 提供了一个很好的合作机会。阿里巴巴国际站制作了独特的 #superseptember2020 视频来启动其"9月采购节"推广活动。这段 15 秒的短视频介绍了阿里巴巴国际站上的热门产品及其价位,并鼓励用户安装应用。由于 Twitter 通过其广告后台(Ads Manager)对该推广活动进行了实时跟踪,因此阿里巴巴国际站可以追踪应用的下载和购买情况。

视频是 Twitter 实现用户量增加的催化剂之一。观看视频的 Twitter 用户在增多,观看时间在变长,平台上的视频总观看时间同比增加了 84%。因此,尽管阿里巴巴国际站初期使用静态图像开展广告促销活动,但后来通过 Twitter 的 Video App Card 功能在推广活动中转用短视频,提升了业绩,实现投资回报率翻倍。

三、Twitter 的营销策略

1. 企业新账户运营

Twitter 营销新手进行 Twitter 营销的最重要方法是观察和学习他人的营销手段,然后结合自己的特点创建推文内容。图 5.139 所示为 Twitter 平台粉丝最多的账户。当绝大多数的推文可以引起转发、回复、点赞等互动时,就意味着你已经和粉丝建立了良好的关系。推文营销的下一步是发送一些与你的网站相关的内容,附加网站链接,吸引粉丝点击链接,跳转到网站购买产品。

图 5.139　Twitter 平台粉丝最多的账户

2. 品牌展示

Twitter 的用户名建议使用品牌名,以达到营销推广的目的。同时,发布的推文内容中应多使用品牌名称,使得品牌名称得到更多的曝光。

3. 发文内容

在发表推文的时候,图片比文字更容易吸引用户。对比带图片推文与未带图片推文,带图片推文的参与度是未带图片推文的 3 倍左右,而且带图片推文能够获得更多用户的"点赞"或"喜欢",如图 5.140 所示。将营销链接放在图片上,这样不仅减少了营销链接反复出现给用户造成的反感,还在一定程度上让用户更愿意点击图片看到营销链接。同时,要重视视频营销。数据显示，有视频的推文吸引的参与人数是无视频的推文的10倍多。由于93%的Twitter视频是在手机上观看的，因此要重视视频在移动端的优化。

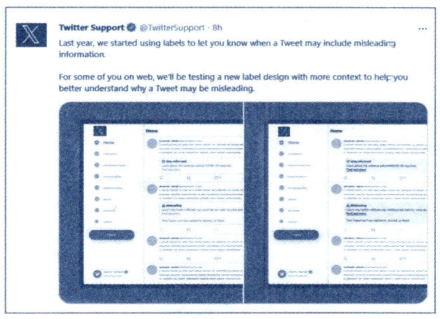

图5.140　Twitter带图片推文与未带图片推文效果的比较

4. 发文时间

据统计，在周五、周六和周日发布的推文的点击率高于在一周中其他几天发布的推文的点击率。由于不同账户粉丝的活跃度不同，因此需要通过数据分析统计粉丝的在线时间，做好重点时间段的发文准备。

5. 推文内容个性化

使用Twitter营销的关键是展现个性。在发布的内容中体现所推广品牌的个性化特点，如使用特别的颜色自定义帖子和链接、为个人资料和封面拍摄专业照片、使用带有书法风格的徽标，可使您的页面脱颖而出，如图5.141所示。

图5.141　个性化推文效果佳

6. 获取更多关注的标签

企业要想在Twitter上获得更多的关注，一定要善于使用"#"标签来加强和粉丝的联系。企业可使用两款标签工具。一是通过Hashtagify寻找合适的标签。在Hashtagify的搜索栏中输入目标标签关键词，Hashtagify会生成符合这个关键词的标签（以Socialmedia为例）。输入完毕之后，在"basic mode"中显示生成的标签。点击其中的"table mode"，会显示各个标签的流行度排行榜，这有利于分析并选择合适的标签。二是通过RiteTag检查标签的关联性。在选定某个标签后，使用 RiteTag 工具检查这个标签和公司 Twitter 账户的关联性。首先进入 RiteTag 中，并授权它可访问公司 Twitter 账户，然后在"compose new tweet"中将要分析的标签输入进去，这样就可以得到该标签与公司 Twitter 账户的关联性，关联性强弱用颜色来区分，如图 5.142 所示。

图 5.142　标签与公司 Twitter 账户的关联性区分

7. 分析数据，找出优点

Twitter 为广大用户提供了分析器（Twitter Analytics，见图 5.143），用户通过分析器可以查看近期账户的热门推文，通过分析这几条热门推文的布局、内容等元素，可以获得一种好的制作推文的方式。同时，用户可以找出其他热门推文的优点，并将其与自己推文的优点相结合，这样就能创作出更受粉丝喜爱的推文了。

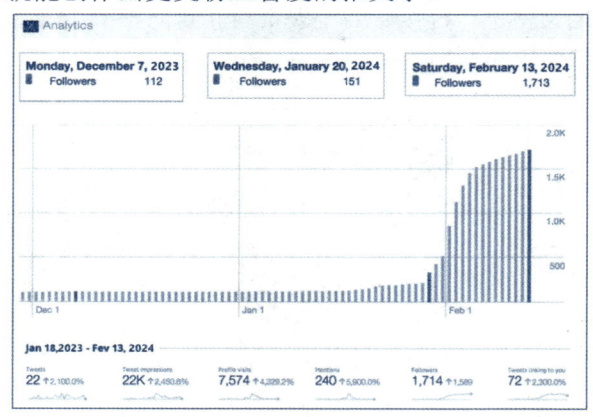

图 5.143　分析器

四、Twitter 的营销管理工具

（一）内容营销效果分析工具

1. 访问 Twitter Analytics

Twitter 的数据分析工具免费开放。在 Twitter 上发布推文后，用户可以获得推文和关

注者的完整分析情况。打开 https://analytics.twitter.com/ 这个网址即可访问 Twitter Analytics 工具。在 Twitter（网页版）的左侧边栏上，单击"更多（More）"，然后单击"分析"（Analytics），就可以访问 Twitter Analytics 了，如图 5.144 所示。

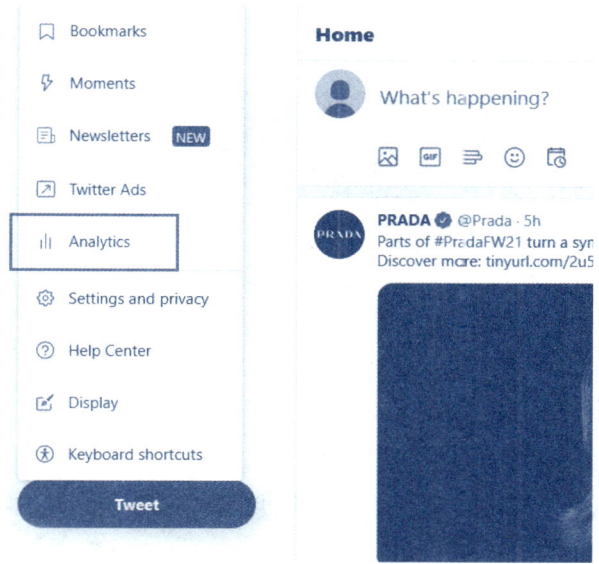

图 5.144　Twitter Analytics 的使用页面

（1）主页标签每月数据分析。

主页标签可即时呈现当月的推文状况，包括当月推文发布数、推文展示率、个人资料访问量、关注量等。其中部分内容如图 5.145 所示。

图 5.145　Twitter 主页标签每月数据分析（部分内容）

（2）主页标签粉丝数据分析。

推文的成功并不能全靠参与度和广告影响，它同时还由主页标签粉丝数据决定。

项目五　跨境新媒体营销　**255**

Twitter 主页标签粉丝数据如图 5.146 所示。

图 5.146　Twitter 主页标签粉丝数据

（3）推文标签数据分析。

在推文标签中深度挖掘每条推文的状态有助于账户的营销。推文标签数据分析如图 5.147 所示。

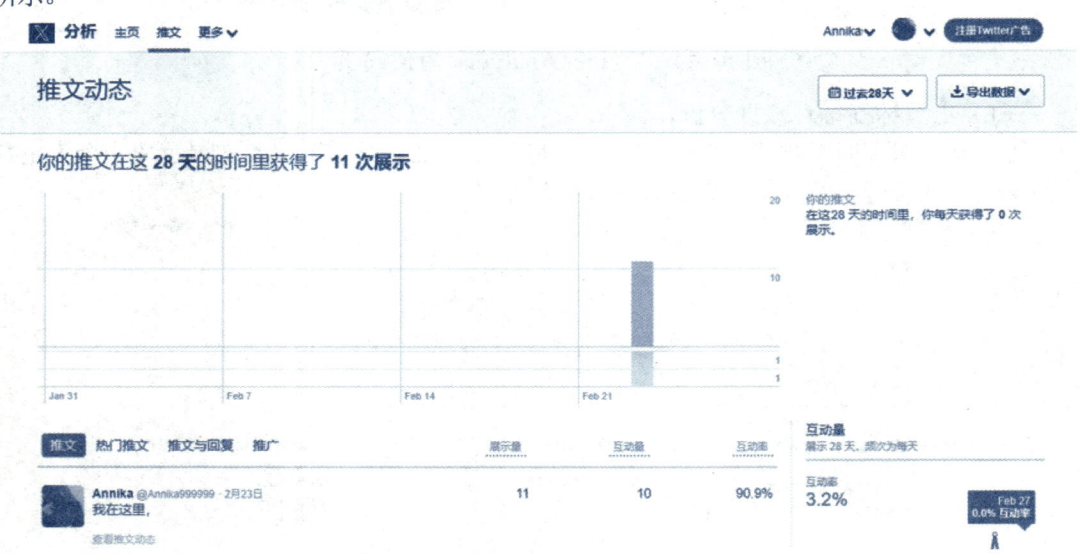

图 5.147　推文标签数据分析

（4）视频标签数据分析。

视频的数据分析与推文的数据分析类似。在视频数据页面，能查看推文的观看次数、观看量、完成率等。Twitter 视频标签数据分析如图 5.148 所示。

（5）转化跟踪标签数据分析。

通过转化跟踪，可以知晓人们在 Twitter 上查看广告后所采取的行动，从而衡量广告支出的回报。Twitter 转化跟踪标签数据分析如图 5.149 所示。

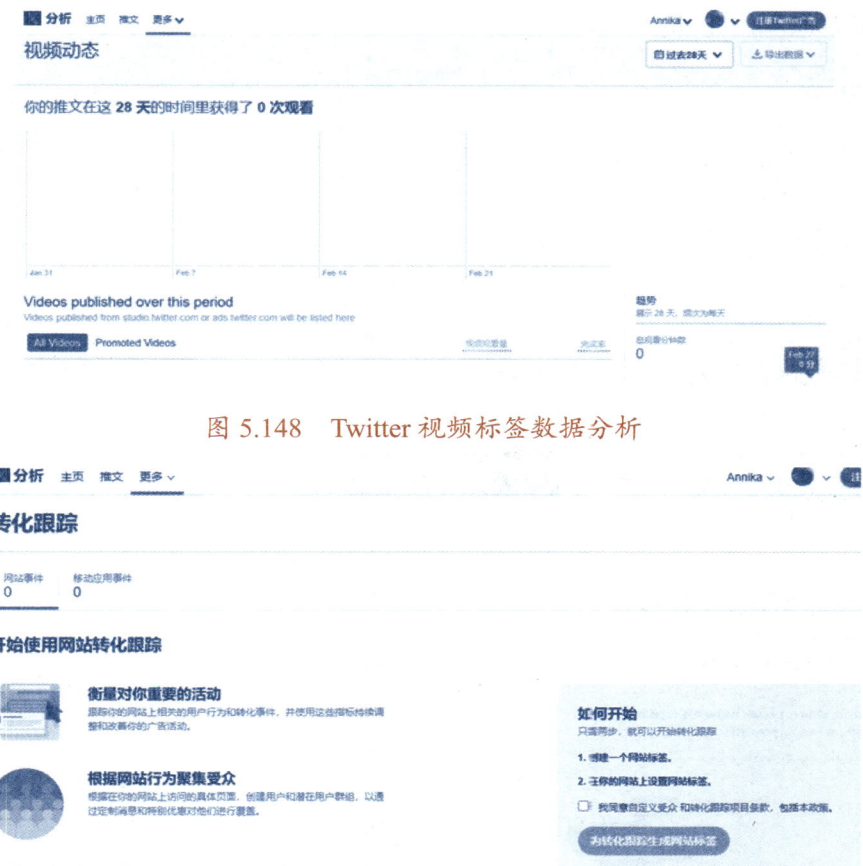

图 5.148　Twitter 视频标签数据分析

图 5.149　Twitter 转化跟踪标签数据分析

2. Tweepi 工具

Tweepi 工具能够帮助用户迅速增加在 Twitter 上的粉丝数量，并且可以清理用户的 Twitter 账户，移除那些与用户无关、不受关注或者不活跃的粉丝。通过使用该工具提供的数据分析功能，用户可以更好地了解所有粉丝的社交价值，以及整个账户的表现情况。Tweepi 工具的数据统计功能如图 5.150 所示。

（二）精准营销工具

1. Audiense

Audiense 是一款流行的企业级管理工具，操作简单，如图 5.151 所示。Audiense 可以帮助用户充分利用 Twitter 账户，如找到有影响力的人、在合适的时间发布具有高点击率的推文、运行自动化的直接留言广告系列等。Audiense 还可以帮助用户轻松批量关注、取消关注和发现志同道合的 Twitter 用户。

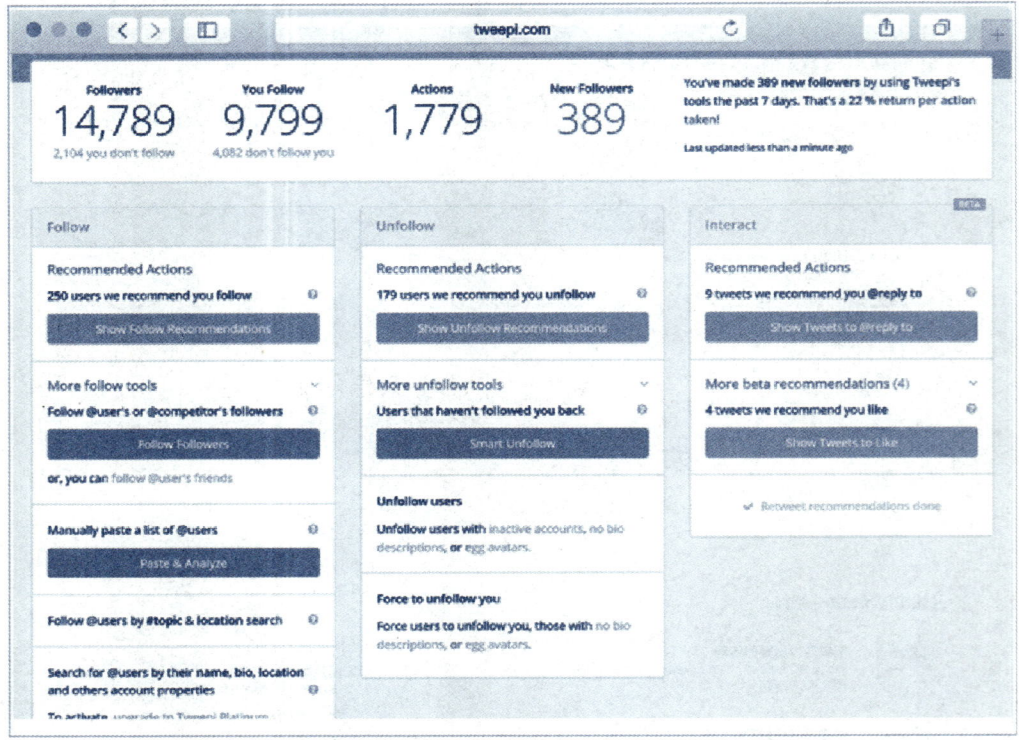

图 5.150　Tweepi 工具的数据统计功能

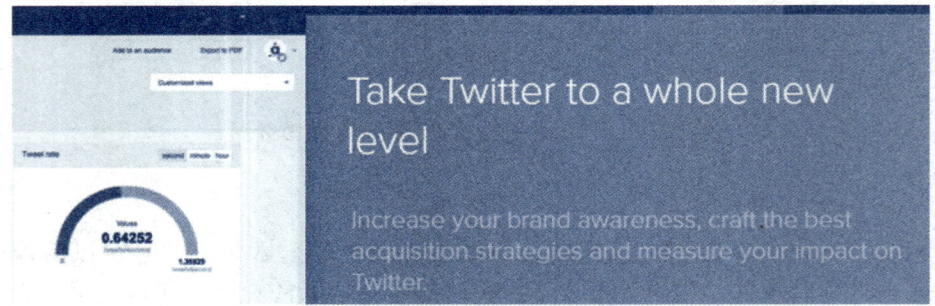

图 5.151　Audiense

2. ManageFlitter

ManageFlitter 能智能管理 Twitter 账户，对数据进行高级分析，并具有独特的功能，如 Powerpost。Powerpost 将自动安排帖子，使其获得最佳的可见度和参与度。用户还可以使用 ManageFlitter 取消关注所有不活动的 Twitter 账户。ManageFlitter 的使用如图 5.152 所示。

图 5.152　ManageFlitter 的使用

（三）营销自动化工具

1. SocialPilot

SocialPilot 能一次编写所有推文，并分不同时段进行发布。企业可以使用 SocialPilot 管理多份 Twitter 个人资料。

2. Commun.it

Commun.it 可以向粉丝转发感谢、在粉丝关注 Twitter 个人资料时表示欢迎、进行粉丝排名公布等，通过许多自动化功能来提高 Twitter 个人资料的参与度。免费账户可与 20 个人进行互动。

3. SocialOomph

该工具包括自动化配置文件所需的几乎所有功能。它的主要功能包括自动向新粉丝发送 DM、关注新粉丝、发送定期推文、删除所有 DM 或推文、RSS 订阅等。

任务二　选择常用即时通信软件

【学习目标】

1. 了解即时通信软件的定义；
2. 掌握常用的即时通信软件的使用方法；
3. 掌握 WhatsApp 在中国大陆的使用方法。

【操作步骤】

【步骤一】掌握 WhatsApp 的基础操作→【步骤二】掌握 WhatsApp Business 的功能使用→【步骤三】创建 WhatsApp 群组营销活动

【步骤一】掌握 WhatsApp 的基础操作

【Step1】下载 WhatsApp

在手机应用商店中搜索 WhatsApp 并下载，或者在电脑搜索引擎中输入 WhatsApp 并下载。

【Step2】添加好友

将客户的手机号保存在通讯录中，登录 WhatsApp 就可以用手机号导入联系人了，但要注意的是：

（1）确保对方也在手机上安装了 WhatsApp；
（2）确保你输入的手机号是正确的；
（3）如果所用的手机号是国际电话，注意不要使用前缀 0。

【Step3】发送广播消息

广播列表是一组联系人列表，在发送广播消息时，这组联系人将自动接收消息。

（1）打开 WhatsApp 并点击页面右上角的"⋮"→广播列表。
（2）点击（广播列表）屏幕底部的新建。
（3）可以输入收件人姓名或点击"+"从联系人中选择收件人。
（4）点击屏幕底部的创建图标。

【步骤二】掌握 WhatsApp Business 的功能使用

WhatsApp Business 是面向企业的版本，是基于企业的需求而创建的。

企业版 WhatsApp 的增强功能包括：

（1）可以使用公司信息创建企业资料；
（2）可以使用标签进行联系人分类（线索、潜在客户、客户等）；
（3）可以建立问答库，快速回答客户的常见问题；
（4）设置工作时间，当客户与企业在非工作时间互动时，自动进行回复和问候；
（5）可以通过链接引流。

【步骤三】创建 WhatsApp 群组营销活动

建立群组是 WhatsApp 的基础功能之一。可以根据客户行为标签和客户社会化分类标签进行群组建立。在建立了群组之后，外贸业务员通常会负责经营这个群组，确保群组中的信息保持一定的热度，批量进行群组类型客户维护，从而不断加深客户对我们的印象。群组从建立到成熟包括群组创建、邀请客户、群组推广、群组运营四个步骤。

首先，群组创建。要使用与行业相关的主题创建群组，为群组命名并上传合适的群组图片，如果有品牌 Logo，将其添加到群组图片中。

其次，邀请客户。邀请相关潜在客户加入该群组。

再次，群组推广。保存群组二维码并在网络上进行推广。

最后，群组运营。通过有用的内容、媒体文件等吸引客户，如果该群组只用于信息更新，则只可启用管理员发言功能，以避免群组内的信息混乱。

【知识链接】——即时通信软件简介

一、即时通信软件的定义

即时通信软件是指通过即时通信技术来实现在线文字、语音、视频聊天、传输文件、分享内容、沟通交流的软件。国内具有代表性的即时通信软件有微信、QQ。国外的即时通信软件和国内的微信、QQ 在功能、操作上基本一致,如果你能够熟练地操作微信和 QQ,那么也能够熟练地操作国外的即时通信软件。

即时通信软件与社交媒体的区别:社交媒体具有公开性,如微博、Facebook、Twitter 等,推送的消息人人可见;即时通信软件相对来说具有私密性,只有加为好友,才可以进行交流。

二、跨境常用即时通信软件介绍

跨境常用即时通信软件主要有 WhatsApp、LINE、Skype、Viber、Wechat、Trade Manager 等,如图 5.153 所示。

图 5.153 跨境常用即时通信软件

WhatsApp:全球使用频率最高的即时通信软件,用户遍布全球。如果客户也用 WhatsApp,那么就可以进行即时沟通,不用通过发邮件进行交流了。

LINE:在韩国和日本使用频率较高。

Skype:多功能即时通信软件,具有视频聊天、多人语音会议、多人聊天、传送文件、文字聊天等功能。

Viber:一款网络通话软件。最大特色是用户无须打开该应用就可以直接拨打网络电话。

Wechat:就是我们国内的微信。由于国外的客户也在适应我国使用频率最高的即时通信软件,所以目前微信在国外的使用频率也在逐渐提高。

Trade Manager:阿里巴巴国际站的即时通信软件,相当于海外版的阿里旺旺,在站内使用。

三、跨境常用即时通信软件 WhatsApp

(一)WhatsApp 简介

WhatsApp 是一款使用广泛的即时通信软件,可以实现跨平台的沟通交流,如发送消息、图像、视频、文档、地理位置等。此外,WhatsApp 有面向企业的 WhatsApp Business 版本,该版本能让企业和客户方便地建立个性化的联系,突出产品和服务的特点,并在客户购物过程中随时回答他们的问题。

WhatsApp 是跨境电子商务领域常见的营销与沟通工具。全球已有超过 20 亿人在使用 WhatsApp，每天有将近 650 亿条消息通过 WhatsApp 发送。WhatsApp 是一款可以免费发送和接收信息、图片、音频文件及视频的即时通信软件。WhatsApp 是基于手机号码注册的，在注册的时候，需要输入手机号码，并接收一条验证短信。WhatsApp 会搜索用户的手机联系人中已经在使用 WhatsApp 的联系人，并自动将其添加到联系人名单里。

（二）WhatsApp 的基本功能

（1）语音通话。WhatsApp 的语音通话不收取国家漫游费用，且通话质量高。

（2）即时消息。相较于其他即时通信软件，WhatsApp 可以实时保存所有的消息。只要我们打开 WhatsApp，之前客户发送的所有消息都会显示出来，不会漏掉客户发的每一条重要的消息。

（3）建立群组。建立群组是 WhatsApp 使用最广泛的功能之一，许多用户加入了与朋友、家人、同学、同事、个人兴趣有关的群组，这是建立志趣相投者社区的有效方法。

（三）WhatsApp 群组营销的优势

WhatsApp 群组营销具有如下优势。

（1）群组沟通是一对多的沟通，所以相对于点对点沟通，群组沟通的效率会比较高。

（2）利用群组可以对群组内的用户群体反复营销，多次触达。

（3）相对于点对点沟通，群组沟通可以通过群管理员和群成员的相互配合营造营销气氛。

（四）WhatsApp 群组营销的注意事项

（1）建群时间。群的创建时间比较关键，这个时间和营销时间也许有所不同，具体需要试验再确定。在用户最活跃的时候建群，是一种方法；在夜深人静的时候建群，也是一种方法。

（2）群描述。群描述让用户一看就知道这是一个什么群。这样让群成员在看到群时有心理准备，以免纷纷退群。

（3）群欢迎语。在建好群后，可以先发送一条群欢迎语。群欢迎语可以是广告营销文案，也可以是问候语，还可以是一个简单的表情符号。当然，也可以开始用几句话开宗明义地讲明建这个群的目的，让大家明白自己为什么会在这个群里。

（4）群禁言。在适当的时候，还需要进行群禁言，如做直播、宣讲产品的时候，以免某些人扰乱秩序。甚至在必要的时候，需要移除一些人。

（5）话术。要想保持群的活跃，需要设计营销话术，还需要想办法留住用户，不要一上来就丢产品，可以多思考如何与用户建立信任关系。

（6）反复营销。企业需要安排人力进行运营，不能仅仅在群里发一条信息，还要进行反复营销、制订营销计划。

（7）群管理员。如果群内的人很多，那么群的创建者是需要承担一定风险的，群管理员同样需要承担风险。一个群管理员管理多少个群为宜，这要看群管理员账户的健壮程度。我们建议，一个账户一天最多新做 10 个群的管理员，因此群管理员的账户要养一段时间才好。

（8）精准数据。精准数据会对营销产生事半功倍的效果。可以通过 Google 搜群、Facebook 搜群、应用商店搜群、工具搜群找到相关主题的群，进入这些群并获取其群成员列表，导出这些数据，这是比较快捷的方式。

【实操技能训练】

【简答题】建立一个 Linkedin 账户，要求：
（1）完善基本个人资料；
（2）至少添加五个好友，并提交好友页面截图；
（3）关注任意一家新媒体企业，并提交关注页面截图。

项目六

店铺运营中 AI 的应用

📖【项目学习目标】

【6.1】知识目标

  1. 掌握如何利用计算机视觉技术对图像进行处理和分析，帮助优化海报中的视觉元素；
  2. 掌握如何使用 AIGC 模型来生成创意内容或优化海报设计方案；
  3. 熟悉主流的 AI 视频制作工具和平台，如 Lumen5、Animaker、Adobe Premiere Pro 等，了解它们的功能和应用场景；
  4. 会使用 AI 工具进行目标市场分析；
  5. 掌握自然语言处理（NLP）技术，以便优化内容的语言风格和关键词；
  6. 熟练使用数据可视化工具（如 Tableau、Power BI），展示数据分析结果，准确理解和利用数据分析报告。

【6.2】能力目标

  1. 能够利用 AI 工具制作海报；
  2. 能够使用 AI 工具制作产品与公司的宣传视频；
  3. 能够将 AI 工具应用于海外社媒营销；
  4. 能够利用 AI 工具进行数据分析与应用。

【6.3】职业素养目标

  1. 培养技术意识和数字化思维；
  2. 提升数据驱动决策能力；
  3. 具备高度的客户服务意识；
  4. 具有良好的团队协作与沟通能力；
  5. 具备风险管理与问题解决能力；
  6. 具有跨文化沟通意识与广阔的国际视野；
  7. 具备战略规划和执行能力。

> **情境导入**
>
> 宁波诚通国际贸易有限公司新入职的三名外贸业务员为了提高工作效率,参加了有关 AI 的培训,分别利用 AI 的文生图、文生视频、数据搜索、软文写作等功能,赋能店铺运营中相应的海报制作、视觉营销、数据分析、海外社媒营销及客户服务等工作,极大地降低了运营成本和时间成本。

任务一　将AI应用于海报制作

【学习目标】

1. 掌握海报的各种设计原则、配色方案、字体选择,以确保海报的视觉效果良好;
2. 掌握如何利用计算机视觉技术对图像进行处理和分析,优化海报中的视觉元素;
3. 掌握如何使用 AIGC 模型来生成创意内容或优化海报设计方案。

【操作步骤】

【步骤一】确定目标和受众→【步骤二】收集和整理素材→【步骤三】使用 AI 工具进行设计→【步骤四】优化设计→【步骤五】调整和发布

【步骤一】确定目标和受众

在利用 AI 开始设计之前,首先需要确定制作海报的目标。制作海报的目标包括:推广新产品;提高品牌知名度;吸引潜在客户参加促销活动;传达特定信息或价值(如环保、创新等)等。所以,我们应设定 SMART 目标。(1)具体(Specific):明确制作海报的目标,如"提高新产品的曝光率"。(2)可衡量(Measurable):设定可衡量的目标,如"在一个月内增加网站流量 20%"。(3)可实现(Achievable):确保目标在可行范围内,考虑资源和时间的限制。(4)相关(Relevant):确保目标与整体营销策略一致。(5)时限(Time-bound):设定明确的截止日期,如"在产品发布会前一周完成"。

接下来,要了解受众。受众分析是成功宣传的重要因素。我们需要分析的内容如下。(1)人口特征。对受众的年龄、性别、地理位置等进行分析,确定主要受众群体。(2)兴趣与行为。研究受众的偏好,了解他们常用的社交平台及使用习惯。(3)痛点与需求。思考受众面临的问题,以及我们的产品如何解决这些问题。可以通过创建用户画像来完成受众分析,包括:(1)收集数据(如年龄、性别、职业、收入水平等),描绘典型受众的特征。(2)通过市场调研、问卷调查等方法,获取受众的具体需求和心理动机。

【步骤二】收集和整理素材

收集和整理素材主要包括对产品图片和文案内容的整理。首先,需要收集高质量的产品图片,产品图片的收集可以通过产品摄影或寻找合适的图库资源来完成。高质量的产品图片能显著提升海报的视觉吸引力。对于产品图片,可以考虑使用专业相机拍摄,确保光线均匀并突出产品特点。还要考虑背景和道具，确保它们不会分散用户的注意力，而是给产品增添魅力。

其次，对文案内容的整理，主要是撰写介绍产品的文字、宣传语和联系方式等，必要时可以使用 AI 工具来优化文案（参见本项目任务三）。文案的撰写至关重要，需要文笔简洁、有力且富有吸引力。文案内容包括产品名称、功能描述、优势卖点、宣传语或口号（应该简单易记，能够激发用户采取行动）、联系信息和购买链接。

【步骤三】使用 AI 工具进行设计

使用 AI 图像生成工具来生成海报的过程相对比较直观。

第一步，选择合适的 AI 图像生成工具。

常用的 AI 图像生成工具如下。（1）DALL-E。该模型由 OpenAI 开发，能够根据文字描述生成高质量图像。（2）Midjourney。该模型是一个基于 Discord 的平台，专注于艺术风格的图像生成。（3）Stable Diffusion。该模型是开源的图像生成模型，可以在本地运行，或者通过在线平台使用。

此外，还可以选择使用自动化设计工具。常用的自动化设计工具主要包括 Canva、Adobe Spark。我们可以选择模板并自定义颜色、字体和布局。AI 会提供智能建议，帮助我们找到最佳搭配。我们可以通过拖放功能将图像和文本轻松布局，实时预览变化效果。

第二步，准备海报的主题和描述。

（1）确定主题。

明确你想要生成的海报的主题是什么。假如你正在制作一个产品宣传海报，那么你需要构思代表产品特点的视觉元素。

（2）编写描述。

AI 图像生成工具中的描述又被称为"提示词"（Prompt）。将你的想法转化为简洁而清晰的文本描述。描述基本包含以下元素。

① 主要对象：如"一款现代风格的智能手机"。
② 风格：如"水彩画风格"或"未来主义风格"。
③ 背景：如"城市夜景"或"白色背景"。
④ 情感／氛围：如"活力四射""优雅或科技感"。

例如，生成一款现代风格智能手机的海报，可以把手机放在白色背景中，旁边放一些科技配件，给人的整体感觉是时尚而高端。

下面分别以 DALL-E 和 Midjourney 为例说明具体过程。

以 DALL-E 为例。

（1）访问平台。

打开 DALL-E 的网站，进行登录（通常需要注册账户）。

（2）输入提示词。

在提供的文本框中输入你准备好的描述。如"生成一款现代风格的智能手机的图像，将手机放在白色背景中，旁边放一些科技配件"。

（3）调整设置。

有些工具允许用户选择海报的尺寸、风格或其他参数，如有需要，可以根据你的需求进行调整。

（4）生成图像。

点击"生成"或者类似按钮，等待 AI 图像生成工具处理。在图像生成后，系统将展示多个符合描述的图像选项。

（5）浏览和选择。

查看生成的多个图像选项，根据设计需求选择最合适的一个。有些工具提供下载功能，可以下载所选图像。

以 Midjourney 为例。

（1）安装 Discord 服务器。

Midjourney 在 Discord 上运行，你需要安装 Discord 服务器并获取访问权限。

（2）输入命令。

在指定频道中使用 /imagine 命令，接着输入提示词。例如，/imagine 一款现代风格的智能手机的图像，将手机放在白色背景中，旁边放一些科技配件，给人的整体感觉是时尚而高端。

（3）等待生成。

Midjourney 会生成几张图像，并在频道中发布生成的结果。

（4）选择和修改。

用户可以选择并下载生成的图像，也可以针对不满意的图像再次进行描述，让 AI 图像生成工具重新生成。

【步骤四】优化设计

生成的图像有可能需要进一步调整。将生成的图像放在 Photoshop 或 GIMP 等图像编辑软件中，进行以下操作。①调整亮度、对比度和饱和度，以增强图像效果。②裁剪图像，去掉不必要的部分，使产品更突出。③添加文本或品牌标志，确保海报符合企业形象。

此外，还可以通过 A/B 测试与用户反馈对设计的海报进行优化。

（1）A/B 测试。

在设计多个版本的海报后，可以通过 A/B 测试来评估不同版本的效果。选择两个或多个版本，在相同的受众中随机分发，并收集反馈，比较点击率、转化率等指标，找出最有效的版本。

（2）用户反馈。

在早期，可以向一小部分目标受众展示海报，收集他们的反馈，包括对设计、文案和整体吸引力的评价。根据反馈对海报进行修改，确保最终版本符合受众的期待。

【步骤五】调整和发布

在将制作的海报进行优化设计后，还需要对其进行格式调整和版权检查，之后才能投入使用。

（1）格式调整。

根据不同的发布渠道，需要调整海报的尺寸和分辨率。阿里巴巴国际站的店铺装修海报（全屏通栏海报的建议尺寸为：宽 1920 像素，高 650 像素或 550 像素）与各社交媒体平台使用的宣传海报通常具有不同的尺寸。制作时应使用高分辨率图像，以确保图像的清晰度。

（2）版权检查。

应确保所有使用的素材都符合《中华人民共和国著作权法》的要求。对于使用的图像、字体、模板，确认其是否可用于商业宣传，避免侵权。可考虑使用免版权图库（如Unsplash、Pexels）或自行创作素材。

任务二　将AI应用于视频制作

【学习目标】

1. 掌握基本的视频制作知识，包括摄影技术、视频编辑软件的操作方法、剪辑技巧、特效添加等，以便与AI工具结合进行更高效的创作；
2. 掌握如何收集、清洗和处理数据，以及如何分析视频数据、用户行为数据和观众反馈数据，从而优化视频制作和个性化内容推荐；
3. 熟悉主流的AI视频制作工具和平台，如Lumen5、Animaker、Adobe Premiere Pro等，了解它们的功能和应用场景；
4. 掌握多媒体内容的整合和创作技巧，包括音频处理、字幕添加、音效调整等，以提升视频的质量和吸引力。

AI在视频制作中的应用不仅提高了制作效率，还丰富了制作手段，降低了技术门槛。通过自动化生成、智能优化、个性化推荐及数据分析，视频制作者能够创造出更具有吸引力和互动性的内容。AI可以自动处理大量重复性工作，如剪辑、转场、字幕生成等，显著减少人工干预，提高制作效率。通过文本转视频工具，视频制作者可以迅速将已有的文字内容生成完整的视频，大大缩短制作时间。

【操作步骤】

【步骤一】构思与生成脚本→【步骤二】素材收集→【步骤三】视频创建与编辑→【步骤四】配音与音效合成→【步骤五】后期制作→【步骤六】数据分析与反馈

【步骤一】构思与生成脚本

利用AI构思与生成视频脚本可以通过文本生成模型来完成。具体操作如下。

（1）选择适合的文本生成模型。

常用的文本生成模型包括以下三个。① GPT-3：OpenAI开发的大规模语言生成模型，在生成自然且流畅的文本方面表现优异。② Chatbot工具：如Dialogflow、Microsoft Bot Framework等，可以用来与AI进行对话，引导其生成特定主题的文本。③ Copy.ai：专注于生成营销和广告文案的AI写作工具，也可用于脚本撰写。

提示词的写法如下。

主题描述：

"写一个关于 [主题] 的短视频脚本，例如 [具体情境]。"
"生成一个适合 [目标受众] 的关于 [主题] 的故事大纲。"
风格与语气：
"创建一个幽默风格的视频脚本，讲述 [主题]。"
"生成一个正式的教育类视频脚本，讨论 [具体话题]。"
情节构建：
"编写一个包含 [角色 / 情境] 的 3 分钟视频脚本，情节包括 [特定事件]。"
"为一个关于 [主题] 的纪录片撰写引言部分，简要介绍背景信息。"

（2）调整参数和细节。

根据需要，调整生成的脚本的长度、创意度和语法规范等参数，使其符合所需脚本的风格。细化剧情梗概、对话场景或视觉描述，能够帮助 AI 更准确地输出与视频内容相关的脚本。

（3）检查和编辑。

生成的脚本可能需要经过人工审阅和编辑，以确保逻辑连贯、构思具有创意、符合制作要求。在编辑过程中，可以添加细节、修正错误，使脚本更贴近预期的效果。

（4）迭代与优化。

如果生成的脚本不符合预期，可以根据反馈和需求反复调整输入参数，直至得到满意的结果。对于 AI 生成的脚本，可以结合人类创意和专业知识对其进行进一步的完善和优化。

示例：

如果我们想让 AI 生成一个广告视频脚本，可以像下面这样操作。

提示词——写一个关于健康早餐的广告视频脚本，强调新鲜食材和营养均衡。

参数设定——长度为 30 秒，风格幽默轻松，语气积极向上。

生成结果——AI 生成了一个脚本，这个脚本描述了一家健康早餐店的特色菜品和服务，突出了食材新鲜和快捷配送的优势，并以幽默的方式呼吁观众前往体验。

下面以制作服装产品的宣传视频为例，请 AI 撰写视频脚本。

主题概述：
"创建一段精美的服装产品宣传视频，展示我们最新的夏季系列产品。"
"制作一支引人注目的时尚广告，展示我们秋冬季节的最新款式。"
风格要求：
"请设计一种现代时尚、高端大气的视觉风格，以展示我们品牌的独特魅力。"
"需要一段充满活力和创意的视频，突出我们服装的优雅与时尚感。"
内容要素：
"强调服装质地、剪裁和细节设计，展示品牌的工艺和品质优势。"
"着重展示服装的穿搭场景，包括日常搭配、商务场合和休闲时尚等多种场景。"
音效和配乐需求：
"请添加轻快动感的背景音乐，凸显视频整体氛围与节奏感。"
"需要清晰流畅的旁白解说，突出服装的设计理念和品牌文化。"
色彩和视觉效果：
"强调明亮的色彩和清晰的画面，突出服装颜色的视觉效果和吸引力。"

"使用柔和的光影效果和微缩镜头拍摄，营造温馨和舒适的观看体验。"

品牌定位和呈现：

"确保视频呈现品牌的独特风格和价值观，让观众深刻了解我们的品牌故事。"

"通过精心策划的镜头和画面编辑，展示品牌的专业性、个性和时尚前沿性。"

呼吁与互动：

"在视频结尾处加入促销信息或购买链接，鼓励观众参与互动和购买。"

"设计一个引人注目的结束画面，呼吁观众关注我们的社交媒体账户或网站，以获取更多信息。"

【步骤二】素材收集

基于 AI 图库和视频库，可通过关键词搜索获取免版权素材。可使用 AI 图像生成工具根据脚本要求生成图像。可以使用 AI 视频剪辑工具（如 RunwayML）快速切割和调整视频素材。还可以从 AI 驱动的平台上获取免版权的图片和视频素材，如 Pexels、Unsplash、Pixabay、Artbreeder 等。此外，还可以使用 AI 图像生成工具（如 DALL-E、Midjourney 等），根据需要生成具备艺术风格的图像。

【步骤三】视频创建与编辑

将脚本导入自动化视频制作工具，根据指定风格和布局自动生成场景。使用 AI 辅助剪辑功能可调整镜头切换、添加过渡效果等。还可以通过 AI 分析工具评估视频的情感色彩、节奏等方面，优化观看体验。要想利用自动化视频制作工具创建视频，就要使用 AI 驱动的在线视频编辑平台，这些平台包括：Lumen5——将文本自动转化成视频，提供多种模板和媒体库；InVideo——提供易于使用的界面，可通过 AI 推荐场景和布局来快速制作视频；Animoto——允许用户通过简单的拖放创建视频，并通过自动分析视频内容来优化视频效果。

【步骤四】配音与音效合成

我们可以利用 AI 工具快速而高效地生成符合需求的配音和音效素材，为视频创作增添更丰富的声音元素。AI 工具的使用可以提升视频的质量和创作效率。

（1）语音合成。

使用语音合成工具（如 Google Text-to-Speech、Amazon Polly、IBM Watson Text to Speech）来生成旁白和配音。可以选择不同的声音和语言以匹配视频风格。

（2）音乐生成。

使用音乐生成工具（如 AIVA、Amper Music）创建背景音乐，或者从现有的音乐库中选择适合的视频配乐。

在选择 AI 工具时，要根据需求选择适合的语音合成工具和音乐生成工具，确保生成的配音及其音效符合视频的主题和风格。在使用生成的配音和音效时，建议仔细审查并做出必要的微调，确保最终效果符合预期。此外，还要确保所使用的配音和音效具有合法授权和使用权限。

【步骤五】后期制作

利用 AI 工具进行视频后期制作，可以更高效地处理视频内容，并创造更具创意和专业的后期效果。结合人类的审美能力和创造力，AI工具可以成为强大的辅助工具，帮助我们打造出高质量的视频作品。具体包括以下操作。

（1）智能剪辑。

AI视频制作工具（如Adobe Premiere Pro）可自动调整视频的尺寸和镜头，使其适应不同平台的播放要求。利用AI剪辑工具分析视频内容，可自动生成精彩片段并删除拍摄错误或无用的镜头。

（2）色彩校正与特效。

使用AI辅助色彩校正工具（如Colorize或Luminar AI），可快速调整视频的颜色、亮度和对比度，提升画面的表现力。利用AI视觉效果软件（如Adobe After Effects）添加特效、合成图层，可增强视频的艺术效果和吸引力。

（3）音频处理。

使用AI音频处理工具（如iZotope RX或Audacity），可消除噪声、平衡音量，提高音频的质量和清晰度。利用语音识别技术将音频转换为文本，可方便字幕制作和给视频配音。

（4）智能字幕生成。

利用AI字幕生成工具（如Descript或Happy Scribe）自动识别视频中的对话内容，可生成准确的字幕，节省时间和人力成本。需要对生成的字幕进行校对和修正，确保其准确性和流畅度。

【步骤六】数据分析与反馈

收集视频播放量、观众互动量等数据，通过AI算法分析用户的行为和喜好，指导未来的创作方向。根据数据反馈优化视频内容和营销策略，提高视频的影响力，增强传播效果。在发布视频后，使用AI工具监测视频表现（观看次数、观众互动量等），根据数据反馈调整未来视频的内容策略。

任务三　将AI应用于海外社媒营销

【学习目标】

1. 会使用AI工具进行目标市场分析，如用户画像和市场趋势预测；
2. 掌握自然语言处理技术，以便优化内容的语言风格和关键词；
3. 熟悉各海外社媒平台的算法及最佳发布时间和内容格式；
4. 掌握如何使用AI进行精准广告投放，通过数据分析来选择合适的受众；
5. 掌握利用AI聊天机器人和自动化工具提高用户互动率的方法。

【操作步骤】

【步骤一】目标设定和市场分析→【步骤二】数据收集与分析→【步骤三】内容创作与优化→【步骤四】制定广告投放策略→【步骤五】用户互动和社区管理→【步骤六】舆情监测与危机管理→【步骤七】数据分析与优化

【步骤一】目标设定和市场分析

在海外社交媒体营销中,有多种 AI 工具可以帮助企业进行目标设定和市场分析。利用 AI 工具的强大数据分析和预测能力,我们可以更准确地设定海外社交媒体的营销目标,深入了解目标市场和受众,为营销策略的制定和执行提供有力的支持。

以下介绍的是一些比较知名的 AI 工具和平台。

(1) Hootsuite。

虽然该工具主要是一种社交媒体管理工具,但它也提供分析功能,可以帮助品牌了解其市场表现,并优化社交媒体策略。

(2) Sprout Social。

此平台具有市场分析、竞争对手研究和受众洞察等功能,可帮助企业制定更有效的社交媒体营销策略。

(3) HubSpot。

HubSpot 的营销软件中包含了 AI 驱动的工具,可以进行市场分析、客户细分和内容优化。

(4) BuzzSumo。

这种工具可以分析社交媒体上的热门内容和趋势,帮助企业确定最吸引目标受众的主题和格式。

(5) Brandwatch。

这是一种强大的社交聆听工具,能够进行市场情报分析、消费者洞察和品牌声誉管理。

(6) Socialbakers。

该平台利用 AI 技术来优化社交媒体内容和广告,并进行深入的市场分析。

(7) Crimson Hexagon(为 Brandwatch 的一部分)。

该工具专注于社交媒体数据分析,对用户情绪、趋势和市场动态进行深度分析。

(8) Google Analytics。

Google Analytics 虽然不是专门针对社交媒体的工具,但可以与社交媒体活动结合使用,分析流量来源和用户行为。

这些工具可以根据不同企业的需求,进行有效的目标设定、市场分析和社交媒体策略优化。在选择合适的工具时,建议考虑具体的业务需求、预算和团队技能。

利用 AI 工具进行海外社交媒体营销的目标设定和市场分析,具体步骤如下。

第一步,数据驱动的目标设定。

利用 AI 工具对海外社交媒体平台上的数据进行分析,了解用户行为、互动信息及市场趋势。基于数据分析结果设定明确的营销目标,如增加品牌曝光量、提高转化率、扩大受众群等。

第二步,用户画像生成。

利用 AI 工具从海外社交媒体数据中提取关键信息,建立目标受众的用户画像。分析用户的特征、兴趣爱好、购买行为等方面,为精准定位和针对性营销提供依据。

第三步,市场趋势预测。

利用机器学习算法和大数据分析技术,对海外市场的趋势进行预测和分析。通过 AI

工具识别潜在的市场机会和竞争挑战，为制定营销策略和优化决策提供参考。

第四步，竞争对手分析。

利用AI工具可监测和分析竞争对手在海外社交媒体上的活动和表现。分析竞争对手的内容策略、互动方式、广告投放效果等，可为自身营销策略的制定提供启示。

第五步，情感分析和舆情监测。

使用自然语言处理技术进行情感分析，了解海外用户对品牌、产品或服务的情感倾向。实时监测海外社交媒体平台上的舆情变化，发现并应对负面评论或潜在危机事件。

第六步，AI预测分析。

利用AI预测分析工具，对海外社交媒体营销活动的效果进行预测和优化。基于历史数据和实验结果，AI预测分析工具可以识别最佳的营销策略和投放方案，提高投资回报率和投放效果。

【步骤二】数据收集与分析

将AI工具应用于海外社交媒体营销的数据收集与分析，可以帮助企业更好地了解目标受众、优化营销策略和提升市场影响力。通过利用AI工具进行海外社交媒体营销的数据收集与分析，企业可以更加精准地把握市场动态，提高营销效果和投资回报率，实现长期发展。具体步骤如下。

第一步，选择合适的AI工具。首先，企业需要选择适合海外社交媒体营销的AI工具，如Hootsuite、Sprout Social、Brandwatch等，这些工具能够帮助企业收集各种社交媒体平台上的数据，并提供深度分析功能。

第二步，设定目标。在进行数据收集与分析之前，要设定目标，如提升品牌知名度、提高转化率、扩大市场份额等。这将有助于企业在数据分析过程中找到重点和方向。

第三步，数据收集。利用AI工具可以收集海外社交媒体上的数据，包括用户互动、评论、分享、关注者增长等方面的数据。同时，还可以收集竞争对手的数据，以便进行对比分析。

第四步，数据清洗。通过AI工具进行数据清洗和整理，去除重复数据、错误数据或无效数据，确保分析结果的准确性。

第五步，数据分析。利用AI算法和技术进行数据分析，探索数据背后隐藏的规律和趋势，据此可以进行内容分析、用户行为分析、情感分析等，从而深入了解目标受众和市场需求。

第六步，制定策略。根据数据分析结果，制定相应的营销策略，优化内容发布的时间、形式和渠道，提升社交媒体活动的效果和影响力。

第七步，监测和优化。持续监测海外社交媒体的表现和数据变化，及时调整策略和优化营销活动，确保实现预期的营销目标。

【步骤三】内容创作与优化

利用AI工具进行海外社交媒体营销内容的创作与优化，可以帮助企业更好地吸引目标受众、提升内容质量和互动率。企业可以更快速、精准地制定有效的内容策略，提升品牌曝光率和用户参与度，实现营销目标，并获得更好的营销效果。具体步骤如下。

第一步，分析关键词。使用AI工具进行关键词分析，研究海外市场的搜索趋势和用户兴趣，为内容创作提供灵感和方向。

第二步，生成标题。利用 AI 工具生成吸引人的标题，吸引用户点击和阅读，如使用头条生成器等工具。

第三步，内容创作。AI 文本生成工具（如 GPT-3）可以快速生成高质量的文案和内容，可以用于撰写社交媒体帖文、广告文案等，从而提高创作效率。

第四步，多媒体生成。利用 AI 工具生成图片、视频或动图，丰富社交媒体的内容形式，增强视觉吸引力。

第五步，情感分析。利用情感分析技术，了解受众对内容的情感反馈，调整内容的风格，提升用户互动量和共鸣度。

第六步，内容优化。利用 AI 工具分析社交媒体数据和用户反馈，优化内容发布的时间、频率和格式，提升内容效果和转化率。

第七步，A/B 测试。利用 AI 工具进行 A/B 测试，比较不同版本的内容效果，找出最佳策略和创意，优化社交媒体营销活动。

第八步，个性化推荐。根据用户的行为和偏好，利用 AI 算法实现内容个性化推荐，提高用户的参与度和留存率。

下面举例进行说明。

一家跨国电子产品公司打算推出一款新的智能手机，并希望在海外市场进行社交媒体营销。该公司决定利用 AI 工具来进行内容创作与优化。

（1）分析关键词。

利用 AI 工具分析海外市场的数据和趋势，发现用户对智能手机的关注点主要集中在摄像功能、性能表现和价格等方面。

（2）生成标题。

利用 AI 工具生成吸引人的标题，如"探索未来摄影的可能性——全新智能手机发布"，以增加用户的点击率。

（3）内容创作。

利用 AI 文本生成工具撰写社交媒体帖文，介绍新手机的特色和功能，并引发用户讨论，激发用户的兴趣。

（4）多媒体生成。

利用 AI 工具生成展示新手机外观和功能的图片和视频，提升社交媒体内容的视觉吸引力。

（5）情感分析。

通过情感分析技术监测用户反馈，了解用户对新手机的情感倾向，调整内容的情感表达，以提升用户互动量和共鸣度。

（6）内容优化。

根据 AI 工具分析社交媒体数据的结果，优化内容发布的时间和频率，确保在用户活跃度高的时段推送内容，提升内容的曝光率和转化率。

（7）A/B 测试。

利用 AI 工具进行 A/B 测试，比较不同版本的广告文案和图片的效果，找出最佳组合，优化广告投放策略。

通过利用AI工具进行内容创作与优化，这家电子产品公司可以更精准地制定社交媒体营销策略，提升内容质量和用户参与度，从而有效推广新手机，并增强品牌影响力。

【步骤四】制定广告投放策略

利用AI工具制定广告投放策略可以帮助企业更精准地定位目标受众、优化广告内容和提高广告效果。具体步骤如下。

第一步，数据收集与分析。

（1）用户数据分析。

利用AI工具分析用户行为数据，了解目标受众的兴趣、喜好和购买行为。

（2）市场数据分析。

通过AI工具收集和分析市场数据，包括竞争情报、市场趋势和用户需求，为广告投放提供参考。

第二步，目标受众细分。

（1）使用AI自动化工具。

AI自动化工具可以根据数据特征和模式，自动生成用户细分群体，帮助企业更准确地识别潜在用户。

（2）个性化定位。

利用AI工具进行个性化推荐和定位，将广告展示给最有可能对企业的产品感兴趣的目标受众。

第三步，生成广告创意。

（1）AI内容生成。

利用AI文本生成工具生成广告创意，优化广告内容并提升其吸引力。

（2）AI图像生成。

使用AI工具生成视觉内容，如图片或视频，增强广告的视觉效果和吸引力。

第四步，A/B测试与优化。

（1）进行A/B测试。

利用AI工具进行A/B测试，比较不同广告版本的效果，找出最佳版本并优化广告投放策略。

（2）实时优化。

借助AI实时监测工具，持续跟踪广告表现，及时调整投放策略和内容，以取得最佳广告效果。

第五步，预测分析与智能化广告管理。

（1）AI预测分析。

利用AI工具对广告效果和转化率进行预测，帮助企业做出智能决策，优化广告投放策略。

（2）智能化广告管理。

借助AI广告管理平台，自动化执行广告投放策略，实时监控和优化广告效果。

【步骤五】用户互动和社区管理

利用AI工具在海外社交媒体上进行用户互动和社区管理，可以帮助企业更高效地提升用户参与度、提升用户体验并维护品牌形象。以下是具体的步骤。

第一步，自动化客户服务与响应。

（1）部署聊天机器人。

在社交媒体平台上部署聊天机器人（如 ManyChat、ChatGPT 等），这些聊天机器人能够 7×24 小时回答常见问题、处理用户查询、提供实时支持、理解自然语言，并根据上下文给出恰当的回应。

（2）智能回复。

AI 智能回复建议工具能够自动生成合适的回复，快速回应用户的评论和消息。

第二步，分析用户行为。

（1）数据收集与分析。

使用 AI 工具（如 Sprout Social 或 Brandwatch）分析用户的互动行为，包括点赞、评论、分享及其内容偏好。通过分析这些数据可以了解用户的兴趣和需求，从而优化互动策略。

（2）受众洞察。

通过机器学习模型分析受众的情感、态度和反应，识别他们对品牌活动的积极或消极反馈。

第三步，推荐个性化内容。

（1）个性化内容推送。

基于用户数据和行为，利用 AI 算法向特定用户推荐个性化内容。例如，向喜欢健身的用户推送与运动相关的产品或信息。

（2）动态内容调整。

根据用户实时互动和反馈，调整内容策略，确保发布的内容贴近用户的需求和兴趣点。

第四步，舆情监测与情感分析。

（1）舆情监测。

利用 AI 工具监控海外社交媒体上提及品牌的内容和用户讨论内容，及时发现可能影响品牌形象的负面舆情。

（2）情感分析。

使用自然语言处理技术分析用户评论和反馈，了解用户的整体情感趋势，帮助品牌及时做出反应。

第五步，活动与互动管理。

（1）自动化活动管理。

利用 AI 工具（如 Hootsuite 或 Buffer）策划、安排和管理社交媒体活动，自动发布内容并跟踪其表现。

（2）用户参与激励。

设计基于 AI 工具的互动活动，如抽奖、问答等，鼓励用户参与，提高其品牌忠诚度。

第六步，数据驱动的决策。

（1）效果评估与报告。

使用 AI 工具定期评估社区管理和用户互动的效果，生成详细报告，帮助制定后续的社交媒体策略。

（2）预测分析。

结合历史数据，利用 AI 工具进行预测分析，了解潜在变化趋势，如用户参与度的波动，实时调整互动策略。

下面举例说明。

一家护肤品经营公司希望在东南亚市场加强用户互动和社区管理。

（1）部署聊天机器人。

在 Facebook 和 Instagram 上部署聊天机器人，让其回答用户关于护肤产品的常见问题。

（2）分析用户行为。

使用 Sprout Social 分析用户对不同产品的互动情况，识别最受欢迎的产品类型。

（3）推荐个性化内容。

根据用户过去的购买记录，向他们推送个性化的护肤方案和相关产品。

（4）监测舆情。

利用 AI 工具监测用户对新产品的评价，及时应对负面评价。

（5）策划互动活动。

举办月度抽奖活动，通过 AI 工具确定举办活动的最佳时间和内容形式，以使用户参与度最大化。

【步骤六】舆情监测与危机管理

利用 AI 工具进行海外社交媒体的舆情监测与危机管理，是企业维护品牌形象和声誉的重要手段。以下是具体步骤。

第一步，舆情监测。

（1）数据收集。

利用 AI 驱动的舆情监测工具（如 Brandwatch、Mention 或 Hootsuite）自动收集海外社交媒体上的品牌提及、用户评论、帖子和讨论等数据。这些工具可以监测多个平台（如 Twitter、Facebook、Instagram 等）的数据。

（2）实时跟踪。

设置关键词和主题标签（如品牌名称、产品名称、相关行业术语），以便实时跟踪用户评论，确保能及时获取有关产品的最新信息。

第二步，情感分析。

（1）利用自然语言处理技术——情感分析。

利用自然语言处理技术分析用户评论中的情感倾向，如正面、负面或中性。许多舆情监测工具都包括内置的情感分析功能，可以快速评估公众对产品的态度。

（2）整体情感趋势识别——可视化分析。

通过图表和仪表板展示情感趋势，帮助企业识别潜在风险和舆论动态。例如，可用时间序列分析用户在某个事件前后的情感变化。

第三步，危机预警。

（1）异常检测——异常模式识别。

利用机器学习模型监测舆论的异常波动。比如，当负面评论数量急剧增加时，设定阈值触发警报，这样就可以在危机出现之前及时发现问题了。

（2）关键词监控——热点话题追踪。

监测与品牌相关的负面关键词，如"投诉""不满"等，快速识别潜在危机。

第四步，危机管理。

（1）制订危机应对计划——危机响应策略。

根据舆情监测结果，制订详细的危机应对计划，包括如何迅速回应用户、发布声明及调整社交媒体营销策略。

（2）自动化回应——聊天机器人。

在紧急情况下，使用聊天机器人提供标准化但灵活的回应，能够快速解决用户的疑问，减少负面情绪扩散。

第五步，后续评估与调整。

（1）效果评估——监测危机处理效果。在危机过后，利用AI工具评估应对措施的效果。这包括查看负面评论是否减少、用户的情感是否恢复正常等。

（2）调整策略——基于数据的优化。根据舆情监测和危机管理的反馈，优化今后的社交媒体营销策略，改进用户和内容的互动方式，以防止类似危机再次发生。

下面举例说明。

一家食品公司在海外市场推出了一款新产品，并在社交媒体上进行推广。随后，用户开始对该产品发表负面评论，指责其成分不透明。

（1）舆情监测。

使用Brandwatch监测社交媒体上的品牌提及和用户评论，收集数据并对其进行实时分析。

（2）情感分析。

利用内置的情感分析工具，发现75%的评论是负面的，这表明用户的不满情绪正在变得高涨。

（3）危机预警。

系统检测到负面评论数量急剧增加，发出警报。

（4）危机管理。

① 制订危机应对计划。企业迅速制订危机应对计划，准备好信息以澄清成分问题，并提升产品透明度。

② 发布声明。在社交媒体上及时发布官方声明，解释产品成分并回答用户的疑问。

③ 自动回复。使用聊天机器人处理大量用户的咨询，保证所有用户的问题都能得到及时解决。

（5）后续评估。

在进行危机管理之后，该公司继续监测品牌的舆情，发现负面评论逐渐减少，用户的情感趋于中性，这说明该公司成功化解了危机。

通过以上步骤，该公司有效利用AI工具进行了舆情监测与危机管理，保护了品牌的声誉，并维护了与用户的良好关系。

【步骤七】数据分析与优化

利用AI工具进行海外社交媒体的数据分析与优化，可以帮助企业更好地理解用户行为、优化营销策略,并改善社交媒体表现。以下是具体步骤。

第一步,数据收集。

利用 AI 工具(如 Brandwatch、Sprout Social 等)自动收集海外社交媒体平台上的大量数据,包括用户互动、关注者增长、内容表现等方面的数据。

第二步,数据清洗与处理。

使用自然语言处理技术清洗和处理海量文本数据,识别关键词、主题和情感倾向,从而深入了解用户的意图和喜好。

第三步,用户行为分析。

利用机器学习模型对用户进行细分,发现不同用户群体的特点和偏好,以便实施个性化营销策略。

第四步,内容优化。

利用 AI 工具向用户推荐最适合他们的内容,提高内容的吸引力和分享率。

第五步,A/B 测试与实时优化。

利用 AI 工具进行 A/B 测试,比较不同内容或广告版本的效果,并根据结果及时调整策略。

第六步,KPI 监测与报告。

利用 AI 工具自动生成详细报告,评估社交媒体的表现和广告效果,跟踪关键绩效指标(KPI),如转化率、互动率等。

下面举例说明。

一家经营时尚产品的公司正在海外市场上推出新产品线,希望通过社交媒体提升品牌知名度和销售额。以下是该公司利用 AI 工具进行数据分析与优化的具体步骤。

(1)数据收集。

利用 AI 工具自动收集 Instagram、Facebook 等平台上关于新产品线的用户评论、点赞和分享等数据。

(2)用户行为分析。

通过自然语言处理技术分析用户数据,了解他们对新产品线的态度和需求,识别热门关键词和话题。

(3)内容优化。

基于用户反馈和数据分析结果,优化社交媒体内容,包括发布有吸引力的图片、视频和故事,针对不同用户群体定制适合他们的内容。

(4)A/B 测试与实时优化。

利用 AI 工具进行 A/B 测试,比较不同内容版本的表现,根据结果调整发布时间、标题和描述,以提高用户互动率。

(5)KPI 监测与报告。

使用 AI 工具监测关键指标,如关注者增长、互动率和转化率,并生成报告,以展示数据趋势和表现,优化社交媒体营销策略。

通过以上步骤,这家公司可以有效利用 AI 工具进行海外社交媒体数据分析与优化,提升品牌在海外市场上的社交媒体表现,提高用户参与度,促进产品销售。

任务四　利用AI进行数据分析与应用

【学习目标】

1．了解数据清洗、转换和特征工程的基本原理；
2．熟悉常见的监督学习、无监督学习和强化学习算法，并了解它们的应用场景和特点；
3．掌握不同机器学习模型的评估指标和选择方法，能够有效评估模型的性能；
4．了解文本数据预处理、词袋模型、词嵌入等基本概念和技术；
5．熟练使用数据可视化工具（如Tableau、Power BI），展示数据分析结果，准确理解和利用分析报告；
6．了解关键绩效指标（KPI）的设定和监控。

【操作步骤】

【步骤一】市场趋势分析→【步骤二】用户行为分析→【步骤三】营销策略优化→【步骤四】库存和供应链管理→【步骤五】用户服务与沟通

【步骤一】市场趋势分析

跨境电商的市场趋势分析主要包括以下两种。（1）预测分析。企业可以利用AI工具分析历史销售数据和市场趋势，预测未来的热门产品类型、流行款式和需求趋势，做出及时的营销策略调整。（2）竞争对手分析。企业可以利用AI工具监测竞争对手的活动和表现，了解其策略和市场定位，从而制定更有竞争力的营销方案。主要使用的AI工具包括Brandwatch、Socialbakers和SEMrush。

利用AI工具进行跨境电商的市场趋势分析，可以帮助企业识别潜在机会、优化产品线，并制定有效的营销策略。以下是具体步骤。

第一步，数据收集。

（1）多渠道数据收集。

从不同的社交媒体平台（如Facebook、Instagram、Twitter）、电商平台（如Amazon、eBay）、搜索引擎及竞争对手的网站抓取数据。这些数据包括用户评论、销售数据、点击率、搜索量等。

（2）利用API与爬虫技术。

利用API接口（如Google Trends API）与网络爬虫工具（如Scrapy、Beautiful Soup）自动获取实时数据。

第二步，数据清洗与预处理。

（1）数据清理。

去除重复数据和无效数据，处理缺失值，确保数据的质量合格。

（2）特征提取。

根据分析目标提取关键特征，如销售额、用户评分、评论情感等。

第三步，应用 AI 工具进行分析。

（1）时间序列分析。

使用自回归综合滑动平均模型（ARIMA）预测未来的销售趋势，根据历史销量数据预测未来一段时间内的需求变化。

利用长短期记忆网络模型（LSTM）处理时序数据，进行更复杂的需求预测，适时捕捉长期依赖关系。

（2）聚类分析。

使用 K-means 算法将市场中的消费者分成不同的群体，识别不同群体的消费行为和偏好，为制定产品营销策略提供依据。

通过层次聚类来发现市场中不同产品类别之间的关系，从而确定哪些产品可以组合销售。

（3）情感分析。

使用自然语言处理技术分析社交媒体上的用户评论，以了解公众对某个产品或品牌的情感倾向，识别潜在的市场兴趣和趋势。

使用情感分类模型（如基于 BERT 的模型）来自动识别正面评论和负面评论，从而评估品牌形象及其变化。

第四步，可视化与报告生成。

（1）数据可视化。

利用 Tableau、Power BI 或 Matplotlib 等工具将分析结果可视化，以便更好地展示市场趋势。例如，可以使用折线图展示历史销量变化，或使用热图展示不同地区的销售表现。

（2）报告生成。

自动生成数据分析报告（包含关键发现、趋势预测和建议），为做出决策提供科学依据。

第五步，实施与反馈。

（1）市场策略调整。

根据分析结果调整市场策略，比如针对增长潜力大的地区，加大营销投入，或及时推出符合市场趋势的新产品。

（2）持续监测与反馈。

建立反馈机制，持续监测市场变化，并不断更新和优化 AI 模型，以保持其准确性和实用性。

下面举例说明。

一家跨境电商公司希望分析 2025 年夏季服装市场的趋势。

（1）数据收集。

该公司抓取来自社交媒体的数据（如 Instagram 上的时尚博主评论）、电商平台的销售数据（如过去几年的夏季服装销售额），以及搜索引擎的相关关键词搜索量等。

（2）数据清洗。去除重复记录，处理丢失信息，将所有数据整理为统一格式。

（3）应用 AI 工具。

① 使用自回归综合滑动平均模型分析历史销售数据，预测 2025 年夏季服装的需求。

② 使用情感分析工具检查社交媒体上对新款服装的反馈，确定消费者偏好的颜色和风格。

③ 利用 K-means 聚类分析来识别不同消费者群体的购买偏好。

(4)可视化。

通过 Power BI 将预测结果和情感分析结果可视化，展示潜在热门产品和市场机会。

(5)实施。

根据数据分析的结果，制定相应的推广策略，加大对预计需求大的产品的库存准备，确保其能满足市场需求，同时利用社交媒体营销吸引目标消费者。

通过以上步骤，这家跨境电商公司能够有效利用 AI 工具进行市场趋势分析，提升决策的科学性和准确性，从而增强市场竞争力。

利用 AI 工具进行跨境电商的竞争对手分析可以帮助企业深入了解竞争格局、竞品表现和市场趋势，从而制定更具竞争力的策略。以下是具体步骤。

第一步，数据采集与清洗。

(1)数据采集。

采集竞争对手在社交媒体、电商平台、行业报告等渠道中的数据，包括产品信息、销售数据、用户评论等。

(2)数据清洗。

清洗采集到的数据，去除重复记录、缺失值和噪声，确保数据质量完好。

第二步，应用 AI 工具对数据进行分析。

(1)自然语言处理技术。

利用自然语言处理技术分析竞争对手的产品信息、用户评论及其在社交媒体上发布的内容，识别关键信息和趋势。

通过情感分析判断用户对竞争对手产品的态度，识别其优势和不足之处。

(2)图像识别技术。

利用图像识别技术分析竞争对手的产品图片和广告素材，了解其产品特点和营销手法。

(3)机器学习。

应用聚类算法（如 K-means）对竞争对手进行分组，找到不同竞争对手之间的差异和共性，了解其各自的定位和策略。

建立预测模型，分析竞争对手未来的走势，预测其可能的发展方向和策略调整。

第三步，数据可视化与报告撰写。

(1)数据可视化。

利用可视化工具（如 Tableau、Power BI）将分析结果呈现为简单易懂的图表和报告，以便让决策者直观地了解竞争对手的情况。

(2)报告撰写。

结合分析结果，撰写详细的竞争对手分析报告，列出发现和建议，支持管理层制定战略决策。

第四步，实施与反馈。

(1)制定应对策略。

根据竞争对手分析结果制定相应的市场推广、定价或产品优化策略，提高企业竞争力。

(2)持续监测与优化。

建立反馈机制，持续监测竞争对手的变化，及时调整策略，以适应市场环境的变化。

下面举例说明。

一家跨境电商公司希望分析其主要竞争对手在欧洲市场的表现，以优化自己的品牌策略和产品推广。

（1）数据收集。

电商平台。抓取竞争对手在阿里巴巴、亚马逊、eBay 等电商平台上的销售数据、产品排名、定价及用户评论。

海外社交媒体。监控竞争对手在 Facebook、Instagram 等社交媒体上的品牌活动和用户互动。

搜索引擎。利用 Google Trends 等工具获取相关关键词的搜索量。

行业报告。参考市场研究报告和行业分析文章，获取市场份额和趋势信息。

使用的工具分别为网络爬虫和 API 接口。

网络爬虫。使用 Scrapy 或 Beautiful Soup 等工具抓取电商平台和社交媒体的数据。

API 接口。利用 Amazon Advertising API 获取产品数据和广告表现。

（2）数据清洗与处理。

数据清理。去除重复数据和无效记录，修正数据格式，将数据整理为统一的结构。

特征提取。根据分析目标提取相关特征，如产品类别、价格、销量、用户评分等。

（3）应用 AI 工具进行分析。

① 自然语言处理技术。

情感分析。使用自然语言处理技术对竞争对手的用户评论进行情感分析，识别用户对其产品的满意之处和不满之处。例如，可以使用 Python 中的 NLTK 或 TextBlob 库进行情感分析，如图 6.1 所示。

```python
from textblob import TextBlob

reviews = ["Great product!", "Not worth the money."]
sentiments = [TextBlob(review).sentiment.polarity for review in reviews]
```

图 6.1　使用 Python 中的 TextBlob 库进行情感分析

主题建模。应用 LDA（Latent Dirichlet Allocation）等技术分析用户评论，识别用户关注的主要问题或优点。

② 机器学习。

聚类分析。使用 K-means 聚类算法对竞争对手进行分组，识别不同竞争对手的市场定位。通过分析不同群体的属性，了解他们的竞争优势，如图 6.2 所示。

预测模型。建立线性回归或随机森林模型，预测竞争对手未来的销售情况，基于历史数据预测某款产品在下个季度的表现。

③ 图像分析。

图像识别。使用计算机视觉技术分析竞争对手的产品图片和营销材料，了解他们的视觉营销策略。可以使用 OpenCV 或 TensorFlow 进行图像分类和特征提取。

```python
from sklearn.cluster import KMeans
import pandas as pd

# 假设数据集中有产品特征
df = pd.DataFrame({
    'price': [10, 20, 15, 30],
    'rating': [4.5, 3.0, 4.0, 5.0]
})

kmeans = KMeans(n_clusters=2)
df['cluster'] = kmeans.fit_predict(df[['price', 'rating']])
```

图 6.2 使用 K-means 聚类算法对竞争对手进行分组

（4）数据可视化与报告撰写。

数据可视化。利用 Tableau 或 Power BI 将分析结果以图表的形式展示，如展示不同竞争对手的用户满意度变化、销量趋势等。

报告撰写。结合分析结果，撰写详细的竞争对手分析报告，列出发现和建议，支持企业的战略决策。

（5）实施与反馈。

制定应对策略。根据竞争对手分析结果调整自己的市场策略，如针对竞争对手的弱点，强化自己的产品宣传。

持续监测与优化。建立反馈机制，定期更新竞争对手分析结果，并根据市场变化及时调整策略。

通过以上步骤，该跨境电商公司能够深入了解竞争对手的市场表现、用户反馈和潜在市场机会，从而制定更有效的市场策略、提高品牌竞争力和客户满意度。例如，情感分析显示竞争对手特定产品的用户评论不佳，公司可以考虑推出类似但已经改进的产品，满足市场需求。

【步骤二】用户行为分析

利用 AI 工具进行跨境电商的用户行为分析，可以帮助企业深入了解用户需求、优化产品推广策略和提升用户体验。以下是具体步骤。

第一步，数据收集与处理。

（1）多渠道数据收集。

从网站、移动应用、社交媒体等渠道收集用户行为数据，包括浏览记录、购买行为、搜索查询内容等。

（2）数据清洗与整合。

清理和预处理数据，去除无效或重复数据，将不同来源的数据整理成统一格式。

第二步，利用 AI 工具进行分析。

（1）用户画像分析。

① 个性化推荐。根据用户历史行为数据和兴趣，利用 AI 算法构建个性化推荐模型，

为用户推荐相关产品。

②用户细分。通过聚类分析等方法将用户分群，识别不同用户群体的特征和偏好。

（2）行为预测与推荐。

①预测模型。建立用户行为预测模型，预测用户下一步可能做出的行为，如购买、点击或流失。

②智能推荐系统。基于AI算法对用户进行个性化推荐，提高产品曝光率和用户转化率。

（3）情感分析。

使用自然语言处理技术对用户评论和反馈进行情感分析，了解用户对产品的态度和满意度。

第三步，数据可视化与报告撰写。

（1）数据可视化。

利用数据可视化工具（如Tableau、Power BI）将用户行为分析结果以图表的形式展示，呈现数据洞察。

（2）报告撰写。

撰写用户行为分析报告，总结关键发现和建议，支持决策者制定战略决策。

第四步，实施与监测。

（1）个性化营销。

根据用户行为分析结果制定个性化营销策略，提高用户的参与度和转化率。

（2）持续优化。

通过监测用户行为数据的变化，不断优化推荐算法和营销策略，改善用户体验和业务效果。

下面举例说明。

一家跨境电商公司希望分析用户行为，并改善用户体验。

（1）多渠道数据收集。

收集用户在网站和移动应用上的浏览、搜索和购买行为数据，以及在社交媒体上的互动信息。

（2）利用AI工具进行分析。

①根据用户历史行为数据和偏好，使用个性化推荐模型为用户推荐相关产品。

②建立用户流失预测模型，预测哪些用户可能流失，并采取相应措施留住用户。

③运用情感分析技术，分析用户评论和反馈的情感倾向，了解用户对产品的评价。

（3）数据可视化与报告撰写。

利用Tableau将分析结果可视化，展示用户偏好和行为规律，并撰写用户行为分析报告，汇总关键发现和建议。

（4）实施与监测。

根据分析结果制定个性化营销策略，持续监测用户行为数据的变化，及时调整策略，以提升用户体验。

分析跨境电商的用户行为是一个多步骤的过程，结合AI工具可以有效地获取结果并优化业务策略。接下来将结合各种AI工具介绍如何分析跨境电商的用户行为。

（1）数据收集。

AI工具：

① Google Analytics。用于跟踪用户在网站上的行为数据，包括页面浏览时长、停留时间、跳出率等。

② 社交媒体 API（如 Facebook Graph API、Twitter API）。收集用户在不同社交平台上的互动和反馈数据。

③ CRM 系统：收集用户的购买历史、偏好和其他相关数据。

操作过程：

设置跟踪代码以收集用户在电商网站及移动应用上的行为数据。从社交媒体获取用户评论和反馈。

（2）数据清洗与预处理。

AI工具：

Python/Pandas。用于数据清洗和处理的开源库，适合对原始数据进行操作和整理。

操作过程：

去除重复数据和无效数据。对数据格式进行标准化，以便对其进行分析。

（3）用户行为分析。

① 用户画像构建。

AI工具：

Scikit-learn。用于聚类分析（如 K-Means），将用户分类，识别不同类型的用户。

操作过程：

使用聚类算法分析用户数据，识别用户的行为模式和偏好。创建用户画像，标识不同类型用户的特征（如年龄、性别、购买习惯等）。

② 用户行为预测。

AI工具：

TensorFlow 或 Scikit-learn。构建预测模型，预测用户未来的行为（如购买意图、流失风险等）。

操作过程：

收集用户历史行为数据，并使用机器学习算法训练模型，根据用户过去的行为预测他们的下一步动作，如是否会购买某一产品。

③ 情感分析。

AI工具：

NLTK 或 VADER。进行情感分析，分析用户评论中的情感倾向。

操作过程：

对用户评论进行情感分析，理解用户对产品的喜好和不满之处。识别产品最常见的优点和缺点，以指导产品改进。

（4）数据可视化。

AI工具：

Tableau 或 Power BI。用于生成数据可视化报告，展示用户行为分析结果。

操作过程：

将分析结果可视化，如通过折线图展示用户活跃度的变化，或通过热力图展示不同地区的用户参与情况。制作仪表板，实时监测关键指标，如转化率、用户留存率等。

（5）个性化推荐与营销优化。

AI 工具：

TensorFlow Recommenders。构建个性化推荐系统，为用户提供定制化的产品建议。

操作过程：

基于用户行为数据和偏好，应用推荐算法为用户推荐相关产品，提高用户转化率。针对不同用户群体制定个性化营销活动，使用电子邮件营销和社交媒体广告吸引用户。

（6）持续监测与反馈。

AI 工具：

A/B 测试工具（如 Optimizely）。用于测试不同营销策略对用户行为的影响。

操作过程：

实施 A/B 测试，比较不同版本的网站或营销活动的效果，以确定最佳实践。持续跟踪用户行为数据，收集新的反馈信息，调整策略，以优化用户体验和满意度。

下面示范操作流程。

数据收集：使用 Google Analytics 和社交媒体 API 收集用户行为数据。

数据清洗与预处理：使用 Pandas 清洗收集的数据，去除重复数据和无效数据。

用户行为分析：使用 Scikit-learn 进行聚类分析，识别主要用户群体；使用 TensorFlow 预测哪些用户可能流失；使用 VADER 分析用户评论，了解用户对产品的态度。

数据可视化：使用 Tableau 创建用户行为分析仪表板，展示关键趋势和变化结果。

个性化推荐与营销优化：基于分析结果进行个性化推荐，提高用户转化率。

持续监测与反馈：实施 A/B 测试，确定最佳实践，根据反馈信息改善用户体验。

通过以上步骤，跨境电商企业能够深入分析用户行为，识别市场机会和用户需求，从而提升用户体验。

【步骤三】营销策略优化

利用 AI 工具进行跨境电商的营销策略优化，可以帮助企业更加精准地洞察市场商机和消费者的心理，提升服务质量和销售业绩，实现可持续发展。同时，利用 AI 工具进行跨境电商的营销策略优化是一种非常有效的方式，可以帮助企业更好地理解用户的需求、优化广告投放、提升用户体验和增加销售额。以下是具体步骤。

第一步，数据分析与预测。

利用 AI 工具对海量数据进行分析，识别潜在的市场趋势和用户行为模式。通过预测未来的销售趋势，企业可以调整产品定价、库存数量和促销活动。利用 Google Analytics 和 Adobe Analytics 这两个工具跟踪用户行为，可以进行关于网站流量、用户交互的数据分析。同时，利用 Tableau 和 Power BI 可以将复杂的数据转化为易于理解的图表，从而快速识别潜在的市场趋势和用户行为模式。

第二步，精准广告投放。

AI 工具可以根据用户的兴趣、购买历史和行为数据，精准定位目标用户群体，并优化广告内容和投放渠道，提高广告点击率和用户转化率。在 Facebook Ads Manager 和

Google Ads 这两个平台上，可以利用 AI 算法进行目标用户定位，优化广告内容和预算分配。还可以使用 AdRoll 工具和机器学习算法来跟踪用户行为并优化再营销广告，提高广告的有效性。使用机器学习算法（如 XGBoost）对用户的参与度和购买率进行分析，从而调整广告策略，实现精准投放。企业可以根据分析结果在合适的时间向合适的人展示合适的产品。

第三步，个性化推荐。

AI 工具可以根据用户的购买历史和行为数据，向用户推荐个性化的产品和服务，提升用户体验和满意度。可以利用 Amazon Personalize 这个服务平台，创建个性化推荐引擎，基于用户行为和偏好向用户推荐产品。还可以利用 Dynamic Yield 这种综合性的平台，动态调整网站内容和产品推荐。Dynamic Yield 通过收集用户浏览历史和购买记录，使用协同过滤算法为每位用户生成个性化的产品推荐列表，这可以显著提升用户的购物体验和转化率。

第四步，在线客服与自动化服务。

利用 AI 工具开发智能客服系统，可以提供 7×24 小时的在线支持，解决用户的疑问，提升用户的满意度和忠诚度。可以利用 Zendesk 和 Intercom 平台，使用 AI 驱动的聊天机器人提供实时支持，处理常见问题。还可以利用 Dialogflow 这个自然语言理解平台，帮助企业构建智能聊天机器人和虚拟助手，创建一个智能客服系统，使用自然语言处理技术来理解用户的问题并提供即时回复，这不仅减轻了人工客服的负担，还能加快响应速度。

第五步，社交媒体营销。

AI 工具可以帮助企业分析社交媒体上的用户反馈和话题趋势，从而制定有针对性的营销策略，提升品牌的知名度和影响力。可以利用 Hootsuite 和 Sprout Social 工具的社交媒体监控和分析功能，识别热门话题和用户情绪。还可以利用 BuzzSumo 分析哪些内容在社交媒体上表现最佳，以便制定增强品牌影响力的策略。还可以利用 AI 工具分析社交媒体上的用户反馈，识别流行趋势和潜在危机，从而及时调整营销策略。例如，监测与品牌相关的关键词，确保在合适的时机进行干预。

第六步，大数据风险管理。

AI 工具可以帮助企业识别潜在的欺诈行为和风险因素，保护企业免受损失。通过分析用户行为数据和交易模式，AI 工具可以识别异常交易行为，及早发现欺诈风险并采取相应措施，保障企业的资金安全和声誉。可以利用 Fraud.net 和 Sift 平台监测交易活动，识别潜在的欺诈行为。还可以利用 IBM Watson 的分析能力，识别和预防金融欺诈。还可以利用基于 AI 的实时反欺诈系统，分析交易数据和用户行为模式，建立模型，识别可疑活动。例如，当检测到异常的购买行为时，可以触发警报或要求额外验证。

【步骤四】库存和供应链管理

利用 AI 工具进行跨境电商的库存和供应链管理可以提高效率、降低成本，并确保产品在全球范围内的及时交付。同时，跨境电商企业还可以实现更加智能化和高效的库存管理和供应链优化，提升竞争力并满足客户需求。以下是具体步骤。

第一步，需求预测和库存优化。

（1）需求预测。

运用机器学习算法分析历史销售数据、市场趋势和其他相关因素，以准确预测未来的需求。

（2）库存优化。

基于需求预测结果，建立智能库存管理系统，自动调整库存水平，并发出补货建议。

AI工具：

① 机器学习算法。例如，时间序列分析、回归分析等可以根据历史销售数据和市场趋势预测未来的需求。

② 智能库存管理系统。例如，SAP、Oracle等企业资源规划（ERP）软件可以对库存水平进行实时监控和优化。

AI工具可分析历史销售数据、季节性变化等因素，精准预测产品需求量，并自动调整库存水平。利用智能库存管理系统，可连续追踪库存情况并发出补货建议，以避免缺货或库存积压。

第二步，供应商管理和采购优化。

（1）供应链可见性。

利用物联网（IoT）传感器监测供应链中的实时数据，包括货物位置、温度、湿度等信息。

（2）供应商评估。

利用AI算法分析供应商数据，帮助企业选择最佳供应商，优化采购过程，并降低成本。

AI工具：

① 物联网传感器。用于监测供应链中的实时数据，如温度、湿度、运输状态等。

② AI算法。用于分析供应商数据，帮助企业选择最佳供应商。

物联网传感器可实时追踪货物位置和状态，提高供应链可见性。AI算法可以分析供应商数据和市场变化，使企业优化采购策略、降低采购成本和减少交货延迟。

第三步，风险管理和异常检测。

（1）风险管理。

利用机器学习算法识别潜在风险，如欺诈交易、供应链中断等，以制定应对策略。

（2）异常检测。

建立智能风险评估系统，监测供应链中的异常情况，并及时采取措施，避免或减少损失。

AI工具：

① 机器学习算法。用于识别供应链中的潜在风险和异常情况，如欺诈交易、供应商破产等。

② 智能风险评估系统。基于AI技术，帮助企业识别和管理潜在风险。

企业可通过机器学习算法分析供应链数据，识别异常交易模式并预测潜在风险。智能风险评估系统可自动触发警报并采取相应措施，以减少风险带来的影响。

第四步，运输优化和配送优化。

（1）运输优化。

利用智能路线规划系统优化货物运输路线，考虑交通状况、天气等因素，以减少运输时间和降低运输成本。

（2）配送优化。

利用自动驾驶技术和智能物流系统，提高配送效率，降低人力成本，实现更快、更精准的交付。

AI 工具：

① 智能路线规划系统。利用 AI 算法优化货物运输路线，降低运输成本和减少运输时间。

② 自动驾驶技术。在物流领域应用自动驾驶技术，可提高运输效率和安全性。

智能路线规划系统可考虑交通状况、天气等因素，实现最优化的货物运输方案。应用自动驾驶技术，可降低人力成本，提高配送效率和准时交货率。

第五步，实时数据分析与决策支持。

（1）实时数据分析。

利用大数据分析平台处理供应链数据，发现潜在的关联和趋势，为决策提供依据。

（2）决策支持。

建立决策支持系统，集成多源数据、AI 模型和可视化工具，为管理层提供实时数据分析报告和决策支持。

AI 工具：

① 大数据分析平台。如 Hadoop、Spark 等，用于处理和分析大规模数据。

② 决策支持系统。整合多源数据、AI 模型和可视化工具，为管理层提供实时数据分析报告和决策支持。

利用大数据分析平台处理供应链数据，可发现潜在的关联和趋势。决策支持系统可为企业管理层提供实时的数据分析报告和决策支持。

【步骤五】用户服务与沟通

利用 AI 工具进行跨境电商的用户服务与沟通，可以显著提高用户满意度、降低运营成本和提升用户忠诚度。跨境电商企业还可以利用 AI 工具提升用户服务与沟通的效率和质量。这不仅可以减轻人工客服的工作压力，还可以为用户提供更加个性化和愉快的购物体验，从而促进用户忠诚度和品牌形象的提升。以下是具体步骤。

第一步，构建智能客服系统。

部署聊天机器人。使用自然语言处理技术的 Chatbots，如 Dialogflow、Microsoft Bot Framework，在网站、社交媒体和移动应用中提供自动化用户支持。聊天机器人可回答常见问题、提供产品推荐和协助用户购买，减少人工客服的负担。

AI 工具：

① 自然语言处理工具。

Apache OpenNLP：一个基于 Java 的开源 NLP 工具包，支持多种语言处理任务，如文本预处理、分词、词性标注、命名实体识别等，适用于构建智能客服系统中的基础 NLP 功能。

Stanford NLP：一个功能强大的 NLP 库，提供了丰富的语言处理工具和模型，可用于文本分析、语义理解等任务，帮助智能客服更好地理解用户输入的内容。

BERT（Bidirectional Encoder Representations from Transformers）：一种基于 Transformer 架构的预训练语言模型，在完成自然语言处理任务中表现出色，如文本分类、问答系统等。可以用于智能客服系统中的语义理解和问题分类。

RoBERTa：对 BERT 进行优化后的版本，通过动态掩码机制等提高了模型的性能和泛化能力，适用于更复杂的语言理解和生成任务。

② 对话管理工具。

Rasa：一个开源的对话管理框架，提供了灵活的对话流程管理和状态跟踪功能，可与各种 NLP 库集成，支持多轮对话和上下文管理，方便开发者构建复杂的对话逻辑。

Dialogflow：谷歌开发的一个对话管理平台，提供了可视化的界面和丰富的工具，支持语音和文本交互，能够轻松地创建和管理智能客服系统中的对话流程。

③ 知识图谱构建工具。

Neo4j：一个高性能的图数据库管理系统，用于构建和管理知识图谱。可以将企业的知识以图形的形式组织起来，实现知识的快速检索和推理，为智能客服提供更准确的答案。

Stardog：一个开源的知识图谱平台，支持多种图数据库和 RDF 数据存储，提供了强大的查询和推理功能，有助于构建智能客服的知识体系。

④ 机器学习和深度学习框架。

TensorFlow：由谷歌开发的开源机器学习框架，广泛应用于各种深度学习任务，如神经网络训练、图像识别、自然语言处理等。在智能客服系统中，可以使用 TensorFlow 构建和训练语言模型、对话模型等。

PyTorch：另一个流行的开源机器学习框架，具有动态计算图和易于调试的特点，受到许多研究人员和开发者的喜爱。可用于构建智能客服系统中的各种模型，如生成式对话模型、情感分析模型等。

⑤ AI 智能客服开发平台。

百度千帆大模型开发与服务平台：提供了丰富的 AI 模型和服务，包括自然语言处理、知识库管理、智能问答等功能，可以帮助开发者快速构建智能客服系统，并且还提供了社区支持和文档资源。

总的来说，这些工具共同构成了构建智能客服系统的强大技术支持体系。随着技术的不断发展，未来还会有更多先进的 AI 工具涌现，为智能客服系统的构建和发展提供更强大的动力。

第二步，提供个性化的用户体验。

① 使用个性化推荐引擎。分析用户数据，为用户提供个性化的产品推荐。

② 实现邮件营销自动化。根据 AI 工具分析用户数据的结果，发送个性化营销邮件，提高用户的参与度。

第三步，提供实时翻译与多语言支持。

利用 AI 翻译工具，如 Google Translate API、Microsoft Translator，实现实时翻译功能，便于不同语言用户之间的沟通。企业通过使用 AI 翻译工具，可提高与国际用户的沟通效率。

第四步，情感分析与反馈处理。

使用情感分析工具分析用户评论、反馈等，了解用户情绪和需求。通过分析反馈，识别改进空间，优先处理严重问题，提升用户的满意度。

第五步，用户行为分析与预测。

利用大数据分析平台，如 Hadoop、Spark 等，对用户行为进行深入分析，可预测变化趋势和未来的需求。

第六步，自动化工单管理。

使用工单管理系统——集成 AI 的工单管理工具（如 Zendesk、Freshdesk），自动分配和处理用户的请求。工单管理系统能够根据内容、紧急度和历史购买数据，智能分配工单，优化响应时间和服务质量。

【理论知识巩固】

1. AI在跨境电商的用户服务中起到的作用主要包括（　　）。
   A. 提高库存管理效率
   B. 优化供应链流程
   C. 改善用户体验和提供个性化服务
   D. 加快订单处理速度
2. 在下列工具中，（　　）可以实现跨境电商用户服务中的多语言支持和实时翻译。
   A. Google Translate API　　　　　B. SAP
   C. Hadoop 平台　　　　　　　　　D. Microsoft Excel
3. AI在跨境电商用户反馈分析中的作用是（　　）。
   A. 自动分类处理用户反馈　　　　　B. 优化供应链管理
   C. 加快物流配送　　　　　　　　　D. 提高广告点击率
4. 在以下技术中，（　　）可以用于实现智能客服系统在跨境电商中的应用。
   A. 大数据分析技术　　　　　　　　B. 人脸识别技术
   C. 自然语言处理技术　　　　　　　D. 区块链技术
5. AI在跨境电商的用户行为分析与预测中主要用来（　　）。
   A. 优化电子支付系统　　　　　　　B. 预测未来的库存需求
   C. 分析社交媒体互动　　　　　　　D. 加快网站加载速度
6. AI在跨境电商中提供个性化用户体验时最常用的技术是（　　）。
   A. 云计算　　　　　　　　　　　　B. 机器学习模型
   C. 区块链　　　　　　　　　　　　D. 虚拟现实
7. AI在跨境电商自动化工单管理中的作用是（　　）。
   A. 实时监控交易风险　　　　　　　B. 自动处理用户退款申请
   C. 分析市场竞争情况　　　　　　　D. 提供在线培训课程
8. AI在跨境电商的库存和供应链管理中可以帮助企业（　　）。
   A. 优化广告投放策略
   B. 预测未来的销售趋势
   C. 加快网站页面加载速度
   D. 分析竞争对手的价格策略
9. 在跨境电商中，使用AI进行用户情感分析的主要目的是（　　）。
   A. 确定产品售价
   B. 了解用户的满意度和反馈
   C. 优化物流配送流程
   D. 提高广告曝光率

10. 以下（　　）方法可以帮助企业加快在用户服务中的响应速度。
    A．增加人工客服数量
    B．部署聊天机器人
    C．延长工作时间
    D．降低产品价格
11. AI 在跨境电商邮件营销中的应用主要是通过（　　）实现的。
    A．随机发送促销信息
    B．基于用户数据进行个性化推荐
    C．提高邮件发送频率
    D．减少邮件打开率
12. 为了支持跨境电商的多渠道沟通，以下（　　）最为关键。
    A．数据挖掘技术
    B．自然语言处理技术
    C．加密技术
    D．硬件虚拟化技术
13. 在跨境电商中，AI 可（　　），优化产品推荐。
    A．根据销售数据随机推荐
    B．分析用户历史购买和浏览行为
    C．固定推荐某些热门产品
    D．简单展示所有产品
14. 下列（　　）不是 AI 在跨境电商中常见的应用领域。
    A．用户服务自动化
    B．实时翻译
    C．社交媒体广告投放
    D．人力资源管理
15. 利用 AI 进行用户行为分析，跨境电商企业可以实现（　　）。
    A．更快地发货
    B．精准的市场定位和需求预测
    C．降低产品生产成本
    D．增加产品线数量

【实操技能训练】

【实训任务】通过百度搜索"宁波斯曼尔电器有限公司"的网站并打开，完成以下任务：选取三张产品图片作为宣传图片，以阿里巴巴三月新贸节为背景，利用 AI 工具完成一张英文宣传海报的制作。海报中不仅要包含产品和公司的信息，还要包含一定的软文营销内容（可以利用 AI 工具完成撰写），海报的尺寸为 1240 像素×640 像素，格式为 jpg 格式。

参考文献

[1] 毛居华. 跨境电商 B2B 店铺数据运营 [M]. 北京：电子工业出版社，2022.
[2] 阿里巴巴国际站外贸云课堂. 海外社会化媒体营销 [EB/OL]. （2021-11-16）[2025-04-21].